国家社会科学基金项目"大数据背景下基于移动商务用户公平感知的隐私保护机制研究"(项目批准号:20BGL283)研究成果

数据隐私保护机制研究

——基于用户公平感知视角

刘百灵 ◎ 著

中国社会科学出版社

图书在版编目（CIP）数据

数据隐私保护机制研究：基于用户公平感知视角 / 刘百灵著. -- 北京：中国社会科学出版社，2024. 12.
ISBN 978-7-5227-4209-0

Ⅰ. D913.04

中国国家版本馆 CIP 数据核字第 2024MF6406 号

出 版 人	赵剑英
责任编辑	王　曦
责任校对	殷文静
责任印制	戴　宽

出　　版	中国社会科学出版社
社　　址	北京鼓楼西大街甲 158 号
邮　　编	100720
网　　址	http://www.csspw.cn
发 行 部	010-84083685
门 市 部	010-84029450
经　　销	新华书店及其他书店
印刷装订	北京君升印刷有限公司
版　　次	2024 年 12 月第 1 版
印　　次	2024 年 12 月第 1 次印刷
开　　本	710×1000　1/16
印　　张	18
字　　数	287 千字
定　　价	99.00 元

凡购买中国社会科学出版社图书，如有质量问题请与本社营销中心联系调换
电话：010-84083683
版权所有　侵权必究

摘 要

大数据背景下，用户数据已成为企业公认的金矿，对数据的收集与分析对于企业的生存与发展至关重要。然而这种前所未有的对大量用户数据的收集与使用，引发了严重的隐私问题。近几年频频发生的隐私事件，已将隐私问题推到风口浪尖，用户对个人信息隐私倍感担忧，对企业缺乏信任，严重阻碍了移动电子商务（简称"移动商务"）的健康发展。隐私保护已成为全球企业与学术界高度关注的热点问题。然而，企业认为在用户的隐私保护与数据收集之间存在矛盾，因此很多企业对待用户信息隐私保护比较被动。从长远来看，如果隐私保护不当，将会引发隐私侵犯事件，导致企业遭受经济与名誉的双重损失。因此妥善的隐私保护对于企业高质量的发展必不可少。于是，企业如何在用户隐私保护与数据收集之间进行平衡，就成为一个亟待解决的问题。

用户的公平感知已被学术界公认能在隐私保护中扮演举足轻重的角色。基于公平感知的隐私保护机制或许为企业解决用户隐私保护与数据收集之间的矛盾，提供了一个新的思路。但现有的隐私保护机制无法体现交互公平与分配公平，并且，移动商务环境下的隐私保护研究，相对于传统的电子商务环境更为复杂，除了面临传统电子商务的隐私问题外，还需要考虑用户高度动态变化的服务需求，以及较小的移动终端界面与有限的键盘功能等问题。因此有必要对移动商务环境下的隐私保护机制展开研究。

已有相关研究主要从隐私保护行为、隐私保护措施的实证研究以及隐私保护技术方法研究三个方面展开。隐私保护行为研究主要聚焦于个人信息披露意愿，缺乏真实与虚假信息披露的影响因素研究，隐私保护措施的实证研究与隐私保护技术方法研究虽然较多，但两者之间相结合的研究却较少，以至在本领域的顶级期刊上有专家强烈呼吁研究人员开展此类研究。

因此，本书针对移动商务环境特征，从用户公平感知的视角，采用实证研究与技术方法研究相结合的研究手段，构建基于移动商务用户公平感知的隐私保护机制，全面提升移动用户的公平感知，促进其披露个人信息的意愿和实际行为，以解决大数据背景下，移动商务企业收集用户数据与隐私保护之间的矛盾，推动移动商务健康发展。具体说，本书主要从隐私保护行为、隐私保护技术特征以及隐私保护技术方法三个方面展开研究。

（1）隐私保护行为研究。首先，为了理解用户披露个人信息的本质，基于沟通隐私管理理论的整体框架，将用户信息披露决策的过程划分为认知因素、认知权衡和披露决策3个阶段。认知因素包括感知的拥有、感知的监视、隐私价值倾向和隐私政策感知的有效性。认知权衡包括隐私风险、隐私控制；聚焦于移动用户的认知体验，从移动用户隐私悖论的视角出发，构建移动用户个人信息披露决策3阶段模型；以移动商务为研究背景，将信任和具体情景下的隐私担忧视作两种不同的态度，评估了两者对用户信息披露意愿的相互作用。实证研究结果表明，用户信息披露决策的认知因素对认知权衡有显著的影响，进而形成用户披露信息的积极态度和消极态度，即信任和隐私担忧，最终信任发挥关键的作用，连同权衡结果共同影响个人信息披露决策，即信息披露意愿。

其次，将个人信息披露进一步细分为拒绝披露个人信息与披露虚假个人信息两种隐私保护行为。基于公平理论，以刺激—机体—响应理论模型为框架，从认知与情感双重维度，构建了移动商务用户隐私保护行为意愿的影响机理模型。实证研究结果表明，移动商务用户感知公平的三个维度（程序公平、分配公平、交互公平）及其交互作用对感知价值与喜欢发挥着重要的积极作用，并且用户对产品服务认知层面的感知价值与情感层面的喜欢是降低其拒绝披露个人信息与披露虚假个人信息这两种隐私保护行为意愿的关键因素。研究结论为移动商务企业在保护用户隐私的同时获取更多真实的个人信息提供理论指导与管理洞察，为后续研究奠定理论基础。

（2）隐私保护技术特征研究。首先，隐私反馈是一种体现用户公平感知的隐私保护技术。本书基于信号传递理论及已有文献，聚焦隐私反馈应具备的技术特征，从隐私反馈的内容与形式双重视角，构建了隐私反馈的技术特征及其交互作用对移动商务用户隐私保护行为的影响机理模型。实证研究结果表明，隐私反馈的内容（信息质量）与形式（简洁性、可视性）均对用户隐私担忧产生显著影响，且信息质量与可视性对隐私担忧的影响存在显著的负向交互作用。并且，隐私担忧还通过用户深层次心理状态"心理舒适感"对用户隐私保护行为产生显著影响。研究结论有助于移动服务商更好地理解用户的隐私保护行为，并为其设计有效的隐私反馈，从而获取更多的用户个人信息，进而为推动移动商务健康有序发展提供一些理论指导。

其次，进一步从用户对个人信息披露细粒度控制的视角，以隐私设置和权限请求设置这两种隐私保护技术为例，深入探究有效的隐私保护技术应具备的技术特征。具体来说，基于信号传递理论，提出隐私设置的可操作性与权限请求设置的有效性两种技术特征，以隐私担忧为中介变量，构建了隐私设置的可操作性和权限请求设置的有效性及其交互作用对移动商务用户隐私保护行为（拒绝提供信息、提供虚假信息）的影响机理模型。实证研究结果表明，隐私设置的可操作性和权限请求设置的有效性对用户的隐私担忧和隐私保护行为均产生显著的直接负向影响，并通过隐私担忧间接负向影响用户的隐私保护行为；同时，隐私设置的可操作性和权限请求设置的有效性对用户隐私保护行为具有显著的正向交互作用。研究为后续隐私保护技术方法设计提供理论指导。

（3）隐私保护技术方法研究。首先，基于公平理论，将公平提供与关键的隐私保护技术特征相关联，并概念化这些技术特征对隐私担忧和信息披露行为的影响。据此提出了一种信息技术解决方案来平衡企业对消费者的数据收集和隐私保护之间的矛盾。我们以手机银行应用为情境，实现了一种公平理论驱动的信息技术解决方法原型系统，称之为主动推荐的隐私政策协商应用，它使客户服务代理与消费者进行互动并主动向消费者推荐个性化的隐私政策。我们采用实地实验，将该解决方法与两个常规应用进行比较，即隐私政策应用（仅发布不具备协商特征和主动推荐特征的隐私政策）和隐私政策协商应用（提供仅融合了协商特征的隐私政策）。实验结果表明，我们提出的主动推荐的隐私政策协商应用缓解了消费者的隐私担忧,增加了他们的信息披露意愿和实际披露行为。事后分析证实了这些发现,我们设计的解决方法提高了消费者感知的程序公平、交互公平和分配公平,并使他们在披露个人信息时感到舒适。同样,企业也能够从消费者那里收集额外的个人信息,从而形成一个隐私友好的良性循环。

其次,基于公平理论与已有研究,通过隐私反馈功能与三个公平维度(程序公平、信息公平和交互公平)之间的理论联系,设计了一种双向的隐私反馈,用户可以适时地洞悉企业如何对待其个人信息,企业也能够及时了解用户对隐私保护的动态需求。并通过实验室实验,探索了本书设计的隐私反馈对个人信息披露决策过程的调节作用,还通过区分选择(或不选择)接收隐私反馈的用户来检验隐私反馈的实际效果。研究结果证实了感知的公平对感知的隐私发挥关键的影响作用,而感知的隐私显著影响信息披露意愿。向用户提供隐私反馈能增强感知的公平对感知的隐私的积极影响以及信任倾向对信息披露意愿的积极影响,并缓解了隐私侵犯经历对感知隐私的消极影响。提供隐私选择可以帮助用户做出更有意识的隐私决策。

本书针对大数据背景下移动商务企业对用户数据的收集与隐私保护之间的矛盾,从公平感知的视角,提出具体可行的适用于移动商务环境的隐私保护机制,补充和拓展了当前大数据背景下移动商务信息隐私保护的研究领域;从用户公平感知的视角构建隐私保护机制,以解决企业在用户数据收集与隐私保护之间的矛盾,将为移动商务隐私保护研究提供新的管理洞察;采用实证研究与技术方法研究相结合的研究手段,将有助于这一新的研究范式在隐私保护研究领域上的推广应用。

研究成果为移动商务企业设计能满足用户需求的隐私保护机制提供了可靠的理论指导和有效的技术方法,给用户提供有效的隐私保护方法与工具,使用户感知到企业对待其个人信息的公平性,提高用户的公平感知,促进他们披露个人信息以及披露真实信息;同时希望通过研究结论,使企业愿意将隐私保护看作一种竞争优势,鼓励企业在用户隐私保护上投入更多的资源,实现大数据背景下名与利的双丰收,促进移动商务产业健康发展。

目 录

第一章 绪论 ⋯⋯⋯⋯⋯⋯⋯⋯⋯⋯⋯⋯⋯⋯⋯⋯⋯⋯⋯⋯⋯⋯ 1
 第一节 研究背景和研究意义 ⋯⋯⋯⋯⋯⋯⋯⋯⋯⋯⋯⋯⋯ 1
 第二节 研究内容与研究目标 ⋯⋯⋯⋯⋯⋯⋯⋯⋯⋯⋯⋯⋯ 4
 第三节 本书的组织结构 ⋯⋯⋯⋯⋯⋯⋯⋯⋯⋯⋯⋯⋯⋯⋯ 6

第二章 文献综述与理论基础 ⋯⋯⋯⋯⋯⋯⋯⋯⋯⋯⋯⋯⋯⋯ 9
 第一节 文献综述 ⋯⋯⋯⋯⋯⋯⋯⋯⋯⋯⋯⋯⋯⋯⋯⋯⋯⋯ 9
 第二节 理论基础 ⋯⋯⋯⋯⋯⋯⋯⋯⋯⋯⋯⋯⋯⋯⋯⋯⋯⋯ 42
 第三节 本章小结 ⋯⋯⋯⋯⋯⋯⋯⋯⋯⋯⋯⋯⋯⋯⋯⋯⋯⋯ 61

第三章 个人信息披露决策过程研究 ⋯⋯⋯⋯⋯⋯⋯⋯⋯⋯⋯ 62
 第一节 问题引入 ⋯⋯⋯⋯⋯⋯⋯⋯⋯⋯⋯⋯⋯⋯⋯⋯⋯⋯ 62
 第二节 研究假设和模型构建 ⋯⋯⋯⋯⋯⋯⋯⋯⋯⋯⋯⋯⋯ 63
 第三节 研究方法 ⋯⋯⋯⋯⋯⋯⋯⋯⋯⋯⋯⋯⋯⋯⋯⋯⋯⋯ 69
 第四节 数据分析结果 ⋯⋯⋯⋯⋯⋯⋯⋯⋯⋯⋯⋯⋯⋯⋯⋯ 75
 第五节 研究结论与启示 ⋯⋯⋯⋯⋯⋯⋯⋯⋯⋯⋯⋯⋯⋯⋯ 78

第四章 公平感知对用户隐私保护行为影响研究 ⋯⋯⋯⋯⋯⋯ 82
 第一节 问题引入 ⋯⋯⋯⋯⋯⋯⋯⋯⋯⋯⋯⋯⋯⋯⋯⋯⋯⋯ 82
 第二节 研究假设和模型构建 ⋯⋯⋯⋯⋯⋯⋯⋯⋯⋯⋯⋯⋯ 83
 第三节 研究方法 ⋯⋯⋯⋯⋯⋯⋯⋯⋯⋯⋯⋯⋯⋯⋯⋯⋯⋯ 88

第四节　数据分析结果 …………………………………………… 94
第五节　研究结论与启示 ………………………………………… 96

第五章　隐私反馈技术特征对用户隐私保护行为影响研究 ………… 101

第一节　问题引入 ………………………………………………… 101
第二节　研究假设和模型构建 …………………………………… 102
第三节　研究方法 ………………………………………………… 107
第四节　数据分析结果 …………………………………………… 114
第五节　研究结论与启示 ………………………………………… 118

第六章　隐私保护技术特征对用户隐私保护行为影响研究 ………… 122

第一节　问题引入 ………………………………………………… 122
第二节　研究假设和模型构建 …………………………………… 124
第三节　研究方法 ………………………………………………… 128
第四节　数据分析结果 …………………………………………… 136
第五节　研究结论与启示 ………………………………………… 140

第七章　公平理论驱动的隐私保护方法研究 ………………………… 145

第一节　问题引入 ………………………………………………… 145
第二节　研究假设 ………………………………………………… 149
第三节　研究方法 ………………………………………………… 155
第四节　数据分析结果 …………………………………………… 172
第五节　研究结论与启示 ………………………………………… 184

第八章　隐私反馈的设计及其对信息披露决策的调节作用 ………… 193

第一节　问题引入 ………………………………………………… 193
第二节　模型构建和研究假设 …………………………………… 198
第三节　研究方法 ………………………………………………… 203
第四节　数据分析结果 …………………………………………… 211
第五节　研究结论与启示 ………………………………………… 217

第九章　全书总结和研究展望 ·················· 224

　　第一节　背景重述 ······························ 224

　　第二节　研究成果 ······························ 225

　　第三节　主要工作 ······························ 226

　　第四节　研究创新与特色 ······················ 228

　　第五节　研究展望 ······························ 229

参考文献 ·· 231

致　谢 ·· 277

第一章 绪论

第一节 研究背景和研究意义

一 研究背景

大数据背景下,用户数据已成为企业公认的金矿,对数据的收集与分析对于企业的生存与发展至关重要。然而这种前所未有的对大量用户数据的收集与使用,引发了严重的隐私问题。据国内首份《中国个人信息安全和隐私保护报告》指出:超七成调研者认为个人信息泄露问题严重,且手机是泄露个人信息的重要载体。近几年频频发生的隐私泄露事件,如手机天猫、携程等主流 App 被指过度收集用户信息,大众点评出卖用户隐私,支付宝年度账单背后隐藏的"隐私陷阱"被曝光等,已将隐私问题推到风口浪尖,用户对个人信息隐私倍感担忧,对企业缺乏信任,严重阻碍了移动电子商务(简称"移动商务")的健康发展(Gopal et al., 2018; Jiang et al., 2013)。

隐私保护已成为全球企业与学术界高度关注的热点问题,百度董事长李彦宏的一句话"中国用户愿用隐私换便利"激起广泛的网络舆论,也预示着国内用户隐私意识的觉醒。然而,企业认为在用户的隐私保护与数据收集之间存在矛盾,因此很多企业对待用户信息隐私保护比较被动。从长远来看,如果隐私保护不当,将会引发隐私侵犯,导致企业遭受经济与名誉的双重损失。因此妥善的隐私保护对于企业高质量的发展必不可少。于是,企业如何在用户隐私保护与数据收集之间进行平衡,就成为一个亟待解决的问题。

用户的公平感知已被学术界公认能在隐私保护中扮演举足轻重的角色（Lyons et al.，2016；Son and Kim，2008）。当用户对企业处理个人信息方面感觉到公平，他们更愿意披露个人信息以支持服务商的营销策略（Culnan and Bies，2003）。由此，如果企业向用户提供的隐私保护措施能引发其公平感知，让用户感知到企业对待其个人信息的公平性，则能降低用户的隐私担忧（Lyons et al.，2016），提高其披露个人信息的意愿（Liu，2014），这不但满足了大数据背景下移动商务企业收集用户数据的需求，同时也保护了用户的隐私。因此，基于公平感知的隐私保护机制或许为企业解决用户隐私保护与数据收集之间的矛盾，提供了一个新的思路。

虽然隐私政策被认为是企业体现程序公平的重要工具（Liu，2014；Zhao et al.，2012），很多商业网站发布了在线隐私政策，但现有的在线隐私政策机制无法体现交互公平与分配公平。具体来说，一方面，服务商单方面制定隐私政策，缺乏用户的主动参与，用户要么直接拒绝使用该服务，要么为了获得服务，只能被动接受由服务商单方面制定的隐私政策，而不能对披露的信息种类、目的等进行选择，无法体现交互公平；另一方面，企业对所有用户采用统一的隐私政策，而不考虑用户动态的服务需求，用户有时只为了获得某种服务而被迫接受全部服务的隐私政策，导致用户因投入与回报失衡而感到不公平，无法体现分配公平。并且，移动商务环境下的隐私保护研究，相对于传统的电子商务环境更为复杂，除了面临传统电子商务的隐私问题外，还需要考虑高度动态变化的服务需求，单一、静态的隐私保护政策并不能满足这种高度开放的移动商务环境的隐私保护需求；较小的移动终端界面与有限的键盘功能，使得用户的信息浏览和操作都不方便，且不适合显示复杂的图像与表格信息。因此有必要对移动商务环境下的隐私保护机制展开研究。

移动商务环境下已有的隐私保护相关研究主要从隐私保护行为、隐私保护措施的实证研究以及隐私保护技术方法研究三个方面展开。隐私保护行为研究主要聚焦于个人信息披露意愿，缺乏对真实与虚假信息披露的影响因素的研究（Miltgen and Smith，2019），而虚假信息的收集会削减大数据的价值（Lima，2015），因此大数据背景下，企业有必要了解用户披露真实与虚假信息的影响因素，但相关研究却十分缺乏。

隐私保护措施的实证研究与隐私保护技术方法研究虽然较多，但两者之间相结合的研究却较少。管理学领域的隐私保护机制研究主要采取实证的研究方法，检验已有隐私保护措施的有效性，而相关的技术方法创新多集中在计算机领域，但其研究往往忽略了用户的隐私感知，更鲜有考虑用户的公平感知，对隐私保护技术有效性的论证也相对缺乏（Liu et al., 2022）。极少有研究既包含隐私保护的技术方法，并据此给出具体可行的隐私保护机制，又采用科学规范的方法对其有效性进行论证，以至于在本领域的顶级期刊上有专家强烈呼吁研究人员开展此类研究（Bélanger and Crossler, 2011; Pavlou, 2011）。

综上所述，在大数据背景下，有必要针对移动商务环境特征，从用户公平感知的视角，采用实证研究与技术方法研究相结合的研究手段，构建基于移动商务用户公平感知的隐私保护机制，以全面提升移动用户的公平感知，促进其披露个人信息的意愿和实际行为，以解决大数据背景下，移动商务企业收集用户数据与隐私保护之间的矛盾，推动移动商务健康发展。

二 研究意义

理论上，信息隐私保护一直是学术界关注的热点问题，现有隐私保护机制研究主要集中在对已有方法的实证检验，缺乏具体可行的技术解决方法。本书针对大数据背景下移动商务企业对用户数据的收集与隐私保护之间的矛盾，从公平感知的视角，提出具体可行的适用于移动商务环境的隐私保护机制，并将潜在的用户作为实验对象，采用行为实验的研究方法验证其有效性，从而补充和拓展了当前大数据背景下移动商务信息隐私保护的研究领域；从用户公平感知的视角构建隐私保护机制，以解决企业在用户数据收集与隐私保护之间的矛盾，将为移动商务隐私保护研究提供新的管理洞察；采用实证研究与技术方法研究相结合的研究手段，将有助于这一新的研究范式在隐私保护研究领域的推广应用。

应用上，本书的研究为移动商务企业设计能满足用户需求的隐私保护机制提供可靠的理论指导和有效的技术方法，给用户提供有效的隐私保护方法与工具，使用户感知到企业对待其个人信息的公平性，提高用户的公平感知，促进他们披露个人信息以及披露真实信息的意愿；同时希望通过本书的研究结果,使企业愿意将隐私保护看作一种竞争优势,鼓励企业在用户隐私保护上投入更多的资源,实现大数据背景下名与利的双丰收,促进移动商务产业健康发展;隐私保护机制不是一个孤立的系统,其必然对个人隐私意识、组织诚信等社会发展的方方面面带来深远的影响。

第二节　研究内容与研究目标

一　研究内容

本书以提升移动商务用户的公平感知作为出发点,针对移动商务环境特征,构建基于用户公平感知的隐私保护机制。首先,全面、深入地从公平感知的视角理解移动商务用户的隐私保护行为;其次,以此为基础,探索基于公平感知的隐私保护机制应具备的技术特征;最后,以此为理论指导,设计基于移动商务用户公平感知的隐私保护技术方法,解决大数据背景下,移动商务企业收集使用用户数据与隐私保护之间的矛盾。图1-1给出了本书的总体研究框架,研究内容主要包括以下几个方面。

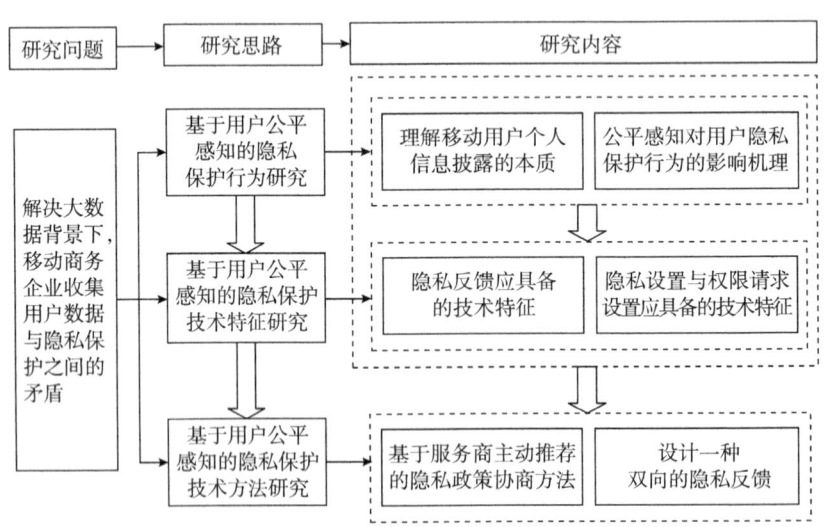

图1-1　本书总体研究框架

（1）基于用户公平感知的隐私保护行为研究。大数据背景下，移动商务企业要想通过用户数据获利，有必要首先了解用户的隐私保护行为，当用户面对个人信息请求时，通常会采取三种隐私保护行为：拒绝提供信息、提供真实信息、提供虚假信息。因此，本书通过全面探究用户披露个人信息披露决策的过程，从理论上理解移动用户个人信息披露的本质，接着将个人信息披露进一步细分为拒绝披露个人信息与披露虚假个人信息两种隐私保护行为，从移动商务用户公平感知的视角，探究公平感知对用户隐私保护行为的影响机理，为后续研究奠定理论基础。

（2）基于用户公平感知的隐私保护技术特征研究。为了设计有效的隐私保护技术，需要从理论上理解隐私保护技术应具备的技术特征，以及这些技术特征如何影响用户的隐私保护行为。因此，本书以上述隐私保护行为研究作为基础，从具体技术层面，进一步探究体现公平感知的具体隐私保护技术——隐私反馈应具备的技术特征，并从用户对个人信息披露细粒度控制的视角，以隐私设置与权限请求设置为例，探究了有效的隐私保护技术应具备的技术特征，以及这些技术特征对用户隐私保护行为的影响，为后续隐私保护方法设计提供理论指导。

（3）基于用户公平感知的隐私保护技术方法研究。目前广泛使用的隐私保护机制无法体现交互公平、分配公平与信息公平，本书基于上述隐私保护行为研究与隐私保护技术特征研究的结论，结合移动商务环境特征，基于公平理论，设计基于服务商主动推荐的隐私政策协商算法，为用户使用移动服务之前提供公平感知；设计了一种双向的隐私反馈，使用户可以适时地洞悉企业如何对待其个人信息，企业也能够及时了解用户对隐私保护的动态需求，进一步体现了用户使用移动服务过程中，企业对待用户隐私信息的公平性。最终通过实验研究（实地实验和实验室实验），检验了所提出设计的隐私保护技术方法对用户信息披露决策的影响。

二 研究目标

体现移动商务企业对待用户个人信息的公平性，提升用户的公平感知，提高其披露个人信息以及披露真实信息的行为意愿和实际行为，解决大数据背景下，企业收集用户数据与隐私保护之间的矛盾。具体来说：

（1）从公平感知的视角，系统地探索用户隐私保护行为的影响因素，揭示公平感知对用户隐私保护行为的影响机理，从而在理论层面全面、深入地理解用户的隐私保护行为，为后续研究奠定基础；

（2）探索基于用户公平感知的隐私保护机制应具备的技术特征，据此设计基于服务商主动推荐的隐私政策协商算法与隐私反馈技术，从而构建移动商务环境下基于用户公平感知的隐私保护机制，以提升移动商务用户感知的程序公平、交互公平、分配公平与信息公平；

（3）通过行为实验研究，例如实验室实验与实地实验，检验本书提出的隐私保护机制的有效性，促进其有效应用。

第三节　本书的组织结构

本书共分为9个章节，其组织结构如图1-2所示，其中，各个章节的具体内容如下。

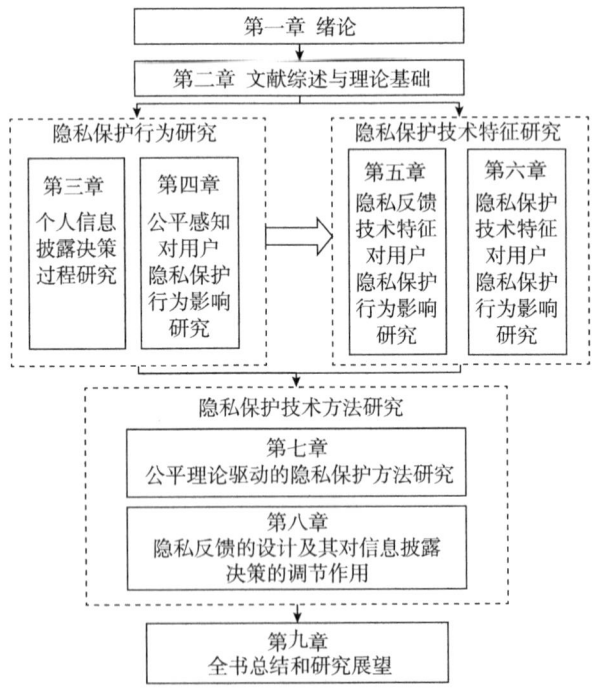

图 1-2　本书的组织结构

第一章，绪论。分析了本书的研究背景，总结了现有相关研究存在的问题，阐述了本书的研究价值和意义；给出了本书的研究问题、研究思路与研究内容，并介绍了本书的基本组织结构。

第二章，文献综述与理论基础。回顾了当前相关的文献，包括用户隐私保护行为研究、隐私的度量变量以及隐私保护方法相关的研究；介绍了本书所涉及的主要理论基础。

第三章，个人信息披露决策过程研究。基于沟通隐私管理理论的整体框架，将用户信息披露决策的过程划分为认知因素、认知权衡和披露决策3个阶段，构建移动用户个人信息披露决策3阶段模型；以移动商务为研究背景，采用问卷调查的方式收集样本数据，对收集的有效数据进行实证分析，以理解移动用户的信息披露决策的过程。

第四章，公平感知对用户信息隐私保护行为影响研究。基于公平理论，以刺激—机体—响应理论（S-O-R）模型为框架，从认知与情感双重维度，构建了移动商务用户隐私保护行为意愿（拒绝披露个人信息、披露虚假个人信息）的影响机理模型。通过情境描述和插图体验有机结合的方法，对收集的有效数据进行实证分析，揭示不同维度的公平感知对移动商务用户拒绝披露个人信息和披露虚假个人信息这两种隐私保护行为意愿的影响机理。

第五章，隐私反馈技术特征对用户隐私保护行为影响研究。隐私反馈作为一种体现用户公平感知的隐私保护技术，在保护用户隐私、帮助企业获取用户更多的真实个人信息中发挥着至关重要的作用，而这种技术应该具备哪些技术特征，更是企业需考虑的问题。基于信息传递理论及已有文献，聚焦隐私反馈应具备的技术特征，从隐私反馈的内容与形式双重视角，构建了隐私反馈的技术特征及其交互作用对移动商务用户隐私保护行为的影响机理模型，并通过基于插图的情景实验方法，对收集的有效数据进行了实证分析，更好地理解了用户的隐私保护行为，并为设计有效的隐私反馈以获取更多的用户个人信息提供一些理论指导。

第六章，隐私保护技术特征对用户隐私保护行为影响研究。从用户对个人信息披露细粒度控制的视角，聚焦隐私设置和权限请求设置两种隐私保护技术，深入探究有效的隐私保护技术应具备的技术特征，构建了隐私设置的可操作性和权限请求设置的有效性及其交互作用对移动商务用户隐私保护行为的影响机理模型。采用基于情景的实验方法，对收集的有效数据进行实证分析。为移动商务企业设计有效的隐私保护技术，以更好地保护用户隐私的同时，获得用户更多真实的个人信息提供指导。

第七章，公平理论驱动的隐私保护技术方法研究。基于公平理论，将公平提供与关键的隐私保护技术特征相关联，并概念化这些技术特征对隐私担忧和信息披露行为的影响。据此提出了一种信息技术解决方案来平衡企业对消费者的数据收集和隐私保护之间的矛盾。以手机银行应用为情境，实现了一种理论驱动的信息技术解决方法原型系统，称之为主动推荐的隐私政策协商应用，它使客户服务代理与消费者进行互动并主动向消费者推荐个性化的隐私政策。最后采用实地实验，证实了我们提出的解决方法提高了消费者感知的程序公平、交互公平和分配公平，并使他们在披露个人信息时感到舒适，这缓解了消费者的隐私担忧，增加了他们的信息披露意愿和实际披露行为。同样的，企业也能够从消费者那里收集额外的个人信息，从而形成一个隐私友好的良性循环。

第八章，隐私反馈的设计及其对信息披露决策的调节作用。基于公平理论，通过隐私反馈功能与三个公平维度（即程序性、信息性和互动性）之间的理论联系，同时基于前面章节的研究结论，考虑移动商务环境特征，设计了一种双向的隐私反馈，使用户可以适时地洞悉企业如何对待其个人信息，企业也能够及时了解用户对隐私保护的动态需求。并通过实验室实验，探索了本章设计的隐私反馈对个人信息披露决策过程的调节作用，还通过区分选择（或不选择）接收隐私反馈的用户来检验隐私反馈的实际效果。

第九章，全书总结和研究展望。首先，总结本书的主要研究成果与研究工作；其次，分析本书研究工作的创新点与特色；最后，对隐私保护相关后续研究作出展望。

第二章 文献综述与理论基础

第一节 文献综述

本节对信息系统（Information Systems，IS）领域中，个人信息披露相关研究、公平感知的隐私相关研究以及隐私保护方法相关研究进行了梳理和总结。文献检索主要分为以下三个步骤。

（1）根据 IS 领域前三位的期刊（*MIS Quarterly*、*Information Systems Research* 以及 *Journal of MIS*）的相关论文确定检索关键词，如 "information disclosure/disclosure behavior and privacy" "perceived privacy/privacy perception" "privacy policy/privacy statement" "privacy setting" "app permission requests/app permission" "privacy feedback" 等。

（2）运用上面的关键词，在 Web of Science 数据库检索近 15 年来的相关研究，共检索到 1452 条相关记录，通过对这些论文的题目和摘要进行浏览，共筛选出 120 篇相关文献。

（3）对于中文文献，主要是在中国学术期刊网络出版总库中查找。

一 个人信息披露相关研究

大量学者将个人信息披露意愿作为因变量，从情境、性格、隐私经历、信息控制、利益与风险等方面展开了一系列研究。例如，Bansal 等（2016）研究了情境与性格对用户在线披露个人信息意愿的影响作用，发现个人性格与在线隐私担忧是影响信任与信息披露意愿的关键因素，并且这些影响作用会根据不同的情境而发生变化。王乐等

（2020）研究了网络用户的隐私侵犯经历对自我披露意愿的影响，发现隐私侵犯经历负向影响自我披露意愿，并通过影响用户对隐私政策、隐私保护技术、行业自律和法律执行的有效性感知影响自我披露意愿。梁晓丹等（2018）通过分析在线隐私政策对消费者提供个人信息意愿的影响，发现感知信息控制和感知隐私风险均对提供个人信息意愿有显著影响。在移动环境中，用户对移动应用以及地理位置服务感知的利益与风险决定了其提供个人信息的意愿（李凯等，2016；Wang et al.，2016），并且通过感知的价值与心理舒适感提高移动支付用户披露个人信息的意愿（Yang et al.，2020）。从用户需求的视角探究隐私管理的技术特征对移动用户信息披露意愿的影响作用，发现隐私管理的三种技术特征（信息管理、许可声明管理和交互管理）均能通过感知控制正向影响个人信息披露意愿，感知的监视是影响感知控制与个人信息披露意愿的关键因素（刘百灵和孙文静，2020）。相关研究如表2-1所示。

表2-1　　个人信息披露相关隐私实证研究文献（2007—2022年）

文献	因变量	自变量到因变量（n-1：直接作用；n-2：间接作用；n-3：二级间接作用）	调节变量	理论基础	情境
Al-Jabri et al.，2020	披露个人信息意愿	n-1：隐私担忧^L，经济回报，个性化*，便利性*	隐私控制^L，政府/技术控制^L	无	电子商务
Anderson & Agarwal，2011	提供个人信息意愿	n-1：对健康信息隐私担忧*，媒体信任*，健康情绪*	信息类型，目的*，请求利益相关者*	隐私边界理论	健康医疗
Bansal et al.，2016	披露信息意愿	n-1：网站过去的积极经历*；n-2：网站信任*，隐私担忧*，在线隐私侵犯经历*，人格特征^L	无	理性行为理论，前景理论	在线金融，电子商务，在线健康

续表

文献	因变量	自变量到因变量（n-1：直接作用；n-2：间接作用；n-3：二级间接作用）	调节变量	理论基础	情境
Benson et al.，2015	信息披露	n-1：隐私通知*，信息使用*，个人信息控制*	无	计划行为理论	社交网络
Chang & Chen，2014	自我披露（意愿）	n-1：感知隐私控制，使用（Facebook强度）* n-2：隐私担忧*，感知收益*，供应商信任*，成员信任*	无	控制代理理论	网络社区
Chang & Heo，2014	个人信息披露	n-1：动机^L，使用时间*，好友数量*，感知收益*，感知风险，信任*，性别^L	无	无	Facebook
Cheng et al.，2021	信息披露（意愿）	n-1：感知风险*，感知收益* n-2：隐私意识*，过去的隐私侵犯*，移动支付安全*，负面媒体报道*，个人需要*	无	隐私计算理论	在线拼车
Chen et al.，2018	披露位置信息意愿	n-1：个人*，社会*，平台*	无	社会认知理论	微信
Chung et al.，2021	自我披露，隐私管理	n-1：隐私担忧*，消费者疏离* n-2：信息安全意识*，感知隐私控制	无	沟通隐私管理理论	社交媒体
Desimpelaere et al.，2020	披露行为	n-1：隐私担忧* n-2：隐私素养*	隐私成本*	无	在线网络
Dogruel et al.，2023	披露信息意愿	n-1：App习惯* n-2：隐私态度*，隐私担忧*，社会规范*	无	态度行为模型	移动医疗

续表

文献	因变量	自变量到因变量 （n-1：直接作用； n-2：间接作用； n-3：二级间接作用）	调节变量	理论基础	情境
Esmaeilzadeh, 2020	信息披露意愿	n-1：情绪信任* n-2：认知信任*，隐私政策感知透明度*	无	理性行为理论，技术接受模型	在线医疗
Feng et al., 2019	披露隐私意愿	n-1：感知人与人交互*，感知人与信息交互* n-2：结果公平*，程序公平*	无	公平理论	在线医疗社区
Fernandes & Pereira, 2021	披露个人信息意愿	n-1：习惯*，隐私担忧*，功利主义收益*，享乐主义收益*	环境敏感度[L]	隐私计算理论	在线网络
Ioannou et al., 2020	生物特征信息披露意愿，行为数据披露意愿	n-1：行为数据敏感度*，生物数据敏感度*，个性化* n-2：隐私倾向*，隐私意识，感知控制*，信任*，隐私经历*，隐私知识，隐私保护规则*	无	隐私计算理论，APCO框架	在线旅行
Karwatzki et al., 2017	披露意愿	n-1：个性化*，透明度，隐私倾向*	无	信息边界理论	数字服务
Kehr et al., 2015	披露意愿	n-1：感知隐私* n-2：信息敏感度*，感知风险*，感知收益*，一般隐私担忧*，一般信任[L]	情绪*	隐私计算理论	驾驶行为应用
Keith et al., 2013	实际信息披露	n-1：披露信息意愿* n-2：隐私担忧*，隐私风险*，感知风险*，感知收益*，职业*	无	隐私计算理论	基于位置移动应用

续表

文献	因变量	自变量到因变量（n-1：直接作用；n-2：间接作用；n-3：二级间接作用）	调节变量	理论基础	情境
Klumpe et al., 2020	实际位置信息披露	n-1：隐私担忧*，信任信念* n-2：信息传递机制（推—拉）*，社会证明*	社会证明*	无	基于位置服务
Koohikamali et al., 2015	披露位置信息	n-1：态度*，激励*，便利条件 n-2：主观规范*，感知风险*，感知收益*，意见指导*	无	无	基于位置社交网络
Liu et al., 2019	视觉信息披露	n-1：隐私担忧* n-2：父母调解*	网络规模*	无	社交网站
Li et al., 2011	隐私保护信念，隐私风险信念，披露个人信息意愿	n-1：情绪^L，公平水平^L	信息敏感度	隐私计算理论，S-O-R模型	在线网络
Li & Kobsa, 2020	信息披露，接受好友请求	n-1：感知风险* n-2：信息隐私担忧^L，交互隐私担忧^L	环境*	无	Facebook
Ma et al., 2021	信息披露行为	n-1：隐私担忧*，社会影响* n-2：感知严重性*，隐私经历*	无	社会认知理论	社交媒体
Morosan & DeFranco, 2015	披露意愿	n-1：披露价值*，系统信任* n-2：消极情绪，积极情绪*，收益*，风险*，组织信任	无	隐私计算理论	酒店应用程序

续表

文献	因变量	自变量到因变量 (n-1: 直接作用; n-2: 间接作用; n-3: 二级间接作用)	调节变量	理论基础	情境
Mouakket & Sun, 2020	信息披露	n-1: 习惯*, 主观规范, 感知有用性* n-2: 感知外部声望*, 感知补偿*, 相关网络规模	无	无	移动应用
Mouakket & Sun, 2020	信息披露	n-1: 感知有用性*, 感知娱乐性* n-2: 人格特征[L]	性别[L]	大五人格理论	社交网站
Mousavi et al., 2020	自我披露	n-1: 隐私定制化* n-2: 保护动机*, 威胁评估*, 应对评估*, 隐私担忧*	无	保护动机理论	社交网站
Mutimukwe et al., 2020	拒绝披露行为, 信任信念	n-1: 隐私风险[L], 隐私控制* n-2: 感知隐私政策有效性*, 感知组织规则有效性*, 隐私担忧*	无	隐私计算理论	电子服务
Nikkhah et al., 2021	披露个人信息意愿	n-1: 感知隐私风险*, 感知价值*	性格特征*, 行为特征	隐私计算理论	移动云计算
Norberg et al., 2007	披露行为	n-1: 行为意愿* n-2: 信任*, 风险*	无	无	在线银行
Osatuyi, 2018	自我披露行为	n-1: 自我披露持续意愿* n-2: 浅层披露*, 深层披露* n-3: 信息分享规则[L]	隐私侵犯经历*	沟通隐私管理理论, 社会渗透理论	Facebook
Phonthanuk-itithaworn & Sellitto, 2022	信息披露意愿	n-1: 披露意愿* n-2: 隐私担忧*, 隐私风险*, 感知风险*, 感知收益*, 职业*	无	无	在线健身追踪

续表

文献	因变量	自变量到因变量 (n-1：直接作用； n-2：间接作用； n-3：二级间接作用)	调节变量	理论基础	情境
Sah & Peng, 2015	拒绝披露行为	n-1：公众自我意识*，私人自我意识* n-2：视觉拟人线索*	无	无	健康网站
Sharif et al., 2021	自我披露	n-1：社会信任* n-2：媒体信任*，隐私担忧*，感知有用性*，感知易用性*	无	技术接受模型	社交网站
Sharma & Crossler, 2014	信息披露（意愿）	n-1：感知信息所有权，隐私冷漠*，感知风险*，感知收益*，信息交换的公平性^L n-2：个人隐私设置保障方法*，代理隐私设置保障方法*	无	信息交换公平理论	社交商务
Shibchurn & Yan, 2015	披露意愿	n-1：感知有用性*，感知风险* n-2：主观规范*	无	计划行为理论，隐私计算理论	在线社交网络
Siahaan, 2021	自我披露	n-1：感知收益*，感知风险* n-2：个人因素^L，社交媒体因素^L	无	沟通隐私管理理论，隐私计算理论	社交媒体
Sun et al., 2018	披露意愿	n-1：对成员的一般信任* n-2：监管有效性*，基于能力的信任*，基于性格的信任*，隐私担忧*，频率*	无	无	社交媒体

续表

文献	因变量	自变量到因变量（n-1：直接作用；n-2：间接作用；n-3：二级间接作用）	调节变量	理论基础	情境
Sun et al., 2019	信息披露行为	n-1：隐私担忧*，感知收益* n-2：热点话题互动*，团购体验*	隐私标签	APCO模型，隐私计算理论	社交电子商务
Sun et al., 2015	披露意愿	n-1：满意度* n-2：平台信任*，隐私担忧*，感知有用性*，平台安全^L，敏感度*	无	无	在线医疗
Tang et al., 2021	披露意愿	n-1：隐私疲劳*，隐私担忧* n-2：人格特征^L	无	大五人格理论	移动应用
Thompson et al., 2021	自我披露	n-1：隐私担忧控制，隐私担忧收集*，隐私担忧意识，信任*	网络成瘾*	隐私计算理论	在线网络
Trang & Weiger, 2021	个人信息披露意愿	n-1：隐私担忧*，隐私收益*，隐私风险*，游戏化*	无	无	游戏应用
Treiblmaier & Chong, 2011	披露个人信息意愿	n-1：网络信任*，在线服务商信任* n-2：个人信息感知风险*	网络经历	隐私计算理论	在线网络
Urbonavicius et al., 2021	披露个人数据意愿	n-1：社交媒体参与*，感知缺乏控制*，感知规则有效性* n-2：信任*，偏执*	无	社会交换理论	社交媒体，在线购物
Wakefield, 2013	信息披露意愿	n-1：信任*，隐私* n-2：积极情绪*，消极情绪*，网络安全^L	无	认知一致性理论	商业网站

续表

文献	因变量	自变量到因变量（n-1：直接作用；n-2：间接作用；n-3：二级间接作用）	调节变量	理论基础	情境
Wang et al., 2016	信息披露（意愿）	n-1：感知收益*，感知风险* n-2：个性化服务*，自我表现*，感知严重性*，感知控制*	无	隐私计算理论	Facebook
Weihong & Qian, 2022	隐私披露行为	n-1：信息隐私担忧* n-2：网站声誉*，网站信任*	无	APCO模型	在线网站
Yang et al., 2020	信息披露意愿	n-1：感知价值*，心理舒适感* n-2：隐私收益*，隐私风险*，个人和代理控制提升机制*	无	隐私计算理论，控制代理理论	Facebook
Yang & Wang, 2009	信息披露意愿，保护意愿，交换意愿	n-1：隐私担忧* n-2：信息敏感度*，补偿	无	无	网络营销
Youn & Shin, 2020	信息披露意愿	n-1：广告怀疑* n-2：隐私风险*，个性化收益*，青少年说服性知识*	无	隐私计算理论	社交媒体
Yuchao et al., 2021	自我披露意愿	n-1：社会回报*，健康信息隐私担忧* n-2：个性化服务^L，服务质量^L，健康隐私意识^L，信息敏感度^L	无	隐私计算理论	在线健康社区
Zhang et al., 2020	信息披露意愿，信任	n-1：详尽语言感知* n-2：隐私政策可读性^{L*}，GDPR接受度*	无	解释水平理论	社交媒体

续表

文献	因变量	自变量到因变量 (n-1: 直接作用； n-2: 间接作用； n-3: 二级间接作用)	调节变量	理论基础	情境
Zhu et al., 2021	披露意愿	n-1: 隐私疲劳，隐私担忧*，感知收益* n-2: 信息管理*，交互管理*	无	详尽可能性模型	移动医疗
Zimmer et al., 2010	信息披露意愿	n-1: 态度*，有用性* n-2: 风险*，信任*，关联度*	无	交换成本理论，计划行为理论	在线医疗网站
Zlatolas et al., 2019	自我披露，隐私控制，隐私担忧	n-1: 对Facebook的信任*，隐私价值* n-2: 隐私风险*	无	沟通隐私管理理论	在线社交网络
程慧平等, 2020	隐私披露意愿	n-1: 隐私关注*，角色压力*，习惯*，社交媒体信任* n-2: 隐私风险*，隐私控制*	无	隐私计算理论，沟通隐私管理理论	社交媒体
池毛毛等, 2021	信息不披露意愿	n-1: 隐私担忧*，感知风险*，感知利益* n-2: 基层政府信任^L	无	S-O-R模型	在线网络
郭海玲等, 2019	披露意愿	n-1: 隐私关注*，信任*，感知风险*，感知收益* n-2: 感知信息控制*，隐私倾向*	无	隐私计算理论，CPM理论	社会化媒体
郭宇等, 2018	信息披露行为	n-1: 移动学习用户信息披露意愿* n-2: 行为态度*，主观规范*，行为控制*	无	隐私计算理论，计划行为理论	移动学习
兰晓霞, 2017	信息披露意愿	n-1: 信任*，感知收益*，感知风险	无	隐私计算理论	移动社交

续表

文献	因变量	自变量到因变量 (n-1: 直接作用; n-2: 间接作用; n-3: 二级间接作用)	调节变量	理论基础	情境
李纲和 王丹丹, 2015	个人信息 披露意愿	n-1: 感知信息控制*, 个人信息披露态度* n-2: 信任*, 感知风险*, 感知收益*	隐私观*	隐私计算理论, 信任理论	社交网站
李海丹等, 2016	披露行为	n-1: 披露意愿* n-2: 感知风险*, 感知收益*, 程序公平* n-3: 信息控制*, 信息敏感*, 主观规范*, 分配公平*, 信任*	无	隐私计算理论, 公平理论	社会化媒体
李贺等, 2018	披露行为	n-1: 远期披露意图*, 近期披露意图* n-2: 隐私关注^L, 感知收益^L	信任^L	解释水平理论	社交网络
李凯等, 2016	信息公开意愿	n-1: 感知利益*, 感知风险* n-2: 个体差异*, LBS服务特性*	无	社会交换理论	基于位置服务
李琪等, 2018	自我披露意愿	n-1: 互惠感*, 信任, 社会认同感* n-2: 感知风险, 感知收益	无	隐私计算理论, 社会资本理论	社交用户
李延晖等, 2016	信息披露意愿	n-1: 隐私保护信念*, 感知风险信念* n-2: 娱乐性补偿*, 信息补偿^L, 资金补偿^L	无	隐私计算理论	移动社交

续表

文献	因变量	自变量到因变量（n-1：直接作用；n-2：间接作用；n-3：二级间接作用）	调节变量	理论基础	情境
梁晓丹等，2018	提供个人信息意愿	n-1：感知信息控制*，感知隐私风险* n-2：隐私政策告知明确性*，隐私政策权限水平*，隐私政策保护程度*	信息敏感度*	信号传递理论，沟通隐私管理理论	在线图书网站
刘百灵等，2017	个人信息披露意愿	n-1：隐私担忧*，信任*，感知愉悦* n-2：隐私政策^L，互动沟通^L，激励政策*	无	理性行为理论，公平理论	移动购物
刘百灵等，2021	信息披露意愿	n-1：隐私担忧焦虑*，隐私冷漠* n-2：人格特征*	无	大五人格理论	社会化商务
刘百灵和董景丽，2022	信息披露意愿	n-1：隐私控制*，隐私风险* n-2：隐私倾向*，描述性规范^L，主观规范^L，隐私政策*	无	沟通隐私管理理论	移动商务
刘百灵和孙文静，2020	信息披露意愿	n-1：感知监视*，感知控制* n-2：信息管理*，许可声明管理*，交互管理*	无	沟通隐私管理理论	移动商务
任卓异等，2021	个人信息披露意愿	n-1：隐私关注，隐私疲劳* n-2：隐私保护自我效能^L	无	无（隐私悖论现象）	移动应用
沈旺等，2020	披露行为	n-1：远期披露意图*，近期披露意图* n-2：隐私关注^L，感知风险	无	解释水平理论	移动媒体

续表

文献	因变量	自变量到因变量 （n-1：直接作用； n-2：间接作用； n-3：二级间接作用）	调节变量	理论基础	情境
孙霄凌等，2017	披露行为意向	n-1：信任度*，信息控制能力*，感知风险*，感知收益* n-2：隐私意识*	无	隐私计算理论，计划行为理论	社会化搜索
王乐等，2020	自我披露意愿	n-1：感知隐私政策有效性*，感知隐私保护技术有效性*，感知行业自律有效性*，感知法律执行有效性* n-2：隐私侵犯经历*	无	代理理论，社会契约理论	移动社交
王瑜超，2018	自我表露意愿	n-1：用户信任* n-2：感知收益*，感知风险*，网站*	互惠规范^L	隐私计算理论	虚拟健康社区
王瑜超和孙永强，2018	自我表露意愿	n-1：感知收益*，感知风险* n-2：服务质量*，个性化服务*，互惠规范*，用户信任*	无	隐私计算理论	虚拟健康社区
吴茜和姚乐野，2022	隐私披露行为	n-1：隐私风险*，感知收益*，隐私关注*，隐私控制*	促进定性*，预防定向*	详尽可能性模型，调节定向理论	在线网络
相蓥蓥等，2018	隐私信息披露行为	n-1：隐私信息披露意愿*，披露隐私信息技术* n-2：消费者信任*，披露隐私信息收益*，披露隐私信息风险*，隐私信息披露环境*	无	隐私计算理论	移动支付

续表

文献	因变量	自变量到因变量 (n-1: 直接作用; n-2: 间接作用; n-3: 二级间接作用)	调节变量	理论基础	情境
谢珍和杨九龙, 2020	隐私披露意愿	n-1: 隐私关注, 数据控制, 依赖程度*, 感知收益*, 感知风险, 信任程度*	无	隐私计算理论, 沟通隐私管理理论, 计划行为理论	智慧图书馆
杨姝等, 2009	信息披露意图	n-1: 隐私信任* n-2: 声誉*, 隐私协议*, 隐私信用图章*	无	无	在线网站
臧国全等, 2021	个人信息披露意愿	n-1: 感知收益*, 感知风险*, 客观说服知识* n-2: 主观说服知识*	无	隐私计算理论, 说服知识理论	移动应用
张星等, 2016	信息披露意愿	n-1: 互惠规范*, 知觉行为控制*, 信息披露态度* n-2: 个性化服务*, 情感支持*, 隐私关注*	无	隐私计算理论, 计划行为理论	在线健康信息服务
张玥等, 2018	信息披露意愿	n-1: 隐私关注*, 感知有用性*, 感知易用性	无	隐私计算理论, 技术接受模型	微信
朱光等, 2022	实际披露行为	n-1: 隐私披露意愿* n-2: 隐私关注*, 感知有用性*, 感知易用性*, 平台质量*	信息敏感性*	技术接受模型, 信息系统成功模型	移动医疗平台

注: *代表显著, L代表边缘显著。

正如经典的格言"垃圾进,垃圾出",虚假信息的收集会削减大数据的价值(Lima, 2015),然而仅少量学者区分了用户披露信息的真伪，研究了用户披露虚假个人信息的影响因素。Son 和 Kim（2008）探究了在线用户的公平感知与隐私担忧对其拒绝披露个人信息与披露虚假个人信息的影响作用，发现隐私担忧与公平感知对拒绝提供信息有显著的影响，但仅有公平感知对提供虚假个人信息具有显著的负向影响。Miltgen 和 Smith（2019）证明了感知利益、风险与信任对拒绝披露个人信息的意愿具有显著的影响，但仅感知风险和信任对披露虚假个人信息意愿具有显著的影响。Michaelidou 和 Micevski（2019）发现对社交媒体分析实践的不良道德认知和低可信度会导致用户感知到共享信息的风险，进而不愿披露或伪造个人信息。Zhou 等（2022）发现否认伤害、必要性辩护等特征促进了用户披露虚假信息的意愿，并且受人格特征调节。刘百灵和夏惠敏（2020）研究了隐私反馈的技术特征对用户披露虚假个人信息意愿的作用机理，发现隐私担忧通过用户深层次的心理状态"心理舒适感"对披露虚假个人信息意愿产生显著影响。相关研究如表 2-2 所示。

表 2-2　　披露虚假个人信息相关实证研究文献（2007—2022 年）

文献	因变量	自变量到因变量 （n-1：直接作用； n-2：间接作用）	调节变量	理论基础	情境
Michaelidou & Micevski, 2019	拒绝披露信息，伪造信息，采取行动反对组织	n-1：感知风险* n-2：感知伦理*，信任*	收益^L	隐私计算理论	社交媒体
Miltgen & Smith, 2019	伪造，隐瞒（意愿）	n-1：感知收益^L，感知风险*，信任* n-2：感知相关性*	无	隐私计算理论	商业网站
Son & Kim, 2008	拒绝披露，披露虚假信息，删除个人信息，负面口碑，直接投诉，间接投诉	n-1：信息隐私担忧^L，感知公平*，社会福利*	无	公平理论	在线网络

续表

文献	因变量	自变量到因变量 （n-1：直接作用； n-2：间接作用）	调节变量	理论基础	情境
Zhou et al.，2022	披露虚假个人信息（意愿）	n-1：否认伤害*，否认责任，必要性辩护*，分类账本的隐喻*，避免更大伤害*	神经质[L]，外向性[L]	中和理论	电子商务平台，社交网站
刘百灵和夏惠敏，2020	披露虚假信息（意愿），披露真实信息（意愿）	n-1：心理舒适感* n-2：隐私担忧*，隐私反馈内容*，隐私反馈形式*	信息质量[L]	信号传递理论	移动商务

注：*代表显著，L代表边缘显著。

二 感知的隐私相关研究

IS 领域的研究中，隐私担忧常被当作测量信息隐私的代理变量，许多学者探究用户隐私担忧的前置影响因素以及隐私担忧产生的直接行为影响（Ozdemir et al.，2017；Zhao et al.，2012；Bansal et al.，2016；Li，2014；Choi and Land，2016；Hui et al.，2007；Wu et al.，2012；Kaushik et al.，2018；Gruzd and Hernández-García，2018；Wang and Midha，2012；Jiang et al.，2013；Bansal and Gefen，2010）。例如，Xu 等（2011a）探讨了个体的隐私价值倾向、感知的隐私风险与隐私控制的认知权衡过程对其隐私担忧的影响。Liao 等（2011）探索了在线购物用户隐私担忧与信任的前置因素以及两者对其交易意愿、撤回个人信息意愿的影响。Gu 等（2017）研究了隐私担忧的前置因素及其对安卓用户下载 App 意愿的影响。

由于担忧仅涉及隐私的消极方面，因此有研究提出采用感知的隐私（即人们对外部代理访问其个人信息情况的评估）来测量用户对信息隐私的总体态度（Dinev et al.，2013），相关研究如表 2-3 所示。

表2-3　感知的隐私相关实证研究文献（2007—2022年）

文献	因变量	自变量到因变量 （n-1：直接作用； n-2：间接作用； n-3：二级间接作用；……）	调节变量	情境
Alshurideh et al., 2021	使用意愿	n-1：感知有用性*，感知易用性*，信任* n-2：感知易用性*，信任*，感知的隐私*，感知安全* n-3：信任*	性别*	电子支付系统
Chang et al., 2018	感知的隐私	n-1：感知隐私控制*，感知风险，隐私担忧*，信任* n-2：感知隐私控制*，感知风险，感知隐私政策有效性* n-3：感知隐私政策有效性*，访问*，选择，控制*，安全*，执行*	无	网上银行
Chen & Barnes, 2007	购买意愿	n-1：在线初始信任* n-2：感知有用性*，感知易用性，技术享乐，感知安全*，感知的隐私*，公司规模，声誉*，感知定制化*，互动	信任倾向*，在线交易熟悉度*	线上书店网站
Cheung et al., 2021	持续使用意愿	n-1：动机*，满意度* n-2：服务质量*	无	移动支付
Cutshall et al., 2022	使用意愿	n-1：感知有用性，感知易用性*，信任*，规范信念*，感知社会存在* n-2：感知易用性*，感知的隐私*，感知安全*，技术能力* n-3：技术能力*	无	社交商务
Dinev et al., 2013	感知的隐私	n-1：感知信息控制*，感知风险* n-2：匿名性*，保密性*，机密性*，信息敏感度*，信息透明度重要性*，监管预期*	无	Web2.0网站
Fox et al., 2022	对App的依赖意向	n-1：披露信息意愿*，互惠利益* n-2：感知的隐私*，使用或持续使用意愿*，互惠利益* n-3：感知监视*，感知控制*，信任技术的倾向*，健康利益，社会影响	无	移动接触者追踪应用程序

续表

文献	因变量	自变量到因变量 （n-1：直接作用； n-2：间接作用； n-3：二级间接作用；……）	调节变量	情境
Habib et al., 2020	技术服务采纳	n-1：对技术的信任*，价值*，自我效能*，努力期望* n-2：感知的隐私*，感知安全*，对政府的信任*	无	智慧城市技术服务
Jiang et al., 2022	使用意愿	n-1：感知风险*，感知利益*，感知的隐私，感知信任* n-2：感知信任*	无	在线学习平台
Johnson et al., 2020	使用意愿	n-1：感知安全*，相对优势*，可试用性* n-2：感知的隐私*，感知准确性*，兼容性*，感知易用性*	无	移动自助结账系统
Maharaj & Munyoka, 2019	使用意愿	n-1：感知的隐私*，感知安全*，感知风险*，感知信任*，乐观偏见* n-2：感知的隐私*，感知安全*，感知信任*	无	电子政务系统
Maqableh et al., 2021	持续使用意愿	n-1：感知的隐私*，感知安全，满意度* n-2：感知的隐私*，信任*，感知安全 n-3：感知的隐私，感知安全*	沉迷程度*	社交网络平台
Meier et al., 2020	披露信息量	n-1：感知风险可能性*，预期收益* n-2：感知的隐私* n-3：隐私政策知识* n-4：隐私政策长度*，阅读隐私政策每个单词的时间*	隐私实践知识的性质*	社交网站
Merhi et al., 2019	使用意愿	n-1：感知的隐私*，感知安全*，信任*，性能预期*，努力期望*，社会影响*，享乐动机*，价格价值*，习惯*	无	手机银行

续表

文献	因变量	自变量到因变量 (n-1: 直接作用; n-2: 间接作用; n-3: 二级间接作用; ……)	调节变量	情境
Peng et al., 2021	使用意愿	n-1: 感知的隐私*, 感知安全*, 感知有用性*, 感知易用性*, 成本节约认知*, 准确度, 社会影响, 广告宣传, 方案认知* n-2: 感知安全*, 成本节约认知*, 准确度*, 社会影响*, 广告宣传*	无	智慧停车应用程序
Riquelme & Román, 2014	信任	n-1: 感知的隐私*, 感知安全*	消费者外向性*, 性别*, 年龄*, 学历*	在线购物
Shih et al., 2012	自我披露意愿	n-1: 信任*, 隐私经历, 感知行为控制* n-2: 感知的隐私*, 隐私担忧*, 计算机自我效能* n-3: 计算机自我效能*	无	电子商务
Shrestha et al., 2021	使用意愿	n-1: 对系统的态度*, 感知有用性*, 感知易用性*, 系统质量* n-2: 感知的隐私*, 感知安全*, 信任*, 感知易用性*, 系统质量* n-3: 感知的隐私*	无	基于区块链的系统
Susanto et al., 2013	使用意愿	n-1: 初始信任*, 感知的隐私, 感知安全, 网站可用性*, 政府支持, 相对利益* n-2: 感知的隐私*, 感知安全*, 信任倾向, 公司声誉*, 网站可用性*, 政府支持*, 相对利益*	无	网上银行
Yousaf et al., 2021	健康满意度	n-1: 持续使用意愿* n-2: 使用满意度*, 感知有用性*, 技术自我效能* n-3: 感知的隐私*, 中立确认*, 感知有用性*, 用户界面质量* n-4: 中立确认*, 性能期望*, 努力期望*, 信任*, 社会影响*	无	健康应用程序

续表

文献	因变量	自变量到因变量 (n-1：直接作用； n-2：间接作用； n-3：二级间接作用；……)	调节变量	情境
Zarouali et al., 2021	信息披露 意愿	n-1：品牌信任*，隐私担忧，感知的隐私，感知安全，感知社交性* n-2：感知的隐私*，感知安全*，感知社交性*，隐私担忧	无	通信应用
Zhu & Kanjan- amekanant, 2021	购买意愿	n-1：广告态度* n-2：感知的隐私* n-3：信息共有权*，感知拟人化*，内部数据源*，广告尴尬	感知 拟人化*， 信息 共有权*	社交媒体 平台

注：*代表显著。

部分学者围绕感知隐私的前置影响因素进行了探索。例如，Dinev等（2013）证实了在 Web2.0 环境下，感知的信息控制和感知的风险是信息隐私感知的显著决定因素。Chang 等（2018）对网上银行客户的隐私感知展开探究，发现在风险控制评估中，只有感知的隐私控制对感知的隐私有直接的显著影响，感知的隐私风险需要通过隐私担忧影响客户感知的隐私，用户的信任与隐私担忧均显著影响其感知的隐私。Zhu 和 Kanjanamekanant（2021）发现当用户认为平台有权获取其个人信息、平台拟人化程度较高且个性化广告基于集体隐私边界内部的数据时，用户会觉得自己拥有了足够的隐私，同时较高的信息共有权感知和平台拟人化感知也进一步缓和了个性化广告数据来源、广告尴尬与用户感知的隐私之间的关系。

用户感知的隐私对行为意愿影响的研究，主要集中在用户对各种信息系统的使用意愿。例如，感知的隐私与信任相互作用，能促使用户使用网络银行（Susanto et al., 2013；Yousafzai et al., 2009），感知的隐私与感知的安全对用户使用手机银行具有显著的影响（Merhi, 2019）。感知的隐私还能显著影响用户对电子政务系统的使用（Maharaj et al., 2019），以及对智能停车应用程序的使用（Peng et al., 2021）等。

还有部分学者研究了感知的隐私对信息披露意愿的影响，例如 Shih

等（2012）研究了电子商务用户的信息自我披露意愿，发现用户感知的隐私显著影响其对在线平台的信任，进而影响用户向服务商披露个人信息。如果社交网站能够让用户觉得自己的隐私得到足够的保护，则会提高其披露的信息量（Meier et al.，2020）。

三　隐私保护方法相关研究

1. 隐私政策相关研究

隐私政策作为企业广泛采用的隐私保护方法，已经引起大量学者的关注，相关研究如表 2-4 所示。已有研究大多围绕隐私政策对用户个人信息披露的影响机理展开。例如，隐私政策通过降低用户的隐私担忧，提高其在线披露个人信息的意愿（Gong et al.，2019；Zhao et al.，2012），用户在决定是否披露真实的个人信息时，更多的是依靠对移动服务商的信任，而隐私政策在提高用户信任中发挥着重要的积极影响（刘百灵等，2017；齐昆鹏和李真真，2018；王洪伟等，2012）。隐私政策还能通过用户对风险—控制的评估来影响其个人信息披露意愿。企业通过隐私政策告知用户隐私实践相关信息，会让用户觉得对个人信息具有更多的控制权，减少了用户对披露信息的感知风险，从而更愿意披露个人信息（Mutimukwe et al.，2020；Widjaja et al.，2019；刘百灵和董景丽，2022）。移动支付用户对隐私政策感知的有效性还能通过提高感知价值和心理舒适感，促进其自我披露（Yang et al.，2020）。

表 2-4　　　　隐私政策相关实证研究文献（2007—2022 年）

文献	主题	因变量	自变量到因变量 （n-1：直接作用； n-2：间接作用； n-3：二级间接作用；……）	调节变量	情境
Aljaafreh，2020	个人信息披露影响机理	敏感信息披露意愿	n-1：感知隐私风险，隐私控制，关注需求* n-2：隐私倾向*，隐私政策有效性*，政府监管	无	社交媒体平台

续表

文献	主题	因变量	自变量到因变量 (n-1: 直接作用; n-2: 间接作用; n-3: 二级间接作用; ……)	调节变量	情境
Bansal et al., 2015	个人信息披露影响机理	披露个人信息意愿	n-1: 网站信任* n-2: 隐私政策的充分性*, 企业信息的可用性*, 网站信任*, 设计吸引力*, 声誉* n-3: 声誉*	隐私担忧	在线网络
Esmaeilzadeh, 2019	个人信息披露影响机理	披露健康信息意愿, 退出HIE意向	n-1: 对HIE情感信任* n-2: 对HIE能力的认知信任*, 对HIE诚实的认知信任* n-3: 感知隐私政策透明度*, 对健康医疗提供者的信任*	无	健康医疗
Esmacilzadeh, 2020	个人信息披露影响机理	健康信息披露意愿	n-1: 对HIE情感信任* n-2: 对HIE能力的认知信任*, 对HIE诚实的认知信任* n-3: 感知隐私政策透明度*	无	健康医疗
Gerlach et al., 2015	个人信息披露影响机理	信息披露意愿	n-1: 感知隐私风险*, 隐私政策许可程度* n-2: 隐私政策许可程度*	无	在线社交网络
Gong et al., 2019	个人信息披露影响机理	自我披露意愿	n-1: 隐私担忧* n-2: 隐私设置的感知有效性*, 隐私政策的感知有效性*, 行业自律的感知有效性*, 政府监管的感知有效性*	网络外部性*, 技术互补性	移动支付应用
梁晓丹等, 2018	隐私政策特征	提供个人信息意愿	n-1: 感知信息控制*, 感知隐私风险* n-2: 告知明确性*, 权限水平, 保护水平*	信息敏感度*	购物网站

续表

文献	主题	因变量	自变量到因变量 (n-1：直接作用； n-2：间接作用； n-3：二级间接作用；……)	调节变量	情境
刘百灵等，2017	个人信息披露影响机理	个人信息披露意愿	n-1：隐私担忧*，信任*，感知愉悦* n-2：信任*，隐私政策*，互动沟通*，激励政策* n-3：隐私政策*，互动沟通*，激励政策*	无	移动购物
刘百灵和董景丽等，2022	个人信息披露影响机理	信息披露意愿	n-1：隐私控制*，隐私风险* n-2：隐私倾向*，描述性规范*，主观规范*，隐私政策*	无	移动商务
Meier et al.，2020	隐私政策特征	披露信息量	n-1：感知风险可能性*，预期收益* n-2：感知隐私* n-3：隐私政策知识* n-4：隐私政策长度*，阅读隐私政策每个单词的时间* n-5：阅读隐私政策每个单词的时间*	隐私实践知识的性质*	社交网站
Mutimukwe et al.，2020	个人信息披露影响机理	隐私担忧，信任信念，不披露意愿	n-1：感知隐私政策有效性*，感知组织自律有效性*，隐私风险*，隐私控制* n-2：感知隐私政策有效性*，感知组织自律有效性*	无	社交网络，电子商务，电子政务

续表

文献	主题	因变量	自变量到因变量 (n-1：直接作用； n-2：间接作用； n-3：二级间接作用；……)	调节变量	情境
齐昆鹏和李真真，2018	个人信息披露影响机理	隐私披露行为意愿	n-1：披露行为意愿* n-2：信任*，隐私关注*，感知风险*，感知收益* n-3：隐私政策*，信任*，隐私关注*，隐私泄露经历*，数据素养*，社群影响*，隐私倾向* n-4：隐私政策*，隐私泄露经历*，数据素养*，社群影响*，隐私倾向*	无	在线网络
王洪伟等，2012	个人信息披露影响机理	个人信息隐私提供意愿	n-1：信任*，网络隐私顾虑*，易用性感知，有用性感知*，网站涉入度，信息敏感度* n-2：网络隐私顾虑*，信任倾向*，网站声誉*，网站安全与控制政策*，易用性感知，信任*	无	在线网络
Widjaja et al.，2019	个人信息披露影响机理	存储高敏感个人信息意愿，存储低敏感信息意愿	n-1：信任*，感知成本*，感知利益* n-2：感知控制*，隐私倾向*，感知隐私政策有效性*，感知行业自律有效性*，感知政府监管有效性* n-3：感知隐私政策有效性*，感知行业自律有效性*，感知政府监管有效性*	无	云存储应用
Yang et al.，2020	个人信息披露影响机理	信息披露意愿	n-1：感知价值*，心理舒适感* n-2：感知收益*，感知风险*，隐私设置的感知有效性*，隐私政策的感知有效性*	无	移动支付应用

续表

文献	主题	因变量	自变量到因变量 （n-1：直接作用； n-2：间接作用； n-3：二级间接作用；……）	调节变量	情境
袁向玲和牛静，2021	个人信息披露影响机理	自我表露意愿	n-1：社交媒体信任*，隐私政策理解*，隐私政策有效性感知* n-2：隐私政策理解*，隐私政策有效性感知*	无	社交媒体
Zhao et al.，2012	个人信息披露影响机理	披露位置信息的意愿	n-1：隐私担忧*，个人创新能力*，个性化*，连通性* n-2：激励提供*，互动促进*，隐私控制*，隐私政策*，隐私法律意识*，隐私侵犯经历*	无	基于位置的社交网络

注：*代表显著。

然而，也有一些学者对隐私政策的有效性提出了质疑。Liu（2014）批判隐私政策是消费者的负担，因为它缺乏有意义的隐私选择，无法有效提高消费者对个人信息的控制。隐私政策被用户看作企业在"形式上"的一种操作（张玥等，2019），用户通常只能被动地接受，否则将无法使用应用平台的服务（Bélanger and Crossler，2011）。因此，消费者普遍不信任隐私政策，尽管他们越来越担心隐私，但隐私政策在反映法律执行、改变他们的看法或影响购买行为方面基本上无效（Zhu et al.，2020）。

还有少量学者对隐私政策应具备的特征展开了探究。梁晓丹等（2018）分析了在线隐私政策的内容特征对消费者提供个人信息意愿的影响机制，发现在线隐私政策的告知明确性、权限水平及保护程度显著影响消费者的信息控制感知和隐私风险感知，进而影响其信息披露意愿。与长版本的隐私政策相比，用户能够更仔细地阅读短版本的隐私政策，并在更短的时间内理解内容（Meier et al.，2020）。

2. 隐私权限请求相关研究

隐私权限请求已成为移动应用（App）提供的主要隐私保护措施之一，有学者研究了用户接受隐私权限请求的影响因素，发现较高的感知侵入性和隐私担忧会导致用户拒绝移动应用的权限请求，对移动应用感知的价值会促使用户接受移动应用的隐私权限请求（Wottrich et al.，2018）。Degirmenci（2020）也指出用户对移动应用的隐私权限请求的担忧、用户的隐私经历、计算机焦虑和感知控制均显著影响他们的隐私担忧，进而影响用户做出权限请求决策。移动应用所请求权限的相关性越高，用户对信息收集、使用和保护方面的不确定性越小，越可能允许应用程序访问其低敏感度的个人信息（Liu et al.，2022）。

还有少量学者探究了隐私权限请求的特征对用户行为的影响。Gu等（2017）探究了隐私权限请求特征对用户隐私担忧以及应用程序下载意愿的影响，发现用户对权限敏感度的感知与权限请求相关性的感知正向影响隐私担忧，权限解释可以降低隐私担忧，从而提高用户对移动应用的下载意愿。刘百灵和孙文静（2020）研究了隐私管理的技术特征对移动用户信息披露意愿的影响，发现许可声明管理能通过感知控制正向影响用户的个人信息披露意愿。相关实证研究见表2-5。

表2-5　隐私权限请求相关实证研究文献（2007—2022年）

文献	主题	因变量	自变量到因变量 （n-1：直接作用； n-2：间接作用； n-3：二级间接作用；……）	调节变量	情境
Degirmenci，2020	接受隐私权限请求	接受隐私权限请求的意愿	n-1：信息隐私担忧* n-2：先前隐私经历*，计算机焦虑*，感知控制*，App权限的担忧*	无	移动应用
Gu et al.，2017	隐私权限请求特征	下载意愿	n-1：隐私担忧*，感知应用流行度*，一般隐私担忧*，性别* n-2：感知应用流行度*，感知权限敏感度*，感知权限合理性*，一般隐私担忧*，性别*	移动隐私受害经历*	移动应用

续表

文献	主题	因变量	自变量到因变量 (n-1：直接作用； n-2：间接作用； n-3：二级间接作用；……)	调节变量	情境
Liu et al., 2022	接受隐私 权限请求	权限授权	n-1：低敏感度信息的权限授权*，高敏感度信息的权限授权* n-2：隐私不确定性* n-3：权限解释，权限相关性*，第三方认证*	无	移动应用
Harborth & Pape，2021	隐私权限 请求特征	下载意愿	n-1：信任*，隐私担忧*，感知应用流行度*，感知有用性*，下载费用*，AR标签 n-2：信任*，感知应用流行度*，下载费用，AR标签，权限解释，感知权限敏感度* n-3：感知应用流行度*，权限合理性	无	AR
刘百灵和 孙文静，2020	隐私权限 请求特征	信息披露 意愿	n-1：感知监视*，感知控制*，信息管理*，许可声明管理*，交互管理* n-2：感知控制*，信息管理*，许可声明管理*，交互管理* n-3：信息管理*，许可声明管理*，交互管理*	无	移动商务
Wottrich et al., 2018	接受隐私 权限请求	接受隐私 权限请求的 意愿	n-1：感知应用价值*，应用侵入性*，隐私担忧*	隐私担忧*	移动应用
Zhang & Xu，2016	隐私权限 请求特征	心理舒适感	n-1：隐私担忧*，感知控制*，恐惧* n-2：感知控制*，恐惧*，社交轻推*，频率轻推* n-3：恐惧*，社交轻推*，频率轻推*	无	社交网络 应用

注：*代表显著。

然而，有研究指出这种基于权限的隐私保护方法是不现实的，因为用户通常没有意识到他们被迫允许的许多权限（Almuhimedi et al.，2015）。于是，学者们开发了一些技术工具来帮助消费者管理隐私权限。例如，Lin 等（2014）识别了少量的隐私权限设置模式，Liu 等（2016）具体实施了 Lin 等（2014）提出的方法，开发了一种技术方案，基于消费者所选择的信息，为他们推荐隐私权限配置以帮助其设置隐私权限。Das 等（2018）还在物联网情境下实现了该方法。Zhang 等（2016）尝试改变隐私权限请求的呈现方式，设计了两种隐私轻推方法，即频率轻推和社交轻推。总之，这些工作主要是帮助消费者管理手机应用的隐私权限，以减轻消费者在管理隐私权限时所面临的知识负担，使得他们能与隐私权限进行交互。

3. 隐私设置相关研究

隐私设置作为当前移动应用提供的主要隐私保护措施之一，有学者探究了它对用户信息披露意愿的影响作用，发现当移动支付应用的用户规模较小、提供的支付服务单一且无法稳定高效地运行时，用户对隐私设置感知的有效性对隐私担忧的缓解作用更为显著，进而促进用户披露个人信息（Gong et al.，2019），用户对隐私设置感知的有效性还能通过影响其感知价值和心理舒适感，提高他们的信息披露意愿（Yang et al.，2020）。在社交网络中，当用户采用的隐私设置越严格，其自我披露的准确性就越高（Goh et al.，2018）。

虽然隐私设置的有效性得到了肯定，但如果用户不去使用隐私设置，则无法发挥它的作用。在一项针对社交网络用户的调查中，发现只有 20.3%的参与者使用了隐私设置（Nosko et al.，2012）。虽然社交网络环境下用户的隐私信息存在被侵犯的风险，但并不能促使用户使用隐私设置。用户对服务商的信任和对社交网站产品服务的兴趣，都会阻碍其使用隐私设置（Lankton et al.，2019）。

为了促进用户使用隐私设置来保护其信息隐私，有学者聚焦社交网络环境，探究了影响用户使用隐私设置的因素。例如，Bao 等（2011）识别了促进社交网站用户使用隐私设置的四个要素——容易理解、容易发现、拒绝不受欢迎的联系和控制个人资料的访问。随着国内社交 App 的流行，朱侯等（2020）验证了感知有用性和感知易用性显著影响微信用户使用隐私设置。程慧平等（2021）发现用户使用隐私设置的意愿受个人特质、用户感知、社交情境、环境因素、信息因素和技术因素六个维度的影响。朱侯和张明鑫（2021）发现用户对感知风险、隐私关注和行为效益的评估是其产生隐私设置行为意愿的必要条件。

为了设计有效的隐私设置，还有学者探究了社交媒体环境下隐私设置的设计方法。例如，Lipford 等（2008）设计了面向不同群体的个人资料信息视图界面，用户可以根据个人偏好针对不同群体设置所需披露的个人信息内容，这显著提高了在线社交网络社区用户对隐私设置功能的理解。Stern 等（2014）设计了一个基于"滚轮"形状的隐私设置界面，通过该界面用户不仅可以查看隐私设置的详细信息，还可以一目了然地了解到他们的信息共享实践的整体情况，并且实验表明这种新的"滚轮"界面比在线社交网络通常使用的表格界面更容易被接受。Fang（2015）提出了一种具有 3 个层级（基本、中级和高级）的 Facebook 隐私设置方案，以改进 Facebook 的隐私设置功能过于复杂、模糊和不友好的问题。隐私设置相关的实证研究如表 2-6 所示。

表 2-6　　　　隐私设置相关实证研究文献（2007—2022 年）

文献	主题	因变量	自变量到因变量 （n-1：直接作用； n-2：间接作用； n-3：二级间接作用）	调节变量	情境
Gong et al.，2019	用户信息披露意愿	自我披露意愿	n-1：隐私担忧* n-2：隐私设置的感知有效性*、隐私政策的感知有效性*、行业自律的感知有效性*、政府监管的感知有效性*	网络外部性*、技术互补性*	移动支付应用
Yang et al.，2020	用户信息披露意愿	信息披露意愿	n-1：感知价值*，心理舒适感* n-2：感知收益，感知风险*，隐私设置的感知有效性*，隐私政策的感知有效性*	无	移动支付应用

续表

文献	主题	因变量	自变量到因变量 （n-1：直接作用； n-2：间接作用； n-3：二级间接作用）	调节变量	情境
Goh et al., 2018	用户信息披露意愿	自我披露效价，自我披露深度，自我披露准确性	n-1：隐私设置调整*，主观规范*，描述性规范*，信任*，信息分享态度* n-2：主观规范*，描述性规范*，信任*，信息分享态度*	无	社交网站
Bao et al., 2011	使用隐私设置的因素	隐私设置使用	n-1：感知有用性*，感知易用性* n-2：拒绝不受欢迎的联系*，控制个人资料的访问*，容易理解*，容易发现*	无	社交网站
朱侯和李佳纯，2020	使用隐私设置的因素	隐私设置行为意愿	n-1：设置意愿，感知控制* n-2：隐私关注*，感知易用性*，感知有用性*，信任，互动公平* n-3：隐私关注*，感知易用性*	无	社交媒体平台
朱侯和张明鑫，2021	使用隐私设置的因素	隐私设置行为意愿	n-1：感知风险*，隐私关注*，隐私经历，感知隐私控制*，行为效益*，隐私政策*，品牌形象*	无	移动应用
Lankton et al., 2019	使用隐私设置的因素	社交网站的持续使用意愿	n-1：有用性*，愉悦*，黏合性社会资本*，桥梁性社会资本* n-2：隐私设置使用*，限制披露*，社交网络规模*，用户使用频率* n-3：隐私风险*，隐私担忧*，感知信任*，个人兴趣*	无	在线社交网络

续表

文献	主题	因变量	自变量到因变量 （n-1：直接作用； n-2：间接作用； n-3：二级间接作用）	调节变量	情境
刘鸿莹等，2022	使用隐私设置的因素	隐私信息保护行为	n-1：隐私保护意愿*，隐私疲劳* n-2：隐私疲劳*，隐私关注*，感知风险*，感知收益*，感知信任*，自我效能*，反应效能*，反应成本* n-3：隐私关注，感知风险*，感知收益*，感知信任*，自我效能*，反应效能*，反应成本*	无	智能穿戴设备
Lipford et al., 2008	隐私设置的设计	精确度，舒适度，任务时间	n-1：界面类型*	无	在线社交网络
Stern et al., 2014	隐私设置的设计	回答问题的时间	n-1：问题复杂性*，界面类型*	无	在线社交网络

注：*代表显著。

4. 隐私反馈相关研究

隐私反馈是在用户使用服务时向其提供企业隐私实践信息（Acquisti et al., 2017）。已有学者对隐私反馈这一隐私保护技术展开了相关研究（如表2-7所示），大多数研究都将隐私反馈作为一个整体，研究其对用户行为的影响。例如，Tsai等（2009）研究了隐私反馈在移动位置共享应用中的影响作用，发现隐私反馈对于缓解用户隐私担忧、提高其心理舒适感有重要作用，用户通过隐私反馈了解其位置信息的使用情况后，更愿意分享他们的位置。在移动商务环境下，隐私反馈还能提高用户控制个人信息的感知、披露个人信息和使用移动商务服务的意愿（刘百灵等，2018）。Patil等（2014）采用实验方法，实证分析了隐私反馈和隐私控制对智能手机用户位置共享决策的影响。Hsieh等（2007）探讨了用户使用即时通讯披露隐私信息时，为保护个人隐私信息应该采取何种有效的隐私控制和反馈措施。

表 2-7　隐私反馈相关实证研究文献（2007—2022 年）

文献	主题	因变量	自变量到因变量 （n-1：直接作用； n-2：间接作用； n-3：二级间接作用；……）	调节变量	情境
刘百灵等，2018	用户行为意愿	行为意愿	n-1：隐私偏好设置*，隐私反馈，感知控制* n-2：隐私偏好设置*，隐私反馈*	无	移动商务
Patil et al.，2014	用户行为意愿	披露决策的不匹配，不匹配类型	n-1：隐私反馈*，隐私控制*，位置接收者类别*，位置不寻常程度*，请求访问原因*	无	移动位置共享系统
Patil et al.，2015	隐私反馈的设计	披露决策的不匹配，不匹配类型	n-1：隐私反馈的及时性*，隐私反馈的可操作性*	无	移动位置共享系统
Tsai et al.，2009	用户行为意愿	隐私担忧，舒适度，信息共享意愿，持续使用意愿	n-1：位置共享技术*，隐私反馈*，共享规则*，同伴意见*，技术知识*	无	移动位置共享应用
刘百灵等，2018	隐私反馈的设计	行为意愿	n-1：心理舒适感*； n-2：易用性，适用性，及时性，交互性*，信息有效性*； n-3：易用性*，适用性*，及时性*； n-4：易用性*，适用性*； n-5：适用性*	无	移动商务

注：*代表显著。

还有少量学者探究了如何设计有效的隐私反馈，即隐私反馈应具备的设计因素。Patil 等（2015）比较了隐私反馈的及时性和可操作性对用户在移动位置共享应用中位置共享行为的影响。刘百灵等（2018）识别了隐私反馈的技术特征，证实了隐私反馈的易用性、适用性、及时性、信息有效性和交互性对移动商务用户的心理舒适感、采纳及信息披露意愿的重要作用。

四 文献评述

第一，学者们对个人信息披露的前置影响因素展开了大量的研究，为理解用户披露个人信息的原因提供了丰富的理论基础。然而，①鲜有研究基于移动用户的认知体验，探究移动用户个人信息披露决策的过程，缺乏从本质上对移动用户个人信息披露的影响机理提供全面的解释；②已有研究主要将个人信息披露简单地看作一个二元变量，即披露或不披露，却较少考虑用户披露虚假个人信息的问题；③较少关注调节变量的研究，仅有少量的情境调节变量得到了研究，例如行业、网站属性、信息请求者属性、数据类型、数据量和披露激励等，尚未有研究将隐私保护措施作为情境调节变量来探究它的调节作用。

第二，IS领域中，隐私担忧常被当作测量信息隐私的代理变量，然而担忧仅涉及隐私的消极方面，有学者提出采用感知的隐私（即人们对外部代理访问其个人信息情况的评估）来测量用户对信息隐私的总体态度。已有关于感知隐私的实证研究主要集中在其前置影响因素的探索，以及感知的隐私对用户使用各种信息系统的影响，较少研究感知的隐私和信息披露意愿之间的关系，更鲜有涉及移动商务环境的相关研究。

第三，移动应用涉及的隐私保护方法主要有隐私政策、隐私权限请求、隐私设置与隐私反馈，学者们围绕这些隐私保护方法对用户行为的影响机理展开了一系列研究，对这些隐私保护方法的有效性褒贬不一，尚存在争议，然而，①已有研究将隐私保护方法当做一个整体来研究，较少探究有效的隐私保护方法应具备的技术特征；②IS领域中已有隐私保护方法相关研究，主要是解释和预测性研究，鲜有研究尝试提出一种新的信息技术解决方案，以致在本领域的顶级期刊上有专家强烈呼吁研究人员开展此类研究；③已有研究大多以保护个人用户为中心（Acquisti et al.，2017），没有站在企业的视角去研究隐私保护方法，这阻碍了企业在隐私保护方面的投资动力。

第二节 理论基础

本书基于公平理论、隐私计算理论、沟通隐私管理理论、信号传递理论以及刺激—机体—响应理论展开研究,因此本节将对这些理论及其应用进行介绍。

一 公平理论

公平理论最初由美国管理心理学家、行为科学家 Adams 提出。该理论认为,人们感受到激励从而在采取行动的过程中会受到公平感的影响,这种公平感一方面来源于自己对收益的期望,另一方面来源于对他人收益的比较。当用户感觉自己收益大于所失或者高于他人时,会感觉公平合理,从而产生有效激励,进而增强一系列的行为动机(Lobel, 2015)。感知公平分为四个维度:程序公平、分配公平、交互公平和信息公平(Colquitt, 2001)。程序公平与过程公平有关;分配公平与结果公平相关,使用户对未来结果形成积极的期望;交互公平是指从另一方获得待遇的公平性,诚信、正直和尊重体现了交互公平;信息公平则与解释的合理性、及时性有关(Zhou, 2013; Colquitt, 2001)。

大量研究从公平视角来解释社会交换关系中的各种现象,包括求职者与面试者之间的关系。例如,求职者从面试者那里获得的公平感知是面试组织的吸引力感知和求职者对组织的推荐意图的有力预测因素(Ababneh and Al-Waqfi, 2016)。随着社会交换关系的发展,公平理论已经逐渐应用到信息隐私领域,学者们致力于理解公平与隐私之间的关系(Bies, 1993),并解释用户在信息隐私背景下的相关行为(如表2-8所示),为分析信息隐私问题提供了一个合适的理论框架(Culnan, 1995; Ashworth and Free, 2006)。因此,该理论适用于本书对移动商务背景下用户隐私保护相关的研究。

表 2-8　　基于公平理论的隐私相关实证研究文献（2007—2022 年）

文献	因变量	自变量到因变量 （n-1：直接作用；n-2：间接作用； n-3：二级间接作用）	情境
Choi et al.，2016	事后口碑，事后转换的可能性	n-1：感知违约*，被侵犯的感觉* n-2：程序公平^L，分配公平*，交互公平^L	移动商务
Desimpelaere et al.，2021	披露行为	n-1：感知公平* n-2：隐私素养*	游戏网站
Feng et al.，2019	披露隐私意愿	n-1：感知人与人交互*，感知人与信息交互* n-2：结果公平*，程序公平*	在线医疗社区
Hazarika et al.，2018	回购意愿	n-1：感知风险*，信任*，服务恢复满意度* n-2：分配公平*，程序公平*，交互公平*	在线网络
Slepchuk et al.，2022	使用意愿	n-1：信任*，感知公平* n-2：隐私担忧*，隐私技术知识*，隐私健康保险可移植性和责任法案（HIPAA）知识*，隐私数据泄露知识*	健康应用
Son & Kim，2008	拒绝披露，披露虚假信息，删除，负面口碑，投诉（直接/间接）	n-1：信息隐私担忧^L，感知公平*，社会福利*	在线网络
Suen，2018	撤回意愿	n-1：感知程序公平* n-2：感知隐私侵犯，雇主使用 SNS 筛选*	社交网站
Wirtz & Lwin，2009	促进型行为，预防型行为	n-1：信任*，隐私担忧* n-2：分配公平*，程序公平^L，交互公平*	在线网络
Xu et al.，2009	披露个人信息的意愿	n-1：隐私收益*，隐私风险* n-2：补偿*，行业监管*，政府监管*	基于位置的服务
Yoo et al.，2017	使用意愿	n-1：感知娱乐性，功利动机*，享乐动机*，隐私担忧^L n-2：感知易用性*，信息质量*，分配公平*，流量*，网络效应*	智能旅游应用

续表

文献	因变量	自变量到因变量 （n-1：直接作用；n-2：间接作用； n-3：二级间接作用）	情境
Zhao，2012	披露位置相关信息意愿	n-1：外在个性化收益*，内在连通性收益*，隐私担忧* n-2：激励提供*，互动促进*，隐私控制*，隐私政策*，交互公平*，立法意识*，过去隐私侵犯	基于位置的社交网络服务
Zhou，2013	持续使用意愿	n-1：感知有用性*，隐私风险* n-2：分配公平*，程序公平*，交互公平*	基于位置的服务
Zhou et al.，2016	持续使用（意愿）	n-1：满意度*，隐私担忧*，沉浸* n-2：分配公平*，程序公平*，交互公平*	基于位置的服务
李海丹等，2016	披露行为	n-1：披露意愿* n-2：感知风险*，感知收益* n-3：信息控制*，信息敏感，主观规范*，程序公平*，分配公平*，信任*	社会化媒体
刘百灵等，2017	个人信息披露意愿	n-1：隐私担忧*，感知愉悦*，信任* n-2：隐私政策*，互动沟通*，激励政策*	移动商务
刘百灵等，2018	行为意愿（信息披露及使用服务意愿）	n-1：感知控制* n-2：隐私偏好设置*，隐私反馈*	移动商务
师斌等，2018	LBS使用意向	n-1：感知价值*，有用性*，娱乐性*，隐私关注* n-2：个性化*，互动促进*，隐私政策*，隐私控制	基于位置的服务
朱侯和李佳纯，2020	设置行为	n-1：感知控制*，设置意愿* n-2：互动公平*，信任*，隐私关注*，感知有用性*，感知易用性*	社交媒体

注：*代表显著，L代表边缘显著。

公平理论被用于研究用户不同维度的公平感知对其使用意愿、持续使用意愿、隐私保护行为意愿等用户行为的影响。例如，Zhou 等（2016）对使用位置服务的用户展开调查，发现分配公平、程序公平、交互公平通过影响用户的隐私担忧、满意度和沉浸度感知，促进其持续使用位置服务。师斌等（2018）以公平理论为基础，探索了基于位置服务的应用特性对用户使用意向的作用机制。朱侯与李佳纯（2020）发现交互公平通过正向影响感知控制，来促进用户的隐私设置行为。

公平理论还被用于研究隐私干预方法对用户信息披露意愿的影响。Xu 等（2009）探讨了基于地理位置的服务中，三种隐私干预方式（补偿、行业自律、法律法规）和两种公平提供（分配公平和程序公平）对用户披露个人信息意愿的影响。Zhao 等（2012）在基于地理位置的社交网络中应用公平理论，研究了四种隐私干预措施（激励提供、互动促进、隐私控制和隐私政策）对用户公平感知的影响。刘百灵等（2017）基于公平理论，研究了三种隐私干预措施（隐私政策、激励政策、互动沟通）对移动购物用户个人信息披露的影响。

综上所述，公平理论是信息系统领域研究隐私问题的重要理论之一，已被广泛用于研究不同维度的公平感知对用户各种行为意愿的影响，并用来研究现有的隐私保护方法对用户信息披露意愿的研究，但缺乏应用公平理论设计新的隐私保护方法的研究。

二　隐私计算理论

隐私计算理论（Privacy Calculus Theory）最初由 Culnan 和 Armstrong（1999）提出，在社会交换理论基础上从经济学角度解释了用户的行为决策过程，该理论认为个体在进行行为决策时会进行成本收益计算：当收益大于成本时，用户会选择进行相关的活动。感知风险和感知收益是隐私计算理论的核心，感知风险指用户对个人行为可能造成各类损失的预期，感知收益指用户对个人行为可能带来的收益与回报的感知（Zhao et al., 2012；Sun et al., 2015）。隐私计算理论揭示了用户行为决策的内在原因，已被广泛用于解释用户在信息隐私背景下的相关行为，相关研究如表 2-9 所示。

表 2-9 基于隐私计算理论的隐私相关实证研究文献（2007—2022 年）

文献	因变量	自变量到因变量 （n-1：直接作用；n-2：间接作用； n-3：二级间接作用……）	情境
Cheng et al., 2021	信息披露行为，信息披露意愿	n-1：信息隐私披露的感知风险*，信息隐私披露的感知收益* n-2：即时满足*，隐私意识*，之前的在线隐私侵犯经历*，移动支付安全*，负面媒体曝光*，个人信息披露请求	共享汽车
Cheung et al., 2015	自我披露	n-1：维持现有关系的便利性*，建立新的关系*，自我表现*，享乐*，感知隐私风险，社会影响* n-2：对服务商的信任*，对社交网站成员的信任，感知控制*	社交网站
Duan & Deng, 2021	下载意愿	n-1：信息披露的感知价值*，社会影响*，便利条件，努力预期*，性能预期 n-2：感知隐私风险*	移动应用
Esmaeilzadeh, 2018	交换健康信息的意愿	n-1：感知收益*，感知风险* n-2：与传统健康信息交换技术的比较*，对健康信息交换技术的信任*，数据交换透明度*，对数据访问的控制感*	医疗健康
Fox et al., 2021	使用意愿，下载意愿	n-1：互惠利益*，感知健康利益*，隐私担忧^L，社会影响*	移动应用
Gutierrez et al., 2019	对基于位置广告的接受（意愿）	n-1：隐私担忧*，感知侵入性*，个性化*，货币奖励*	基于位置的广告
Jiang et al., 2013	自我披露（意愿），虚假陈述（意愿）	n-1：隐私担忧*，社会回报* n-2：感知自我匿名性*，感知他人匿名性*，感知媒体丰富性*，感知侵入性*	社交网络
Kehr et al., 2015	披露意愿	n-1：感知的隐私*，一般隐私担忧*，一般机构信任* n-2：感知风险*，感知收益* n-3：信息敏感度^L	移动应用

续表

文献	因变量	自变量到因变量 (n-1：直接作用；n-2：间接作用； n-3：二级间接作用……)	情境
Keith et al., 2013	信息披露行为，信息披露意愿	n-1：隐私担忧*，感知隐私风险*，感知收益*，享乐* n-2：隐私风险意识*	移动应用
Keith et al., 2015	信息披露行为，信息披露意愿	n-1：隐私担忧，感知风险*，感知收益*，自我效能	移动应用
Kim & Kim, 2018	披露意愿	n-1：感知有用性，感知便利性，感知脆弱性，感知严重性*，反应效能^L，自我效能^L n-2：创新性^L，一般隐私担忧^L	个性化推荐系统
Koh et al., 2020	使用折扣券，信息披露行为	n-1：忠诚度*，披露信息的成本*，披露信息的收益*	电子商务
Liu et al., 2016	自我披露	n-1：感知隐私风险*，对服务商的信任*，感知自我匿名性*，关系维护的便利性，关系建立*，享乐*，自我表现力	社交网站
Ma et al., 2021	自我披露意愿	n-1：感知短暂性*，感知有用性，感知可控性*，感知严重性*，感知入侵性*	社交媒体
Mohammed & Tejay, 2021	个人身份信息的披露	n-1：隐私风险*，信任*，不信任*，个人利益	电子商务
Nikkhah & Sabherwal, 2021	披露个人信息的意愿	n-1：感知隐私担忧*，感知安全*，感知有用性*，感知易用性 n-2：不当访问*，隐私政策的感知有效性*，行业自律的感知有效性	移动应用
Pentina et al., 2016	移动应用的使用行为，持续使用意愿	n-1：感知收益*，感知隐私担忧 n-2：外向性^L，宜人性^L，开放性^L，神经质^L，尽责性^L	移动应用
Sharma & Crossler, 2014	自愿披露信息的意愿	n-1：感知所有权，隐私冷漠*，感知隐私风险*，感知享乐*，感知有用性* n-2：感知监视*，感知链接*，感知相关性*	社交电子商务
Shaw & Sergueeva, 2019	使用移动商务的意愿	n-1：感知价值*，社会影响，便利条件，享乐动机*，使用习惯，努力预期 n-2：性能预期*，感知隐私担忧*	移动商务

续表

文献	因变量	自变量到因变量 （n-1：直接作用；n-2：间接作用； n-3：二级间接作用……）	情境
Sun et al., 2015	披露位置信息的意愿	n-1：感知收益*，隐私风险* n-2：功利收益*，享乐收益*	基于位置的社交网络服务
Wang et al., 2016	通过移动应用披露信息的意愿	n-1：感知收益*，感知风险* n-2：个性化服务*，自我表现力*，感知严重性*，感知控制*	移动应用
Wang et al., 2017	自我披露意愿，自我披露诚实性	n-1：货币回报^L，社会回报*，隐私担忧* n-2：应用程序兼容性*，应用程序声誉^L，自尊心*，心流体验	移动社交网络
Wang et al., 2020	自我披露意愿	n-1：隐私担忧*，感知回报*，隐私危害*，信息不对称性*，心流体验*，好友的隐私披露*	社交网络
Wottrich et al., 2018	用户接受隐私权限请求的意愿	n-1：感知应用价值*，应用入侵性*，隐私担忧*	移动应用
Xu et al., 2009	披露个人信息的意愿	n-1：信息披露的感知收益*，信息披露的感知风险* n-2：财物补偿^L，行业自律*，政府监管^L	基于位置的服务
Xu et al., 2011b	购买意愿，披露个人信息的意愿	n-1：感知价值*，个人创新性*，使用优惠券的倾向^L n-2：感知收益*，感知风险* n-3：个性化^L，之前的隐私侵犯经历^L	位置感知营销
Yang et al., 2020	披露个人信息的意愿	n-1：感知价值*，心理舒适感* n-2：感知收益*，隐私设置的感知有效性*，隐私政策的感知有效性*，感知风险^L	移动支付应用
Zhang et al., 2017	披露个人健康信息的意愿	n-1：信息支持*，情感支持*，健康信息隐私担忧* n-2：感知严重性*，感知脆弱性*，反应效能*，自我效能*	医疗健康
Zhao et al., 2012	披露位置信息的意愿	n-1：个性化*，连通性*，隐私担忧* n-2：激励*，互动*，隐私控制*，隐私政策*	基于位置的社交网络服务

续表

文献	因变量	自变量到因变量 (n-1：直接作用；n-2：间接作用； n-3：二级间接作用……)	情境
李延晖等，2016	信息披露意愿	n-1：隐私风险信念*，隐私保护信念*，娱乐性补偿*，资金补偿* n-2：信息补偿	移动社交
刘百灵等，2018	持续使用意愿，自我披露意愿	n-1：信任*，隐私担忧* n-2：感知质量*，感知愉悦*，感知交互^L，专注度^L，涉入度*，自我效能^L	移动商务
彭丽徽等，2018	社交媒体倦怠	n-1：社交媒体态度* n-2：隐私关注* n-3：感知风险*，感知收益*	社交媒体
孙霄凌等，2017	披露行为意愿	n-1：信任度，信息控制能力*，感知风险*，社交收益^L，信息收益^L n-2：隐私意识*	社会化搜索
袁向玲和牛静，2021	自我表露	n-1：社交媒体信任* n-2：隐私政策理解*，隐私政策有效性感知*	社交媒体
张玥等，2018	信息披露意愿	n-1：感知易用性*，感知有用性*，隐私关注*	社交网络
朱光等，2022	持续使用意愿	n-1：满意度* n-2：期望确认* n-3：感知风险，感知收益*，感知信息控制* n-4：初步披露意愿^L n-5：隐私关注* n-6：感知严重性*，感知易感性，自我效能*，反应成本*，隐私倾向*	智慧医疗
朱侯和刘嘉颖，2019	披露意愿	n-1：利己收益*，利他收益*，隐私关注*，对平台的信任* n-2：感知风险*	共享平台

注：*代表显著，L代表边缘显著。

隐私计算理论多被用于研究用户的信息披露意愿。例如，Sharma 和 Crossler（2014）将隐私计算理论应用于社交电子商务情境，发现购物者的信息披露意愿受感知的隐私风险、感知享乐性和有用性的驱动。

Ma 等（2021）发现社交媒体平台的隐私设置通过影响用户感知的有用性、可控性、严重性及入侵性，进而影响其自我披露意愿。孙霄凌等（2017）基于隐私计算理论构建社会化搜索用户隐私披露行为意愿的影响因素模型。用户对地理位置服务感知的风险和收益决定其披露个人信息的意愿及实际披露行为（Keith et al.，2013；Keith et al.，2015；Xu et al.，2009），并通过感知的价值、心理舒适感（Yang et al.，2020）、感知的隐私（Kehr et al.，2015）提高其提供个人信息的意愿。Zhang 等（2017）发现感知风险（健康信息隐私担忧）和感知收益（信息支持、情感支持）决定用户披露个人健康信息的意愿。

隐私计算理论还被用于研究除个人信息披露之外的其他用户行为，例如隐私保护行为意愿、隐私倦怠行为、隐私权限接受意愿、移动应用的下载和使用意愿等。Jiang 等（2013）发现社交网络用户的隐私担忧提高其披露虚假信息的意愿，而社会回报降低其披露虚假信息的意愿。彭丽徽等（2018）遵循"感知—情感—行为意愿"研究范式，结合隐私计算理论构建隐私安全对社交媒体倦怠行为的影响因素模型。Wottrich 等（2018）发现用户会通过权衡移动应用的侵入性、隐私担忧和应用程序价值来决定其隐私权限接受意愿。用户对移动应用感知的风险和收益通过感知价值影响其下载意愿（Duan and Deng，2021），随着时间的推移，互惠收益增加了用户对移动应用的使用意愿（Fox et al.，2021）、实际使用行为以及持续使用意愿（Pentina et al.，2016）。刘百灵等（2018）从移动购物应用特征和用户个体特质双重视角出发，探究移动购物用户持续使用意愿的影响因素。

综上所述，隐私计算理论综合考虑了预期风险和潜在收益，是分析信息隐私问题最常用的理论视角，已被广泛用于研究不同情境下各种用户行为，如个人信息披露意愿、隐私保护行为意愿、隐私权限接受意愿、移动应用使用意愿等。

三 沟通隐私管理理论

随着研究的进一步深入，相较隐私计算理论，沟通隐私管理（Communication Privacy Management，CPM）理论更全面、系统地解决了信息管理领域中的隐私问题（Sharma and Crossler，2014）。CPM 理论也称为信息边界理论，它将隐私比喻为一个从自我到他人的具有弹性（从开放到封闭）的边界，并将隐私边界看成一个从完全开放到完全封闭的连续体。CPM 理论指出人们会根据五条准则来制定隐私边界（Petronio，2000）：第一条准则是个人信息的拥有权，即使个人信息已经提供给他人，个体仍然希望保留隐私边界的全部所有权；第二条准则是个人信息的控制权，即人们认为个人信息是自己的，因此有权管理这些信息的扩散程度；第三条准则是隐私边界规则，个体制定隐私边界规则受文化、性别、动机、情境以及风险—收益比的影响；第四条准则是隐私边界协作，一旦个体披露了个人信息，这些信息由信息所有者和共同所有者控制，因此，双方必须根据边界渗透性、边界所有权以及边界链接协商新的隐私边界；第五条准则是隐私边界混乱，当隐私边界协作机制出现错误或发生隐私侵犯，隐私边界管理将出现混乱。

CPM 理论为理解个体决定是否以及如何披露个人信息提供了有效的框架，相关研究见表 2-10。已有研究主要集中在社交网络环境中。例如，Choi 等（2016）基于 CPM 理论的第一条准则，研究了用户向 Facebook 提交个人信息意愿的影响因素。Pu 等（2022）基于 CPM 理论的第二条和第三条准则，探究社交网络平台透明度对自我披露意愿的直接影响与通过信息控制对自我披露意愿的间接影响，以及隐私倾向对影响关系的调节作用。基于 CPM 理论的第三条准则，有学者从个人特征、情境因素、动机以及风险—收益比研究社交网络用户自愿或被迫披露信息意愿（Li et al.，2020；Lin and Armstrong，2019），以及信息披露程度的影响因素（Kisekka et al.，2013）。Liu 和 Wang（2018）基于 CPM 理论的第三条至第五条准则，探究了边界协作（群体规范和隐私设置的有效性感知）和边界混乱（角色冲突和角色过载）对社交网络用户信息披露的影响，进一步，Osatuyi 等（2018）根据 CPM 理论的第四条和第五条准则证明了边界混乱在边界协作规则与信息披露意愿关系中具有调节作用，即有隐私侵犯经历的用户会通过协调披露边界进而披露更多的个人信息。

表 2-10 基于沟通隐私管理理论的信息披露相关实证研究文献（2007—2022 年）

文献	因变量	自变量到因变量 （n-1：直接作用；n-2：间接作用）	情境	CPM 理论
Anderson & Agarwal，2011	提供个人健康信息的意愿	n-1：隐私担忧*，信任*，健康状况的负面情绪*	医疗健康	第三条准则
Choi et al.，2016	向 Facebook 应用提交个人信息的意愿	n-1：隐私担忧* n-2：信息收集*，个人信息发布控制权*	Facebook	第一条准则
Fox et al.，2022	购买意愿，信息披露意愿	n-1：感知的可信度* n-2：感知控制*，感知的隐私*	电子商务	第三条至第四条准则
Kisekka et al.，2013	私人信息披露的程度	n-1：智能手机使用*，在线社交网络使用程度*，应用程序可用性，感知收益，性别*	社交网络	第二条至第三条准则
Lin & Armstrong，2019	个人披露（意愿），领土协作（意愿）	n-1：信息信任信念*，信息隐私风险信念^L，领土信任信念，领土隐私风险信念，信息敏感性* n-2：信息隐私担忧^L，领土隐私担忧*	社交网络	第三条至第四条准则
Liu & Wang，2018	自我披露意愿	n-1：社会回报*，隐私风险^L，隐私价值倾向* n-2：隐私控制^L，群体规范*，隐私设置的感知有效性*，角色冲突*，角色过载*	社交网络	第三条至第五条准则
Li et al.，2020	自愿分享信息的意愿，被迫提供信息的意愿	n-1：性别*，年龄，感知风险*，感知收益*，隐私政策*，社交网络规模* n-2：个性化*，之前的隐私侵犯经历*	社交网站	第三条准则
Osatuyi et al.，2018	自我披露行为，持续自我披露意愿	n-1：浅层信息披露*，深层信息披露* n-2：所有权规则*，链接规则*，渗透规则^L	社交网站	第四条至第五条准则

续表

文献	因变量	自变量到因变量 (n-1：直接作用；n-2：间接作用)	情境	CPM 理论
Pu et al., 2022	自我披露 (意愿)	n-1：网络透明度*，社会存在感*，监控意识，信息控制*	社交网络服务	第二条至第三条准则
Siahaan et al., 2021	自我披露	n-1：感知收益*，感知风险*，信息的使用*，信任*，隐私控制*，交互性* n-2：个人创新性*，隐私政策通知*	社交媒体	第三条至第五条准则
梁晓丹等，2018	提供个人信息的意愿	n-1：感知信息控制*，感知隐私风险* n-2：告知明确性*，权限水平*，保护程度*	电子商务	第三条至第五条准则
刘百灵和董景丽，2022	信息披露意愿	n-1：隐私控制*，隐私风险* n-2：隐私倾向*，描述性规范^L，主观规范^L，隐私政策*	移动商务	第三条至第五条准则

注：*代表显著，L 代表边缘显著。

在传统的电子商务环境中，梁晓丹等（2018）运用 CPM 理论的第三条至第五条准则，分析了电子商务网站隐私政策的内容特征对消费者个人信息提供意愿的影响机制。Fox 等（2022）基于 CPM 理论的第三条和第四条准则，验证了电子商务网站的隐私标签对提高用户披露个人信息意愿的有效性。在移动商务环境中，基于 CPM 理论的第三条至第五条准则，从用户、平台和社会环境三个维度研究了用户信息披露意愿的影响机理（Siahaan et al., 2021；刘百灵和董景丽，2022）。在医疗健康领域，Anderson 和 Agarwal（2011）基于 CPM 理论的第三条准则，探究影响患者提供个人健康信息意愿的因素。

综上所述，CPM 理论已被广泛应用于个人信息披露决策相关的研究，已有研究主要集中在社交网络中，较少涉及财务交易等敏感信息的移动商务环境，并且已有研究仅应用 CPM 理论的部分准则探究信息披露的相关问题，而 Petronio（2002）通过对 CPM 理论的分析发现，要想理解信息披露的本质，需要全面考虑 CPM 理论中隐私边界管理的所有准则。因此，本书将从 CPM 理论的整体视角出发，以移动商务为具体情境，探究移动用户个人信息披露决策的过程，以期从本质上对移动用户信息披露的影响机理提供全面的了解。

四 信号传递理论

信号传递理论是斯宾塞于1973年率先提出的一种经典理论。该理论为理解交易双方在进行资源交换时的信息不对称提供了研究框架，为解决求职市场中雇主和求职者之间的信息不平衡，求职者向雇主发送教育水平信号以表明自身的素质，雇主根据这一信号辨别求职者的生产能力（Spence，1973）。信号传递理论的核心问题是对各种信号及其使用情况的分析，有效的信号必须是高成本且易于验证的，相较高质量信号发送方，低质量的信号发送方会避免使用昂贵且易于验证的信号，并使用更少的信号（Mavlanova et al.，2012）。随着信号传递理论的不断发展，现已应用于研究投资决策、购买决策、销售绩效和在线评论等问题，相关研究见表2-11。

表2-11　　　　基于信号传递理论的相关实证研究文献
（2007—2022年）

文献	因变量	自变量到因变量 （n-1：直接作用；n-2：间接作用； n-3：二级间接作用……）	调节变量	情境
Battaglia et al.，2022	众筹的成功性	n-1：智力资本*，保留的股权比例*，社会关系*	无	众筹
Chen et al.，2019	冲动购买（意愿）	n-1：对推荐者的认知信任*，对推荐者的情感信任，产品情感* n-2：信息质量*，相似性*，产品的替代性表达*，审美吸引力*	无	社交电商
Chen et al.，2020	收到的信息支持，情感支持	n-1：消极情绪*，语言风格匹配程序*，可读性*，长度^L，叙述的正确性*	无	医疗健康
Chen et al.，2023	众筹绩效	n-1：筹资目标*，筹资期限*，故事长度，文本情感，第一人称代词的使用*，披露捐赠者的社会身份*	无	医疗众筹

续表

文献	因变量	自变量到因变量 (n-1：直接作用；n-2：间接作用； n-3：二级间接作用……)	调节变量	情境
Cheung et al., 2014	消费者的购买	n-1：同伴消费者购买*，同伴消费者评论	消费者参与度，消费者专业性*	社交电商
Choi et al., 2018	数字视频游戏的销售	n-1：公司声誉，新颖度*，复古特征*，评价*，用户参与*，产品流行性，价格	无	游戏销售
Fang et al., 2021	知识产品的销售	n-1：免费退货政策*	现有评论信息丰富性*	知识付费
Gregory et al., 2013	组织吸引力，对组织的态度	n-1：对网站的态度*，网站可用性*，网站美学*，工作信息*，组织信息*	个人-组织匹配度，个人-工作匹配度*	网络招聘
Hess & Basoglu, 2014	投资意愿	n-1：信任*，感知投资质量* n-2：电子商业报告质量*	财务绩效*	互联网金融
Huang & Chang, 2019	在国外网站上购物的意愿	n-1：感知可信度*，感知价值* n-2：法律结构*，国家完整性*，网站设计质量，网站政策，供应商声誉*，消费者-企业关系依恋回避*，消费者-企业关系依恋焦虑*，沟通成本*，等待成本*，退货成本，价格竞争力*，产品独特性* n-3：人际关系中的依恋回避*，人际关系中的依恋焦虑*	以往交易经验	跨境电商
Kanani & Glavee-Geo, 2021	卖方不确定性	n-1：正面评论的数量*，卖家人气*，客户服务质量*	客户服务质量*，退货政策*	社交商务
Kunz et al., 2017	众筹项目成功的概率	n-1：活动持续时间*，奖励数量，奖励限制，社会关系*，发起人支持的项目数量*，奖励的预计交付时间*，项目的投资准备和展示*，人群沟通和互动的努力*，资金目标*	无	众筹

续表

文献	因变量	自变量到因变量 （n-1：直接作用；n-2：间接作用； n-3：二级间接作用……）	调节变量	情境
Liu et al., 2016	预约次数	n-1：医生的离线声誉*，医生的在线声誉*，医院的离线声誉*，医院的在线声誉*	医院的离线声誉*，在线声誉*	在线医疗健康
Liu et al., 2017	购买意愿	n-1：产品吸引力^L，网站吸引力* n-2：服务内容质量，服务交付质量*，享受*，诊断性*，感知合理性*	信任*	电子商务
Liu et al., 2022	销售绩效	n-1：对产品的信任*，对卖方的信任*	价格*，服务响应性*	电子口碑
Li et al., 2015	销售绩效	n-1：保修*，总体评分*，正向评分的比例*，产品质量*，物流配送及服务评分的均值*，网站质量*	无	电子商务
Li et al., 2019	线上医生的收入	n-1：知识贡献*，声誉*	医生地位*	在线医疗健康
Meents & Verhagen, 2018	购买的态度	n-1：卖方风险*，中介平台风险 n-2：产品信息*，卖方信息	无	电子商务
Nigam et al., 2021	融资的轮数	n-1：创始人的经验，创始团队人数，创始人的教育类型，著名大学的学位*，投资者的数量*，平均网站访问量*，初创公司的年龄*，商业模式*，创新投资	无	医疗众筹
Pee et al., 2018	回购意愿	n-1：满意度* n-2：服务质量确认* n-3：服务质量期望*，感知服务质量* n-4：网站可用性*	感知风险*，之前的在线购物经验*	在线购物
San-Martín & Camarero, 2012	忠诚度	n-1：信任* n-2：声誉，服务质量*，安全和隐私政策*，网站设计	购物情境^L	在线购物
San-Martín & Jimenez, 2017	信任，感知机会主义	n-1：满意度* n-2：个性化*，安全性*，娱乐性* n-3：网站设计	无	电子商务

续表

文献	因变量	自变量到因变量 (n-1：直接作用；n-2：间接作用； n-3：二级间接作用……)	调节变量	情境
Siering et al., 2018	评论有用性	n-1：产品质量相关性*，评论的情绪强度*，评论的不确定性*，评论者的专业性*，评论者的非匿名性	产品类型^L	在线评论
Song et al., 2020	支持者投资的决策	n-1：先前支持者的数量*，先前支持者的评论数量*，众筹项目的更新次数，创始人的回复数量*	时间^L	众筹
Tajvarpour & Pujari, 2022	众筹活动成功的可能性	n-1：众筹成功经验*，专家认可*，项目描述质量*，积极心理资本*	地理距离^L	众筹
Wang et al., 2020	购买意愿	n-1：感知产品质量* n-2：令人愉悦的在线评论*	感知共情能力*，感知认知努力*	在线评论
Wang et al., 2020	离线知识服务的销售	n-1：总体评价分数，服务持续时间，服务者受欢迎程度*，服务响应时间，价格*	总体评价分数*，服务持续时间，响应时间*，服务者受欢迎程度	知识共享
Wei & Ho, 2019	外包意愿	n-1：感知价值* n-2：感知服务质量* n-3：声誉^L，能力*	无	外包服务
Ye et al., 2021	观众的付费意愿	n-1：回答者的地位*，答案的社会认可度*，答案的社会反馈*	问题价格*，内容易逝性*	付费问答
Zhang et al., 2017	购买意愿	n-1：退货困难性*，感知产品质量，感知服务质量*，退货深度^L，退货窗口期^L	感知服务质量*	电子商务
Zhang et al., 2019	在线付费服务收入	n-1：在线免费服务的数量*，在线免费服务的质量*，医生声誉*	医生的排名^L	在线医疗健康

续表

文献	因变量	自变量到因变量 (n-1: 直接作用; n-2: 间接作用; n-3: 二级间接作用……)	调节变量	情境
李昂和赵志杰，2019	评论有用性	n-1：评论情感倾向*、评论深度*、评论图片*、评论者信息披露*、评论者排名*、评论回应*	商品类型*	在线评论
李辰颖等，2014	获得投资的可能性	n-1：CEO声誉*	无	企业融资

注：*代表显著，L代表边缘显著。

信号传递理论多用于投资决策、购买决策的相关研究。例如，基于信号传递理论，Song等（2020）发现众筹项目已有支持者的数量及其评论数量正向影响投资者的投资决定，且这种关系随着时间的推移而减弱。Tajvarpour和Pujari（2022）发现众筹项目的描述质量、专家认可度正向影响互联网众筹活动成功率，且地理距离正向调节了这些关系。Kunz等（2017）使用信号传递理论来探究基于奖励的众筹绩效的影响因素，研究发现项目的投资准备和展示、筹资目标及筹资时间对众筹活动的成功概率有负向影响。在电子商务环境下，电子商务网站的退货政策是传达产品和服务质量的信号，并对消费者的购买意愿产生正向影响（Zhang等，2017）。服务内容质量、交付质量及感知享乐性是网站吸引力的积极信号，信息诊断性、购买决策的感知合理性是产品吸引力的积极信号，且电子商务网站吸引力部分中介产品吸引力对消费者购买意愿的正向影响关系（Liu et al.，2017）。Cheung等（2014）基于信号传递理论研究社交电商中基于行动的社交信息和基于意见的社交信息对消费者购买决策的影响，发现基于行动的社交信息比基于意见的社交信息更具影响力。在跨境电商中，国外供应商信号（法律结构、国家完整性、网站政策、供应商声誉）通过影响感知可信度，来提高消费者购买跨境商品的意愿（Huang and Chang，2019）。

信号传递理论还被用于研究企业销售绩效、在线评论的有用性以及知识付费相关的研究。例如，Li等（2015）研究了六种信号（保修、总体评分、正向评分的比例、产品质量、物流配送及服务评分的均值、网站质量）对电子市场卖家销售绩效的不同影响。Liu 等（2022）将价格、服务的响应性作为产品和服务商的质量信号，探究了在线口碑对电子商务企业销售绩效的影响，研究发现对产品和卖方积极的口碑正向影响销售绩效，价格负向调节二者的关系，而服务的响应性正向调节二者的关系。在线评论已经成为消费者在购买决策中参考的重要信息源，李昂和赵志杰（2019）以信号传递理论为框架，从信号发送者（评论者）、信号（评论内容）、信号接收者的反馈（评论回应）以及信号环境（商品类型）四个方面构建在线评论有用性影响因素模型。Ye 等（2021）使用信号传递理论来探究付费问答中影响问答观众付费意愿的因素，研究发现，有关回答者（社交媒体地位）、答案（答案的社会认可、社会反馈）的信号以及免费退货政策（Fang et al.，2021）显著影响付费意愿。

综上所述，信号传递理论已被用于解决众筹、在线网站、电子商务等情境下的投资决策、购买决策、销售绩效、在线评论以及付费意愿相关的问题。然而，鲜有研究将信号传递理论应用于移动商务环境中，解决信息隐私问题。隐私反馈作为一种信息隐私保护技术，其内容与形式分别代表了信号传递理论中所体现的信息内容与形式化特征，因此，本书基于信号传递理论，从内容与形式双重视角，探究隐私反馈应具备的技术特征及其对移动商务用户隐私保护行为的影响机理。

五 刺激—机体—响应理论

刺激—机体—响应理论（Stimulus-Organism-Response theory，简称 S-O-R 理论）由 Mehrabian 和 Russell 于 1974 年提出，该理论表明有机体的反应以及当有机体受到各种特定情境的环境刺激时所产生的行为反应（Mehrabian and Russell，1974）。具体地，该理论模型认为实体环境中的刺激因素通过影响个体的内在（心理）状态进而对个体的行为决策造成影响。伴随着网络购物的日益普及和兴盛，S-O-R 理论模型已被证明对网络购物消费者的行为有很强的解释力（Lobel，2015），认为刺激是网络消费者见到、听到的所有诱因的总和；响应表示最后的结果，即消费趋近或规避行为；消费者的认知和情感作为机体内在心理状态，在刺激和响应之间起到中介作用（Culnan and Armstrong，1999）。

S-O-R 理论多应用于传统电子商务以及社交商务领域,解释网络购物消费者的行为,相关研究见表 2-12。

表 2-12　基于刺激—机体—响应理论的相关实证研究文献（2007—2022 年）

文献	因变量	自变量到因变量 (n-1: 直接作用; n-2: 间接作用; n-3: 二级间接作用)	情境
Chang et al., 2014	购买行为	n-1: 在其他网站的搜索行为*,愉悦* n-2: 能量唤醒*,紧张唤醒*,控制感^L,美学形式^L,美学吸引力^L	电子商务
Floh & Madlberger, 2013	冲动性支出、冲动购买行为	n-1: 冲动性*,浏览* n-2: 购物享受度* n-3: 商店内容,商店设计*,商店导航*	电子商务
Liu et al., 2013	冲动购买（意愿）	n-1: 冲动性*,规范性评估*,即时满足感* n-2: 视觉吸引力*,网站易用性 n-3: 产品可用性*	电子商务
Liu et al., 2021	购买意愿	n-1: 顾客感知价值* n-2: 产品交互*,人际交互* n-3: 交互性^L,黏性*,个性化^L,社交性*	社交商务
Li et al., 2012	消费体验	n-1: 情感* n-2: 便利性,媒体丰富性*,主观规范*,自我效能	移动商务
Parboteeah et al., 2009	冲动购买（意愿）	n-1: 感知享受性* n-2: 感知有用性*,任务相关的线索*,情绪相关的线索*	电子商务
Shen & Khalifa, 2012	冲动购买意愿/行为	n-1: 愉悦感*,唤醒^L n-2: 社会存在感*,临场感*,交互性*,生动性*	电子商务
Xu et al., 2020	冲动购买意愿/行为	n-1: 自我控制*,正向情感* n-2: 感知有用性*,评论质量^L,来源可信度*,购买者数量*	社交商务
刘洋等, 2018	冲动购物	n-1: 唤醒*,愉悦* n-2: 互动性^L,个性化^L,娱乐性*,经济性*	电子商务

注：*代表显著,L 代表边缘显著。

在电子商务情境中，S-O-R 理论主要用于研究消费者冲动购买行为。例如，Parboteeah 等（2009）认为消费者的冲动购买意愿是对电商网站特征（任务相关的线索、情绪相关的线索）刺激因素的认知和情感反应的结果。进一步地，Floh 和 Madlberger（2013）扩展了该研究并调查了消费者的实际冲动购买行为。Liu 等（2013）检验了网站线索（产品可用性、网站易用性和视觉吸引力）如何影响人格特征（即时满足感、规范性评估和冲动性），从而激发消费者的在线冲动购买。刘洋等（2018）探究了网络购物节氛围对消费者冲动购物行为的刺激作用，研究发现，购物节氛围的外部刺激因素（互动性、个性化、娱乐性和经济性）通过影响消费者唤醒情绪和愉悦情绪来刺激其产生冲动购物行为。

不同于传统的电子商务购物平台，社交商务平台除了涉及购物平台的技术环境特征，如交互性、黏性、个性化和社交性等（Liu et al.，2021），在线评论相关的因素（评论质量、来源可信度、购买者数量）也被当作购物平台的社会环境特征，认为其通过影响感知有用性及积极情感来决定其冲动购买意愿及行为（Xu et al.，2020）。在移动商务环境下，Li 等（2012）基于 S-O-R 理论从消费体验的角度探讨情感对消费者使用移动商务和满意度的影响。

综上所述，S-O-R 理论用于解释各种刺激因素通过影响用户的认知和情感，进而影响其在线购物行为。考虑到本书中，移动商务用户的隐私保护行为可能受到公平感知这种刺激因素的影响，S-O-R 理论模型让我们更好地了解用户面对各种公平的反应如何影响隐私行为决策。故将 S-O-R 模型应用于本书理解用户的隐私保护行为。

第三节　本章小结

本章首先对本书相关的研究内容，即个人信息披露、感知的隐私以及隐私保护方法相关文献进行了梳理和总结，分析了目前的研究现状和研究局限。其次，对本书的理论基础（公平理论、隐私计算理论、沟通隐私管理理论、信号传递理论以及刺激—机体—响应理论）及其应用进行了介绍，为后续章节提供理论支撑。

第三章 个人信息披露决策过程研究*

本章全面探究了个人信息披露决策的过程，包括信息披露决策的认知因素、认知权衡和披露决策三个阶段，从理论上理解了移动用户个人信息披露的本质，为本书后面的个人信息披露行为研究以及隐私保护机制研究奠定了坚实的基础。

第一节 问题引入

中国互联网络信息中心发布的第 44 次《中国互联网络发展状况统计报告》显示，尽管大部分用户认为手机是泄露个人信息的重要载体，但截至 2019 年 6 月，手机网络购物用户规模达 6.22 亿个，2018 年年底增长 2989 万个。这与人们在意隐私安全问题、谨言慎行、尽力保护自己的信息并拒绝披露个人信息的理论相悖（李贺等，2018）。这一矛盾现象称为隐私悖论，即一方面用户担心自身的隐私遭到侵犯，但另一方面为享受移动服务带来的便利而随意地披露个人信息（Barnes，2006；Kokolakis，2017）。该现象使移动用户的信息披露行为变得扑朔迷离（Sutanto et al.，2013；Xu et al.，2011b），阻碍了移动企业持续健康地发展。移动服务商要想获取用户更多的个人信息，有必要了解移动用户信息披露的本质，这也是学界和业界都比较关注的问题，同时正是国际上 IS 领域的学者强烈呼吁开展研究的问题（Xu et al.，2011a）。

---

* 本章的主要内容发表于《管理科学》2021 年第 6 期。

沟通隐私管理（Communication Privacy Management，CPM）理论解释了人们进行信息披露决策的过程（Petronio，2002），且 CPM 理论已被广泛用于解决 IS 领域中的隐私问题（Sharma and Crossler，2014；Xu et al.，2012c）。因此，本章基于 CPM 的整体视角，对用户披露个人信息决策的过程中认知体验的三个阶段（信息披露决策的认知因素、认知权衡和披露决策）展开全面的探究，构建个人信息披露决策模型，并以移动商务为具体情景进行实证分析，不仅为理解移动用户披露信息的本质提供理论基础，丰富移动商务环境下用户信息披露行为的研究，也有助于为移动服务商获取用户更多个人信息提供有意义的指导和借鉴。

第二节　研究假设和模型构建

一　研究假设

1. 信息披露决策的认知因素

CPM 理论第一条准则是个人信息的拥有权（Petronio，2000）。CPM 理论认为人们持有一种感知的所有权，并有权处理个人信息，即决定打开边界披露个人信息，或关闭边界隐藏个人信息。因此，在移动商务环境下，当移动服务商向用户索要个人信息时，如果用户感知个人信息是自己的，即使他们的个人信息已经提供给了服务商，但仍然希望持有对隐私边界的拥有权。心理所有权理论认为，感知的拥有是一种基于认知的信念（Petronio，2010），映射了人们的三种动机，即效能、自我认同和归属感（Pierce et al.，2003），并以此为准则进行行为决策。因此，本书将感知的拥有作为信息披露的认知因素研究用户向移动服务商提供个人信息所感知的拥有权。

CPM 理论的第二条准则是个人信息的控制权，即认为人们相信个人信息是自己的，因此假定有权控制这些信息（Petronio，2000）。在不同的情况下，人们对隐私边界控制水平的要求是不同的。对隐私边界有较高的控制要求时，隐私边界的渗透性较低，则他人获得的信息非常有限，以保护个人信息（Caughlin et al.，2000）；反之，隐私边界具有较高的信息渗透性（Petronio，2000），可能被他人收集到较多的个人信息，因而产生被监视的感觉（Xu et al.，2012c）。这种感知的监视可能会影响人们控制隐私边界的水平，因此，本书通过感知的监视研究移动用户对隐私边界的控制水平，反映了个人信息的控制权。

CPM 理论的第三条准则认为人们打开或隐匿隐私边界的抉择与其保持个人隐私边界的动机相关（Petronio，2000）。Xu 等（2011a）提出了隐私价值倾向的概念，即个人保护其隐私信息空间或者限制个人信息披露的一般倾向，作为一种保护个人隐私的动机，反映人们想要保持隐私边界的心理需要。如果移动用户将个人隐私看得很重要，其保持隐私边界的需求会非常强烈，隐私边界不易被打开。因此，本书考虑隐私价值倾向对用户信息披露认知所产生的影响。

CPM 理论的第四条准则认为，当个人信息被披露后，信息的所有者和信息的接收者共同拥有这些信息，并共同控制信息的使用，有共同的责任保证信息的隐私安全，即隐私边界协作（Petronio，2000）。同时，CPM 理论的第五条准则也指出，当隐私边界协作机制出现错误或发生隐私侵犯，隐私边界管理会出现混乱（Petronio，2000），人们希望有相关的措施来保护自己的隐私。隐私政策被认为是一种隐私边界协作机制，它使收集用户大量信息的服务商成为信息的监护者，并且有责任保证信息的安全（Xu et al.，2011；Chang et al.，2015）。隐私边界协作与隐私边界混乱相互作用，使人们形成了对隐私政策有效性的认识（Chang et al.，2015）。因此，本书通过移动用户对隐私政策感知的有效性反映隐私边界的协作和混乱。

2. 从信息披露决策认知因素到认知权衡

CPM 理论认为人们是基于信息披露的风险与收益的权衡结果决定是否打开个人的隐私边界，即是否披露个人信息。与已有研究类似（Xu et al.，2009；Xu et al.，2013），本书通过隐私控制和隐私风险反映移动用户认知权衡的两个重要因素，并将隐私控制定义为一种感知的概念，它反映了用户认为自己有能力管理个人信息的披露和分享的一种信念；将隐私风险定义为对披露个人信息的预期损失，是对潜在的负面结果产生的不确定性。

如前所述，感知的拥有是对心理上认为属于自己的东西的一种占有和控制欲望（Kennedy-Lightsey & Frisby，2016）。CPM 理论认为，用户对其个人信息的占有欲越强,就越会担心个人信息流出隐私边界,其控制信息的欲望越强(Petronio,2000)。日新月异的信息技术给移动服务商提供了更加便利的监控手段(谢刚等,2015),使用户的个人信息(如地理位置信息、行为偏好数据等)更容易被移动服务商收集和记录,从而提高了其被监视的感知(Sharma & Crossler,2014)。因此,移动用户迫切渴望控制自己的个人信息。然而,用户对其个人信息的控制越强,对其管理信息能力的要求也就越高(Malhotra et al.,2004),越会对当前已有的控制水平感到不满,其感知的控制则相对较低(Wu et al.,2012)。因此,本书提出如下假设。

H3-1:移动用户对个人信息感知的拥有正向影响其感知的监视。

H3-2:移动用户对个人信息感知的拥有负向影响其感知的隐私控制。

感知的监视是指移动用户对他人观察、听取和记录其个人信息感到担忧的心理(Sharma and Crossler,2014)。随着互联网和信息技术的普及,移动技术快速发展。在移动商务环境中,服务商能利用各种先进的技术跟踪移动用户,收集其更多的敏感信息,这种对用户的监视行为通常是各种隐私风险的起源(Xu et al.,2012b)。频繁发生的数据泄露事件进一步引发人们对移动服务商数据监视程度的质疑,以及对随之而来的隐私风险的关注(Romanosky et al.,2010)。当用户感知到移动服务商收集了自己过多的信息,即过多的信息离开了其隐私边界,便会更加觉得无法控制自己的信息,增加隐私损失的风险。因此,本书提出如下假设。

H3-3a:移动用户感知的监视负向影响其感知的隐私控制。

H3-3b:移动用户感知的监视正向影响其感知的隐私风险。

用户的隐私价值倾向在社交网络环境下对感知的隐私控制有显著的负向影响,在电子商务网站、社交网站、金融网站和健康网站中对感知的隐私风险有显著的正向影响(Xu et al.,2011a)。而移动商务环境下,服务商更能轻易收集用户大量的敏感信息。因此,移动用户想要控制个人信息的难度更大,面临的隐私风险更多。移动用户对个人隐私越重视,其对隐私控制的要求也就越高,其感知到的隐私控制则相对较低,而对隐私风险的感知相对较高(Wu et al.,2012)。因此,本书提出如下假设。

H3-4a：移动用户的隐私价值倾向负向影响其感知的隐私控制。

H3-4b：移动用户的隐私价值倾向正向影响其感知的隐私风险。

隐私政策是用来告知用户，服务商将如何处理他们的个人信息，隐私政策感知的有效性表示移动用户对在线张贴的隐私政策可靠性的一种信任程度。目前，大部分移动用户根据服务商的相关声明判定该隐私规则是否符合自己的隐私目标，从而做出相应的信息披露决策（Metzger，2007）。研究表明，服务商提供有效的隐私政策能显著提高消费者感知的隐私控制；同样的，服务商主动告知用户将如何处理其个人信息，能极大地降低信息披露带来的隐私风险（Chang et al.，2015）。在基于位置的服务中，有学者发现隐私政策作为行业自律的一种有效隐私保护措施，能显著提高消费者对个人信息感知的控制（Xu et al.，2012c），对感知的隐私风险有显著的负向影响（王小燕，2012）。因此，本书提出如下假设。

H3-5a：移动用户对隐私政策感知的有效性正向影响其感知的隐私控制。

H3-5b：移动用户对隐私政策感知的有效性负向影响其感知的隐私风险。

3. 从信息披露认知权衡到决策

基于理性行为理论，本书将隐私担忧作为一种消极的态度，将信任作为一种积极的态度，二者共同影响移动用户信息披露的最终决策（Brandimarte et al.，2013）。已有研究证实，隐私担忧和信任是权衡其信息披露行为的主要因素（Keith et al.，2015；刘百灵等，2018）。刘百灵等（2018）探究移动购物用户持续使用意愿的影响因素，发现移动用户通过权衡隐私担忧与信任，以做出其信息披露行为的决策。依据 Xu 等（2013）的研究中对隐私担忧的理解，本书将隐私担忧定义为：移动商务环境下，用户对其可能失去隐私权的一种担忧；依据林家宝等（2011）的研究中对信任的理解，本书将信任定义为：移动用户对服务商在保护个人隐私信息方面的可依赖程度。

已有研究发现，用户对个人信息的感知控制能够显著降低隐私担忧（Xu et al.，2012c）。如果用户缺乏对个人信息的控制感知，就会降低其对服务商的信任（Joinson et al., 2010）。当用户感知自己可以完全控制个人信息的处理情况，能显著缓解他们的隐私担忧。在这种情况下，用户更愿意信任服务商，并且提高个人的信息披露意愿（Wu et al., 2012；王洪伟等，2012）。移动商务环境下，用户可以随时随地使用移动服务，同时他们大量的个人信息也被移动服务商收集，因此，本书认为用户对已披露给移动服务商的信息所感知的隐私控制对其隐私担忧、信任和个人信息的披露意愿起重要的作用。因此，本书提出如下假设。

H3-6a：移动用户感知的隐私控制负向影响其隐私担忧。

H3-6b：移动用户感知的隐私控制正向影响其对移动服务商的信任。

H3-6c：移动用户感知的隐私控制正向影响其个人信息披露意愿。

CPM理论认为，用户的信息披露必然涉及风险。Sharma等（2014）基于社会化商务环境的研究发现，用户感知的隐私风险对用户披露信息的意愿有显著的负向影响。类似的，在移动商务环境下，一旦用户的个人信息被服务商收集，就可能存在个人隐私泄露的风险。因此，当用户在披露个人信息时，会自主进行隐私风险评估。如果用户感知到隐私风险系数较高，则会极大程度地增加其隐私担忧，降低个人信任程度（Yang et al., 2015；Yi et al., 2013），从而影响其信息披露意愿（Petronio, 2000）。因此，本书提出如下假设。

H3-7a：移动用户感知的隐私风险负向影响其对移动服务商的信任。

H3-7b：移动用户感知的隐私风险正向影响其隐私担忧。

H3-7c：移动用户感知的隐私风险负向影响其信息披露意愿。

一般而言，用户的信息披露意愿与其对隐私的态度相关（薛可等，2016）。个人对隐私顾虑越高，信息披露行为就会越谨慎（Jiang et al., 2013）。朱侯（2016）基于效用最大化和期望价值等理论，研究发现信任会影响隐私担忧与个体隐私结果变量之间的关系。信任不仅能在很大程度上提升用户的行为意愿（邓朝华和洪紫映，2017），同时还会受到隐私顾虑的负向影响（王洪伟等，2012）。在传统的电子商务环境下，大量研究表明，用户的隐私担忧显著降低用户的信息披露意愿，信任对信息披露意愿发挥着显著的正向作用，并且隐私担忧对信任有显著的负向影响（LI，2014；Bansal et al.，2016）。而在移动商务环境下，用户的隐私担忧更加突出，信任成为移动用户产生行为动机的关键因素，显著影响用户信息披露意愿（刘百灵等，2017；林家宝等，2009）。因此，本书提出如下假设。

H3-8a：移动用户的隐私担忧负向影响其对移动服务商的信任。

H3-8b：移动用户的隐私担忧负向影响其信息披露意愿。

H3-9：移动用户的信任正向影响其信息披露意愿。

4. 控制变量

结合本书的具体环境，人口统计信息如性别、年龄和学历可能会影响移动商务用户信息披露意愿，因此将其作为控制变量。此外，在本书中，移动商务应用的使用时长与应用种类可能也会对用户的行为意愿产生潜在影响，因此也将其作为控制变量。

二 模型构建

基于 CPM 理论，以移动商务为具体情景，本书构建移动商务环境下用户披露个人信息的决策模型，将个人披露信息决策的过程分为 3 个阶段，分别为信息披露决策的认知因素、认知权衡和披露决策。移动用户会依据最近的经历和了解的信息，不断重复以上过程。研究模型见图 3-1。

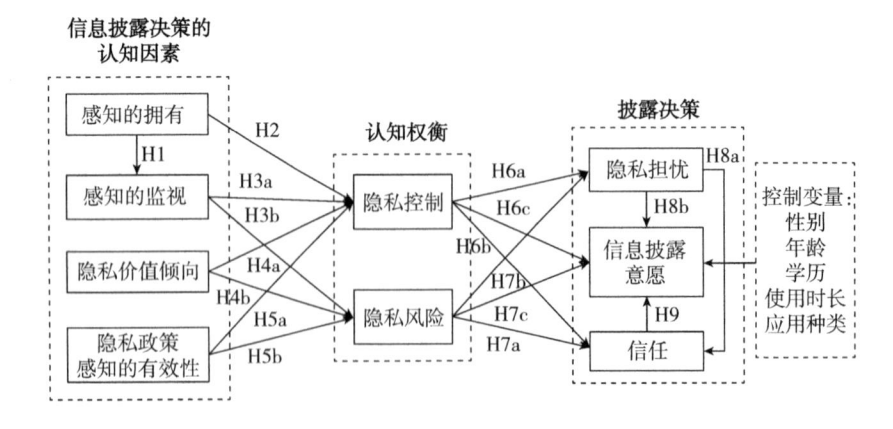

图 3-1 移动商务环境下用户个人信息披露决策研究模型

第三节 研究方法

一 问卷设计

本书借鉴国内外研究中的成熟量表设计问卷，并适当调整措辞以适用于本书。为了提高问卷的内容效度，邀请3位本领域专家对初始量表进行审阅。采用修改后的问卷进行小规模的前测，主要采用线下填写纸质问卷的方式，邀请80名有移动商务交易活动经历的在校大学生，于2017年2月21日开始，3月7日结束，历时15天，收回79份有效问卷，并根据分析结果对题项进行调整，最终形成正式问卷。

正式问卷分为3个部分：第1部分为个人基本信息，包括受试者的人口统计信息和移动商务应用的使用情况等控制变量；第2部分用于测量与情景无关的核心变量，即隐私价值倾向；第3部分用于测量基于具体移动商务情景的核心变量，即感知的拥有、感知的监视、隐私政策感知的有效性、隐私控制、隐私风险、隐私担忧、信任、信息披露意愿，详见表3-1。除第1部分采用一般性选择题外，其他部分均采用李克特7级量表，1为非常不同意或非常不愿意，7为非常同意或非常愿意。

表3-1 测量指标

变量	代码	题项
感知的拥有（PO）	PO1	使用该移动商务应用进行交易时，我觉得我提供的信息是我自己的
	PO2	使用该移动商务应用进行交易时，我感觉对自己提供的信息拥有高度的个人所有权
	PO3	使用该移动商务应用进行交易时，我觉得我提供的信息是个人的
	PO4	使用该移动商务应用进行交易时，我相信我披露的信息是我的
感知的监视（PS）	PS1	我觉得该移动商务应用可能会通过我使用的移动设备监视我的地理位置
	PS2	我觉得该移动商务应用收集了我很多信息
	PS3	该移动商务应用可能会记录我在移动设备上的各种活动和操作

续表

变量	代码	题项
隐私价值倾向（DTVP）	DTVP1	我比一般人把保护个人隐私看得更重要
	DTVP2	我对公司处理我个人信息的方式比一般人更敏感
	DTVP3	相对一般人而言，公司对我个人信息的潜在威胁，我较少担心
隐私政策感知的有效性（EPP）	EPP1	我相信该移动商务应用隐私政策是他们对保护我个人信息的承诺
	EPP2	有了该移动商务应用隐私政策，我认为该移动服务商将会保证我个人信息的隐私和安全
	EPP3	我相信该移动商务网站的隐私政策是一种证明他们承诺保护用户隐私的有效方式
隐私控制（PC）	PC1	我觉得我能控制：我的何种信息被该移动商务应用公布
	PC2	我觉得我无法控制：谁可以访问该移动商务应用收集我的个人信息
	PC3	我觉得我能控制：该移动商务应用如何使用我的个人信息
	PC4	我觉得我能控制：已经提供给该移动商务应用的个人信息
隐私风险（PR）	PR1	向该移动商务应用提供个人信息具有较大的风险
	PR2	向该移动商务应用提供个人信息很有可能带来较大的隐私损失
	PR3	该移动商务应用可能不适当地使用个人信息
	PR4	向该移动商务应用提供我的个人信息，将会带来许多预料不到的问题
隐私担忧（PCO）	PCO1	我担心我提供给该移动商务应用的信息可能会被滥用
	PCO2	我担心其他服务商或用户能够在该移动商务应用上找到我的隐私信息
	PCO3	向该移动商务应用提供我的个人信息时，其他服务商或用户可能处理或使用这些信息，这让我感到担心
	PCO4	向该移动商务应用提供我的个人信息时，这些信息很可能被以某种我无法预知的方式使用，这让我感到担心
信任（TRU）	TRU1	我相信该移动服务商会告诉我有关我提供的个人信息的实情，并且遵守它的承诺
	TRU2	我相信该移动服务商在处理我的个人信息时会随时考虑到我的利益
	TRU3	我相信该移动服务商会很诚实地处理我提供的个人信息
	TRU4	我认为该移动服务商在处理我提供的个人信息方面是值得信赖的

续表

变量	代码	题项
信息披露意愿（WDI）	WDI1	使用该移动商务应用购买商品或服务，需要我提供精确的可识别信息
	WDI2	使用该移动商务应用需要我提供准确的注册信息，其中可能包括银行卡信息
	WDI3	在该移动商务应用上进行交易时，需要我提供支付账号信息

问卷量表中，借鉴 Sharma 等（2014）测量感知拥有和感知监视的量表，本书设计 4 个题项测量感知的拥有，设计 3 个题项测量感知的监视；借鉴 Xu 等（2011a）测量隐私价值倾向和隐私政策感知的有效性的量表，本书设计 3 个题项测量隐私价值倾向，设计 3 个题项测量隐私政策感知的有效性；测量隐私控制的题项改编自 Xu 等（2013）测量信息控制的量表，本书设计 4 个题项；借鉴 Xu 等（2009）测量隐私风险的量表，本书设计 4 个题项测量隐私风险；采用 Gu 等（2017）编制的"具体情景下隐私担忧"测量隐私担忧的量表，包括 4 个题项；以林家宝等（2011）测量信任的量表为依据，本书设计 4 个题项测量信任；根据 Dinev 等（2006）测量"在线交易信息披露意愿"变量的量表，本书改编后用 3 个题项测量信息披露意愿。各变量的测量题项见表 3-1。

二 数据收集

正式问卷有纸质问卷和电子问卷两种。纸质问卷面向高校大学生，因为大学生是移动用户的主体，高素质的学生样本比较具有代表性；通过问卷星发放电子问卷，调查对象面向全国。由于问卷第 3 部分需要受试者基于具体移动商务应用情景填写，因此采用受试者情景回忆的方式。首先，请受试者填写最近 3 个月中使用最频繁的一种移动商务应用，并向受试者解释移动商务及其应用的定义；其次，根据受试者填写的移动商务应用，请他们回忆最近 3 个月使用该移动商务应用的经历，并根据此经历填写问卷。填写结束后，请受试者抽取红包或礼品。

问卷调查于 2017 年 3 月 20 日开始，5 月 15 日结束，历时 56 天，共收集 509 份问卷，纸质问卷 209 份，电子问卷 300 份。按照以下原则进行有效问卷的筛选：①删除使用移动商务应用不足 6 个月的问卷；②删除最近 1 个月从未使用移动商务应用进行交易的问卷；③删除填写不完整的问卷；④删除有规律作答的问卷。最终得到 406 份有效问卷，问卷有效回收率为 79.764%，符合统计分析的标准。样本人口统计特征见表 3-2。

表 3-2　　　　　　　　　样本人口统计特征

人口统计变量		频数（人）	百分比（%）	人口统计变量		频数（人）	百分比（%）
性别	男	174	42.857	教育程度	大专及以下	34	8.374
	女	232	57.143		本科	208	51.232
年龄	18 岁以下	4	0.985		硕士	143	35.222
	18—24 岁	244	60.099		博士及以上	21	5.172
	25—29 岁	82	20.197	应用种类	手机淘宝	98	24.138
	30—39 岁	57	14.039		手机天猫	5	1.232
	40 岁以上	19	4.680		手机京东	17	4.187
使用移动商务应用时长	1 年以下	29	7.143		支付宝	249	61.330
	1—2 年(含)	61	15.025		手机银行	10	2.463
	2—3 年(含)	91	22.414		大众点评	7	1.724
	3—4 年(含)	90	22.167		其他	20	4.926
	4 年以上	135	33.251				

注：表中数据经过四舍五入处理。下同。

由表 3-2 可知，受试者的男女比例基本趋于均衡，男性为 42.857%，女性为 57.143%；年龄集中在 18—29 岁，占比为 80.296%，说明受试者以年轻人为主，符合中国移动网民年龄集中的分布区间；91.626% 的受试者为本科及以上水平，表明调查对象大部分具有较高的文化水平；使用移动商务应用的时间为 2 年以上的人数居多，约占 77.832%，说明大部分受试者对于移动商务应用较为熟悉，有助于保证问卷的质量。

表 3-3 为数据的描述性统计结果，各指标均值的范围为 3.296—5.786，表明样本数据分布均衡；标准差的范围为 1.087—1.540，说明样本数据离散程度低。本书样本数据偏度绝对值的最大值为 1.346，峰度绝对值的最大值为 2.000。综上所述，可以认为样本数据基本服从正

态分布标准。

表 3-3　　　　　　　　　　描述性统计

变量	代码	均值	标准差	偏度	峰度
感知的拥有（PO）	PO1	5.643	1.196	-1.346	2.000
	PO2	5.746	1.224	-1.316	1.610
	PO3	5.786	1.131	-1.257	1.574
	PO4	5.623	1.192	-1.024	0.948
感知的监视（PS）	PS1	5.308	1.294	-0.986	0.703
	PS2	5.692	1.087	-1.173	1.626
	PS3	5.584	1.140	-1.101	1.669
隐私价值倾向（DTVP）	DTVP1	5.377	1.382	-0.761	0.065
	DTVP2	5.074	1.380	-0.558	-0.191
	DTVP3	4.899	1.363	-0.698	0.052
隐私政策感知的有效性（EPP）	EPP1	4.833	1.317	-0.724	-0.011
	EPP2	4.500	1.368	-0.396	-0.506
	EPP3	4.638	1.355	-0.536	-0.319
隐私控制（PC）	PC1	3.485	1.482	0.468	-0.620
	PC2	3.296	1.451	0.557	-0.478
	PC3	3.300	1.322	0.621	-0.105
	PC4	3.552	1.428	0.455	-0.559
隐私风险（PR）	PR1	4.823	1.262	-0.425	-0.258
	PR2	4.872	1.270	-0.579	-0.062
	PR3	4.909	1.266	-0.509	-0.123
	PR4	4.892	1.336	-0.437	-0.446
隐私担忧（PCO）	PCO1	5.101	1.254	-0.637	0.045
	PCO2	5.214	1.170	-0.749	0.677
	PCO3	5.182	1.212	-0.848	0.643
	PCO4	5.303	1.198	-0.825	0.706
信任（TRU）	TRU1	4.246	1.340	-0.228	-0.415
	TRU2	3.963	1.385	-0.040	-0.513
	TRU3	4.044	1.349	-0.087	-0.472
	TRU4	4.175	1.319	-0.170	-0.299

续表

变量	代码	均值	标准差	偏度	峰度
信息披露意愿（WDI）	WDI1	4.224	1.540	-0.205	-1.017
	WDI2	4.017	1.500	-0.078	-0.981
	WDI3	4.303	1.467	-0.346	-0.712

三 共同方法偏差检验

由于问卷由受试者一人独立完成，因此有必要考虑共同方法偏差问题。本书在问卷设计阶段就设置了两个反向问题，以预防同源方法偏差的影响。采用 Harman 单因子检验方法，对回收的问卷进行同源方法偏差检验（Li, 2014）。对所有变量进行未旋转的探索性因子分析，结果表明，所有指标的非旋转因子分析没有出现一个主导的单因子，第1个因子只解释了 25.550% 的方差变异，表明此次调查几乎不受同源方法偏差的影响。

四 多重共线性检验

由表 3-4 的多重共线性检验结果表明，容差均大于 0.100，共线性诊断方差膨胀因子均小于 10（Kock and Lynn, 2012），说明不存在共线性问题。

表 3-4　　　　　　　　　多重共线性检验

	容差	VIF（方差膨胀因子）
DTVP	0.807	1.239
PO	0.800	1.249
PS	0.687	1.456
EPP	0.599	1.669
PR	0.552	1.811
PC	0.823	1.215
TRU	0.476	2.102

续表

	容差	VIF（方差膨胀因子）
PCO	0.578	1.730

注：自变量：EPP：隐私政策感知的有效性；PO：感知的拥有；PR：隐私风险；PC：隐私控制；DTVP：隐私价值倾向；PS：感知的监视；TRU：信任；PCO：隐私担忧。

第四节 数据分析结果

一 信度与效度检验

本书采用验证性因子分析对测度项的信度与效度进行了检验。结果如表3-5所示，各变量的Cronbach's α值和复合信度（CR）都大于0.700，表明量表具有较好的信度；除了指标PC1与PS3接近0.700，其他标准负载均大于0.700，且都在0.010的水平下显著，各因子的平均方差抽取（AVE）都高于0.500，表明量表具有较好的收敛效度。

表3-5 测度项标准负载及AVE、CR、Cronbach's α值

因子	指标	标准负载	AVE	CR	Cronbach's α
PO	PO1	0.847	0.766	0.929	0.898
	PO2	0.893			
	PO3	0.911			
	PO4	0.848			
PS	PS1	0.832	0.712	0.881	0.797
	PS2	0.892			
	PS3	0.805			
DTVP	DTVP1	0.909	0.771	0.910	0.857
	DTVP2	0.920			
	DTVP3	0.801			
EPP	EPP1	0.886	0.811	0.928	0.884
	EPP2	0.919			
	EPP3	0.896			

续表

因子	指标	标准负载	AVE	CR	Cronbach's α
PC	PC1	0.761	0.722	0.912	0.872
	PC2	0.898			
	PC3	0.898			
	PC4	0.835			
PR	PR1	0.880	0.781	0.935	0.907
	PR2	0.890			
	PR3	0.881			
	PR4	0.884			
PCO	PCO1	0.881	0.785	0.936	0.909
	PCO2	0.888			
	PCO3	0.880			
	PCO4	0.896			
TRU	TRU1	0.871	0.792	0.939	0.913
	TRU2	0.877			
	TRU3	0.902			
	TRU4	0.910			
WDI	WDI1	0.912	0.832	0.937	0.900
	WDI2	0.928			
	WDI3	0.897			

通过比较各变量的 AVE 值平方根和变量间的相关系数的大小，判别效度得到了进一步的检验。如表 3-6 所示，各变量的 AVE 值平方根（表中对角线上的加粗数字）均大于相应的相关系数，从而反映了良好的判别效度。

表 3-6　　各因子 AVE 值的平方根与相关系数

	PO	PS	DTVP	EPP	PC	PR	PCO	TRU	WDI
PO	**0.875**								
PS	0.332	**0.844**							
DTVP	0.338	0.243	**0.878**						

续表

	PO	PS	DTVP	EPP	PC	PR	PCO	TRU	WDI
EPP	0.080	-0.081	0.080	**0.901**					
PC	-0.059	-0.201	0.002	0.239	**0.850**				
PR	0.144	0.450	0.196	-0.278	-0.076	**0.884**			
PCO	0.251	0.401	0.287	-0.255	-0.139	0.581	**0.886**		
TRU	0.008	-0.226	0.093	0.623	0.374	-0.415	-0.366	**0.890**	
WDI	0.054	-0.003	0.063	0.277	0.095	-0.307	-0.194	0.341	**0.912**

注：对角线上的数据为各变量 AVE 值的平方根。

二 假设检验

本书采用 SmartPLS3.0 软件对模型的假设进行了检验。模型的检验结果如图 3-2 所示，结果表明个人信息感知的拥有与隐私价值倾向对感知的隐私控制无显著影响，H3-2、H3-4a 没有得到支持；感知的隐私控制与隐私担忧对信息披露意愿不显著，H3-6b 和 H3-8b 也未获得支持，此外其他假设均得到了证实。

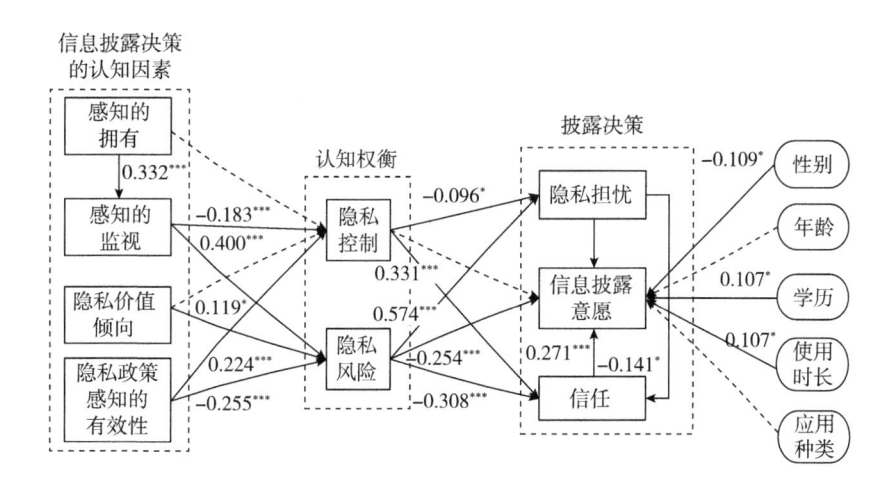

图 3-2 研究模型假设检验结果

注：＊表示 p<0.050，＊＊表示 p<0.010，＊＊＊表示 p<0.001；虚线表示不显著。

第五节　研究结论与启示

一　研究结果与讨论

本书基于 CPM 理论，构建了移动环境下用户披露个人信息的决策模型，并以移动商务为具体情境对该模型进行了验证，得到以下重要结论：

（1）移动商务环境下，用户披露个人信息决策的过程经历了 3 个阶段，从信息披露决策的认知因素到认知权衡，最终进行披露决策。具体来说，用户对个人信息所感知的拥有、对服务商感知的监视、对保护个人信息隐私的需求和对服务商提供的隐私保护措施，共同影响他们对隐私控制与隐私风险的权衡，进而形成积极或消极的态度，即对移动服务商的信任和对个人信息的隐私担忧，最终信任发挥关键作用，直接影响用户披露个人信息的决策。这一结果，支持了已有大部分研究观点，而隐私担忧通过信任对用户披露信息的意愿产生间接的消极影响。

（2）在影响移动用户披露个人信息的认知权衡因素中，发现感知的监视和隐私政策的有效性对隐私控制产生显著的影响，即 H3-3a 和 H5a 得到验证，感知的监视、隐私价值倾向以及隐私政策的有效性对隐私风险产生显著的影响，即 H3-3b、H3-4b 与 H3-5b 得到验证，并且感知的监视对隐私风险的影响最大，路径系数达到 0.400，说明移动商务应用过多收集用户的个人信息是引发隐私风险感知的主要因素，隐私政策能够在一定程度上缓解用户感知的隐私风险，提高其隐私控制感知。

然而，本书发现用户对个人信息感知的拥有与隐私控制之间无直接的显著关系，而是通过感知的监视间接影响隐私控制，并且用户的隐私价值倾向对感知的隐私控制也没有显著的影响，即 H3-1 得到验证，H3-2 和 H3-4a 未得到验证，这与 Xu 等（2011a）的研究结果一致。可能是因为在当前的移动商务环境下，无论用户是否认为个人信息属于自己，无论是否重视隐私保护，当用户将个人信息披露给移动服务商之后，其没有途径获悉并控制这些信息将会被如何使用以及被谁访问等后续使用情况，这与感知的隐私控制因子得分较低一致，即说明感知的拥有和隐私价值倾向对隐私控制无显著的影响。

（3）移动用户对信息披露的认知权衡中，隐私控制和隐私风险均对隐私担忧和信任产生显著的影响，即对个人信息的控制能够缓解用户的隐私担忧，提高其对移动服务商的信任。相反，隐私风险会增加用户的隐私担忧，降低其对移动服务商的信任，因此，H3-6a、H3-6b、H3-7a 和 H3-7b 得到验证。隐私风险对信息披露意愿具有显著的负向影响，但隐私控制对信息披露意愿没有直接的显著影响，即 H3-7c 得到验证，H3-6c 未得到验证，这可能是因为移动用户微弱的隐私控制感知对个人信息披露的影响被信任抵消。感知的隐私控制和信任均为消费者对待个人信息披露的正面态度，前者强调能力，后者更着重强调信念。如前所述，目前中国常用的移动商务应用一般没有给予用户较多的隐私控制措施，导致移动用户的隐私控制意识一直较为薄弱，再加上本书的受试者选择的具体情景都是基于支付宝、手机淘宝等信任度较高的移动商务应用，因此，相对于在目前有限的隐私控制措施下认为自己有能力控制其个人信息而言，信任的作用显得尤为突出，很大程度上弥补了用户严重缺乏隐私控制权的不足。综上可知，隐私控制的感知对个人信息披露意愿的影响作用不显著。

（4）在信息披露决策的过程中，信任显著地正向影响个人信息披露意愿，隐私担忧对个人信息披露意愿无显著的直接影响，而是通过信任影响个人信息披露意愿，即 H3-8a 和 H3-9 得到验证，但 H3-8b 未得到验证，这与已有研究相悖。可能是因为前人的研究主要针对传统的网络环境，而本书聚焦于隐私问题较为严重的移动商务环境，研究背景存在较大差异。这一结果证实移动商务环境下普遍存在隐私悖论现象（Choi and Land，2016），也进一步揭示了移动商务环境下隐私悖论产生的原因，即随着移动商务的流行及其提供的便利，"羊群效应"很好地诠释了大多数移动用户的心理。迫于当前的环境趋势，用户别无选择，无论其是否重视自己的隐私，为顺应潮流，获得使用机会，只能选择加入信任度较高的移动商务应用。因此，隐私悖论可能是用户一种无奈的外在表现，尤其在涉及用户大量敏感个人信息的移动环境中，用户认为或许通过选择信任度较高的移动服务商还能保障个人信息的安全。至此，隐私悖论现象也对移动服务商和移动应用开发商提出了一个非常严肃的问题。

（5）通过对控制变量的研究发现，在移动商务环境中，用户的学历水平越高，其使用移动商务应用的年限越久，其披露个人信息的意图越明显，且不同性别的用户群体对于披露隐私信息的态度存在一定的差异，男性用户群体可能更偏向于提供个人信息，女性则反之，这与Kock等（2012）的研究结果一致。

二 理论贡献

本章的理论贡献主要体现在以下几个方面。

（1）应用CPM理论的整体框架研究用户披露个人信息决策的过程。已有研究主要采用CPM理论的部分准则研究传统网络环境中的隐私问题，但Petronio（2002）认为要想理解信息披露的本质，需要全面考虑CPM理论的五条准则。因此，本书基于CPM理论整体视角，构建移动用户个人信息披露决策三阶段模型，从信息披露决策的认知因素到认知权衡，最终进行披露决策，揭示了用户个人信息披露决策的形成过程，并以移动商务为具体情景对该模型进行实证检验。这对移动用户披露个人信息的本质提供了更深层次的理解，并从理论上丰富了移动商务环境中用户信息披露行为的研究，进一步拓展了移动环境中隐私问题的研究。

（2）本章以移动商务为研究背景，将信任和隐私担忧视作两种不同的态度（积极态度和消极态度），同时评估了两者对用户信息披露意愿的相互作用。研究发现，相对于隐私担忧，用户对服务商的信任对其个人信息披露意愿发挥着至关重要的作用。结合整个模型的研究结果看，本章为移动环境中的隐私悖论现象提供了充分的解释。在当前移动应用更迭迅速的环境中，隐私悖论可能是用户为顺应潮流迫于无奈的一种外在表现。移动用户在进行信息披露决策时，一个信任的环境能为用户提供信心，促使其感觉个人信息使用情况是安全的。因此，本书不但从理论上证明了移动环境中普遍存在的隐私悖论现象，还进一步对该现象提供了新的见解。

三 管理启示

（1）在移动应用中除设计隐私政策外，还应重视其他有效的隐私保护措施的开发和设计，赋予用户对个人信息的披露及其披露后相应的控制力。若移动服务商能为用户提供可选择的明确、详细的隐私披露选项，会极大地提高用户对个人隐私信息的控制感知，从而提升他们对移动服务商的信任，促进用户披露个人信息的意愿。因此，移动服务商应重视隐私保护措施的设计，迎合用户的信息控制需求。

（2）移动服务商应重视信任的核心作用，加强企业正面宣传，提高用户对其的信任。结合实际情况深入挖掘用户对信息控制的需求，采取有效的隐私控制措施，如可告知用户使用差分隐私等（Midha，2012）技术处理个人信息，以期营造一种信任氛围，使用户相信移动服务商会妥善地保护、处理其提供的个人信息。

（3）移动服务商应规范对用户信息的收集行为。当移动服务商不需要或不打算使用某些信息时，应尽量减少对这些信息的收集，并减少未知第三方的参与，以缓解用户被移动服务商监视的感受；还可以保证在不侵犯用户隐私的情况下使用获取的信息，使用户感到安心，缓解其对隐私泄露的担忧。

四　存在的不足

本章还存在一些不足，具体如下：

（1）本章仅以移动商务为情境验证了模型，后续研究可以针对移动互联网中不同的情境对模型进行分析，从而在理论上进一步推进信息隐私与信息披露行为的相关研究，并为企业的管理实践提供更有效的指导；

（2）本章的调查对象虽然涉及不同年龄层次的人，但大多数是年轻人群体样本，虽然年轻人更热衷于使用移动商务应用，相关的调查报告也表明年轻人是使用移动商务应用最大的人口群体，但是这样的人口结构特征，可能会影响研究结果的普适性，后续的研究将在样本构成方面进行改进。

第四章　公平感知对用户隐私保护行为影响研究

第三章将个人信息披露看作一个二元变量（披露或不披露），探究了用户披露个人信息的决策过程。本章将个人信息披露进一步细分为拒绝披露个人信息与披露虚假个人信息两种隐私保护行为，从公平感知的视角探究其影响机理。

第一节　问题引入

为了保护个人信息隐私，用户面对信息请求，可能会选择拒绝披露个人信息或披露虚假个人信息。然而企业通常致力于鼓励用户披露个人信息，却忽略了用户披露虚假个人信息的可能性，这将导致企业做出错误的决策。例如 Pizza Shack（披萨小屋）公司在开业初期为吸引客户开展了"生日营销"策略，很多注册者为了保护信息隐私而披露了虚假的个人生日信息，导致该公司"生日营销"策略以失败告终（Miltgen and Smith，2019）。2018 年中国消费者协会发布的《App 个人信息泄露情况调查报告》显示：67.2%的受访者表示在使用 App 时会采取填写部分个人信息举措来保护个人信息安全，29.5%的受访者会直接拒绝软件访问权限，18%的受访者在注册时会使用部分虚假信息（中国消费者协会，2018）。正如经典的格言"垃圾进，垃圾出"所述，虚假信息的收集会削减大数据的价值（Lima，2015）。因此，企业不但要了解用户信息披露决策（例如：拒绝提供个人信息）的影响因素，更需要关注披露虚假个人信息这种隐私保护行为的影响因素及其机理。

然而已有研究主要聚焦于个人信息披露意愿的影响因素，较少关注虚假个人信息的披露（Gopal et al.，2018）。Son 和 Kim（2008）指出感知的公平对在线用户拒绝披露个人信息与披露虚假个人信息具有显著的负向影响，但对披露虚假个人信息的解释力度仅有 3%。因此，本书在此基础上做了进一步的探究，基于公平理论，从认知与情感两个层面，探究不同维度的公平感知及其交互作用对移动商务用户拒绝披露个人信息和披露虚假个人信息这两种隐私保护行为意愿的影响。

以 S-O-R 理论模型为框架，聚焦拒绝提供个人信息和披露虚假个人信息这两种隐私保护行为，基于公平理论，从认知与情感两个层面探究移动商务用户隐私保护行为意愿产生的原因及作用机理。其中，刺激由公平感知的三个维度表示，即程序公平、分配公平和交互公平，这些刺激因素会影响用户内在的认知和情感状态，即感知价值和喜欢，最后影响用户的隐私保护行为意愿。

第二节 研究假设和模型构建

一 研究假设

1. 公平感知对感知价值与喜欢的影响

感知价值通常被当作隐私相关的结果变量（Yang et al.，2000），它涉及消费者对产品效用的总体认知评估，基于对产品所付出和所获得的感知（Zeithaml，1988），是预测用户行为意图的重要因素（Woodruff，1997）。喜欢作为一种情感反应，被定义为喜爱和有吸引力，是目前捕捉消费者对一个产品或网站的最初情感印象最常见的变量（Li et al.，2017）。因此，本书将感知价值与喜欢分别作为认知和情感维度的表示变量。

分配公平主要指用户对分配结果与相应的投入进行比较从而感受到的公平程度（Gilliland，1993）。移动商务背景下，分配公平主要关注用户与服务商在交换关系中从服务商那里获得的结果或者报酬的公平性（Zhou，2013）。例如，当用户向服务商投入时间和金钱或提供个人信息时，他们期望可以获得更适合他们需求的产品和服务。实证研究表明，分配公平正向影响感知有用性（Zhou，2013），而感知有用性作为分配公平的一种结果正向影响感知价值（郑称德等，2012）。顾客感知的价值来自对与产品相关的回报和付出的评估（Yang and Peterson，2010），涉及用户对使用过程或进行交易是否公平的判断（赵占波等，2009）。因此，如果用户基于所获得的效用和所付出的成本比较后，对该产品或服务形成较高的公平性感知，比如：在使用产品的时候能够获得更多的高水平服务和优惠，那么用户对该产品的有用性感知就越大，感知到的价值也会越高。据此，本书提出如下假设：

H4-1：分配公平正向影响用户感知价值。

分配公平对隐私相关问题的情感反应也值得重视。鉴于在线移动商务环境缺乏亲密的人际关系，用户可能对公司保护其隐私的承诺感到十分焦虑。通过确保分配公平，用户可以感受到在线公司在保护用户隐私方面勇于承担责任的态度，从而产生积极的情感反应。以往研究发现，分配公平显著降低了用户情感上的消极感觉（Choi et al.，2016），经济补偿减少了用户对网络隐私问题的不安全感和脆弱性（Hann et al.，2007）。Xu 等（2009）研究发现用户对分配公平的感知显著正向影响用户的满意感（即情感上的愉悦或者喜欢），在服务失败后，消费者感知的服务补救质量（体现在分配公平、程序公平、交互公平三个维度）正向影响补救后的满意程度。因此，如果用户能够获得高水平的服务或经济补偿等结果上的公平，那么在情感上对这个产品产生较好的初始印象，从而更喜欢使用该产品。据此，本书提出如下假设：

H4-2：分配公平正向影响喜欢。

程序公平是指在交易过程中个体对程序和政策感知到的公平程度（Xu et al.，2009）。消费者在交易过程中对于利益和得失的平衡会影响感知价值（Kim et al.，2007）。即当用户在整个交易过程中体验到很强的程序公平时，他会增强对该产品的感知价值。根据心理契约理论，消费者的认知反应（如感知价值）主要由结果和导致结果的过程决定（Robinson，1997）。而程序公平则表示交易所涉及的过程公平。Folger 等（1989）研究发现，即使结果对个人不利，如果个人相信得出该结果的程序是公平的，那么他们也不太可能对不利的结果感到不满。因此，程序公平可以为公司创造一个"隐私杠杆点"（Culnan and Armstrong，1999），通过向用户提供相关的信息政策和合规的程序来增强用户的感知价值，进而促进其披露个人信息的意愿。据此，本书提出如下假设：

H4-3：程序公平正向影响用户感知价值。

交互公平是指实施程序的过程中，人们对人际关系处理感知到的公平性（朱其权和龙立荣，2012）。表现为个人是否得到尊重、关心和礼貌对待等。心理契约理论的观点认为，用户互动过程中的个人体验在塑造情绪反应中起着主导作用（Robinson，1997）。因而交互公平会在情感上影响用户对整个产品服务的印象。当在线公司没有以交互公平的方式处理隐私问题时，用户会产生较强的负面情感（Choi et al.，2016），而当用户获得尊重并感受到愉快的服务体验时，他们的负面情感将会减少（Chebat and Slusarczyk，2005）。因此，当用户在移动终端进行购物时，如果 App 服务商能够以高度交互公平的方式对待用户，如提供及时有效的沟通和交流方式，并尽力解决用户遇到的问题等，那么用户对整个交易和使用过程中的服务体验便得到增强，从而在较大程度上产生满意和喜欢等积极情感。据此，本书提出如下假设：

H4-4：交互公平正向影响喜欢。

2. 公平感知之间的交互作用

公平理论表明，当消费者感知到获得服务的过程中公平程度越高时，他们会认为结果公平是有保障的（Brockner and Wiesenfeld，1996）。参考认知理论（Cognitive Theory of Reference，简称 RCT）解释了分配公平和程序公平对随后认知反应的共同影响，个人倾向于根据是否遵循公平的过程（即程序公平）来评估结果（即分配公平）（Folger，1986）。李海丹等（2016）证实了程序公平正向影响分配公平，当人们认为公司所遵循的程序公平性越高，他们对未来结果的公平性感知就越高。相反，如果程序公平缺失，用户便认为公平的补偿得不到保障，分配公平感知降低。然而分配公平的提高或降低直接影响着用户的感知价值。因此，当用户认为整个产品或服务的程序公平性很高时，他们对整个结果的公平性感知就会增强，进而增强对该产品服务的感知价值。据此，本书提出如下假设：

H4-5：当程序公平感增加时，分配公平与感知价值之间的关系将增强。

情绪认知评价模型认为，结果评价对情绪的影响由结果分配的体验判断（即交互公平）来调节（Montada，1994）。据此，一个人的情绪反应开始于对一个结果的评价，当对这个结果的评价较高时，就会产生积极情绪；当结果不符合自己的预期，就会产生消极情绪。此外，对结果的评价同时也包括对体验感的评价，即在收到结果的过程中用户是如何被对待的（Moorman，1993）。公平的人际待遇可以展示出个人得到重视和尊重。Barclay 等（2005）研究表明，当交互公平较高时，积极的情感会随着结果公平的增加而增加。因此，当用户对交互公平的感知越高，用户就越觉得这个产品的服务是良好的，对待客户是真诚的，继而心理上的好感便会增强，对结果的公平性认可也会增强。据此，本书提出如下假设：

H4-6：当交互公平感增加时，分配公平与喜欢之间的关系将增强。

3. 感知价值与喜欢对隐私保护行为意愿的影响

越来越多的学者从不同领域实证检验了用户感知价值与使用意向、个人信息披露意愿之间的正向关系（Yang et al.，2020；Turel et al.，2007），即用户感知价值越高，则越愿意去使用某个产品并向该产品披露个人信息。而且用户对企业服务的感知价值也会正向影响用户对企业的忠诚度（赵占波等，2009）。这种忠诚度可能表现为用户愿意披露更多的真实信息，以获取优质的服务。因此，若向服务商披露真实的个人信息能给用户带来高水平的感知价值，用户则越愿意使用某个产品或服务，而且对该产品或服务的忠诚度也就越高，继而对拒绝提供个人信息和披露虚假信息两种隐私保护行为表现出较低的意愿。基于此，本书提出如下假设：

H4-7：感知价值负向影响拒绝提供个人信息。

H4-8：感知价值负向影响披露虚假个人信息。

情感在信息隐私中对消费者的隐私保护行为意愿发挥着重要的作用。Youn（2010）发现情感成分显著影响隐私保护行为（如对抗和回避）。而且客户在情感上对企业感到满意会正向影响客户对企业的信任水平和忠诚程度（赵占波等，2009），而信任对个人信息披露意愿产生正向影响（聂勇浩等，2013）。此外，研究表明愉悦感知是用户在电子商务环境中公开个人信息的重要动机（Rosen and Sherman，2006），用户的心理舒适感显著负向影响披露虚假信息的意愿（刘百灵和夏惠敏，

2020)。因此，当用户在情感上展现出积极的感觉，比如喜欢某个产品或服务时，其采取隐私保护行为的意愿便会降低。基于此，本书提出如下假设：

H4-9：喜欢负向影响拒绝提供个人信息。

H4-10：喜欢负向影响披露虚假个人信息。

4. 控制变量

本章的控制变量主要包括人口统计信息和最近一个月使用移动商务应用进行网上交易的次数。具体来说，人口统计信息，例如性别、年龄和学历可能会影响用户采取隐私保护行为的意愿，因此作为控制变量。移动商务应用使用频次也可能会影响用户的决策（刘百灵等，2020），因此用户最近一个月使用移动商务应用进行网上交易的次数可能会对隐私保护行为意愿产生潜在影响。

二　模型构建

以刺激—机体—响应理论（S-O-R）模型为框架，基于公平理论，从认知与情感两个维度，构建了移动商务用户隐私保护行为意愿的影响机理模型（见图4-1）。

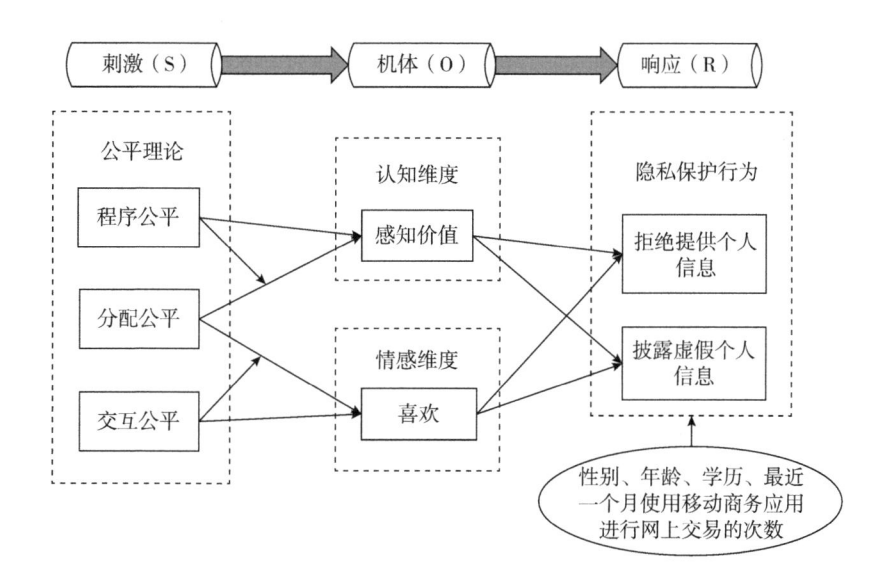

图4-1　移动商务用户隐私保护行为意愿的影响机理模型

第三节　研究方法

一　情景设计

情景描述法不但能够较为有效地测量出每个因子的不同方面，而且能增强用户决策的真实感（Wu and Wang，2005）。因此，本书采用情景描述法收集数据。

本书模拟的是用户使用移动商务应用的情景。针对测量模型中的程序公平、分配公平、交互公平三个潜变量，设计出2（程序公平高/低）×2（分配公平高/低）×2（交互公平高/低）8种不同的模拟情景。"程序公平"高水平测量表现为：服务商获取信息时要获得用户的同意，并展示个人信息是如何被收集和使用的，而且个人可以随时更新修改个人信息，低水平测量表现为：服务商仅会告知用户要收集哪些信息；"分配公平"高水平测量表现为：用户可以通过自己对个人信息的选择性添加而获取相应更高水平的服务，低水平测量表现为：用户仅能获得基本服务；"交互公平"高水平测量表现为：有很多保障不会泄露个人信息的措施，并且有相应的投诉部门可以进行沟通，对用户的意见反馈很重视，能够及时有效地解决用户遇到的问题，低水平测量表现为：服务商会提供隐私政策来保障用户隐私。

例如，程序公平高水平、分配公平高水平、交互公平高水平的情景设计具体如下：

某应用商城出现了一款新的购物App。您在使用该App进行购物的过程中，会有不同的心理体验。请您基于以下使用体验填写问卷。

（1）开始使用该App时，需要您填写必要的个人注册信息，如：用户名、密码等；在随后的使用过程中，您可以为了获得更多、更优质的服务（例如根据您的个人特征和喜好推荐相关的商品以缩短您的购物挑选时间，添加地理位置可以获取周边商城的商品打折信息和领取优惠券等），选择性地填写相关信息（见图4-2）。

图 4-2　选择添加信息页面

（2）该 App 在收集您的敏感信息时需要征求您的同意，并清晰地展示您的个人信息是如何被收集和使用（见图 4-3）。该 App 采取短信通知、允许您更新个人信息等措施防止他人通过一些非法途径来获得您的个人信息（见图 4-4）。

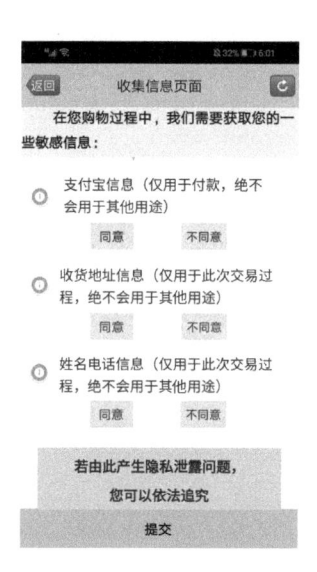

图 4-3　收集信息页面

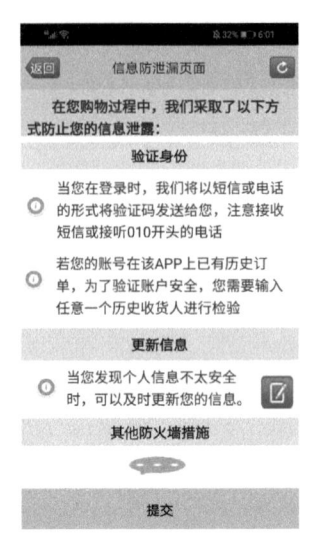

图 4-4　信息防泄漏页面

（3）使用该 App 的过程中，保证绝对不会滥用您的信息，提供了投诉部门的监督电话，并且保障这些信息是不会泄露给第三方的。该 App 提供了沟通的渠道，如意见反馈、在线客服、电话客服等；它鼓励用户沟通并且重视用户提出的反馈意见；它会积极主动地回答您提出的问题并且会及时解决您的问题（见图 4-5）。

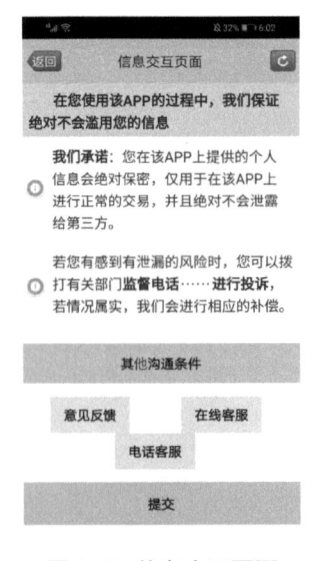

图 4-5　信息交互页面

模拟情景设计完成后,我们邀请 12 名受试者体验该情景,并通过面对面的访谈收集受试者的反馈信息。最终结果表明,受试者能够较好地体验并顺利完成整个模拟情景。

二 问卷设计

本书中,量表设计均来源于国内外已有研究的成熟量表,内容效度质量较高。其中,程序公平、分配公平和交互公平量表来源于 Zhou (2013) 的研究,感知价值量表来源于侯芳等 (2013) 的研究,喜欢量表来源于 Li 等 (2017) 的研究,拒绝提供个人信息、披露虚假个人信息量表来源于 Son 等 (2008) 的研究。根据本书的目的和应用情景,我们针对问卷内容结构的逻辑性和层次性进行了合理的规划,并确保表达和语义简单清晰,整体效果真实易懂。在前测过程中,我们随机邀请了 80 名高校大学生受试者体验情景并填写问卷,根据受试者的实际体验情况对问卷内容进行了修改和完善,整理出最终问卷。

问卷由三部分组成:第一部分是个人基本信息,包括性别、年龄、学历、最近一个月使用移动商务应用进行网上交易的次数;第二部分是情景体验,每位受试者被随机分配到 2 个或 4 个不同的模拟交易情景;第三部分是基于情景体验的问题测度项,内容涉及 7 个潜变量共 25 个题项,评分标准采用李克特 7 级量表,从 1 (非常不同意) 到 7 (非常同意) 测量。受试者根据自己的情景体验效果来进行评分 (详见表 4-1)。

表 4-1　　各潜在变量的测度项及文献来源

潜在变量	测度项	测度项内容	文献来源
程序公平	PJ1	该 App 清楚地说明了我的个人信息是如何被收集和使用的	Zhou,2013
	PJ2	该 App 在收集我的个人敏感信息时获得了我的同意	
	PJ3	该 App 允许我更新个人信息	
	PJ4	该 App 采取了措施防止他人通过非法授权的途径来获取我的个人信息	

续表

潜在变量	测度项	测度项内容	文献来源
分配公平	DJ1	在该 App 上添加我的个人信息比不提供信息能够获得更高水平的服务	Zhou，2013
	DJ2	该 App 拥有我个人信息比没有时能够展示更高的价值	
	DJ3	我向该 App 提供的个人信息，与我得到的服务相称	
	DJ4	虽然向该 App 发布我的个人信息时存在潜在的风险，但是我也会获得相应的更多好处	
交互公平	IJ1	该 App 告知收集和使用我个人信息的真相	Zhou，2013
	IJ2	该 App 在收集和使用客户的个人信息方面，对我是诚实的	
	IJ3	该 App 履行其收集和使用我个人信息的承诺	
	IJ4	该 App 在收集和使用我的个人信息方面是值得信赖的	
感知价值	PV1	我想体验该 App 带来的变化	侯芳等，2013
	PV2	我对该 App 充满好奇	
	PV3	该 App 提供的隐私保护功能更好	
	PV4	该 App 带给我提供信息更安心的感受	

我体验了该 App 提供的以上三个功能后，我对该 App 的第一印象是：

喜欢	LK1	喜爱	Li et al.，2017
	LK2	喜欢	
	LK3	具有吸引力	
拒绝提供个人信息	RF1	我很可能拒绝向该 App 提供信息	Son et al.，2008
	RF2	我也许会拒绝向该 App 提供信息	
	RF3	我大概会拒绝向该 App 提供信息	
披露虚假个人信息	MR1	当该 App 要求我提供个人信息时，我很可能披露虚假信息	Son et al.，2008
	MR2	当该 App 要求我提供个人信息时，我也许会披露虚假信息	
	MR3	当该 App 要求我提供个人信息时，我大概会披露虚假信息	

在设计问卷过程中,为防止共同方法偏差,本书采取了一些事前预防措施(Sharma and Crossler,2014)。一方面针对问卷各测度项的顺序进行合理的结构规划,避免出现变量顺序集中排列的情况;另一方面在语义和表述上尽量做到条理清晰、简明扼要,同时根据预测试中受试者提出的意见进行修改和完善。此外,接受问卷调查的受试者均是匿名填写,从而减少了受试者对研究目的的猜测和担忧,确保问卷的质量。

三 数据收集

本书采用线下调研的方式,受试群体主要包括高校学生、教师和其他社会人士,对每名受试者随机分配2个或4个不同的情景。最终收集问卷共计300份,有效问卷数262份,有效回收率为87.3%。样本人口统计特征见表4-2。

表4-2　　样本人口统计特征

变量	类别	频数(人)	比例(%)
性别	男	52	47.7
	女	57	52.3
年龄	18—21岁	26	23.9
	22—25岁	60	55.0
	26—30岁	16	14.7
	30岁以上	7	6.4
受教育水平	大专及以下	4	3.6
	本科	56	51.4
	硕士	44	40.4
	博士及以上	5	4.6
最近一个月使用移动商务应用进行网上交易的次数	1—2次	15	13.8
	3—10次	32	29.3
	大于10次	62	56.9

根据表4-2的数据,样本中男女比例比较均匀,受试者的年龄主要集中在18—30岁,据CNNIC《第45次中国互联网络发展状况统计报

告》显示，截至2020年3月，中国网民处于20—29岁年龄的占比最高，因此样本结构与现实情况是基本吻合的。从受教育水平来看，本科和硕士所占比重最大，表明受试者大部分都具有较高文化水平。从交易频率来看，有86.2%的受试者表示在最近一个月网上交易次数在3次以上，这表明大多数的受试者对移动商务应用具有成熟的使用经验，问卷调查质量得到保证。

第四节 数据分析结果

本书采用验证性因子分析（CFA）的方法对测量模型进行信度和效度的检验，并采用PLS—SEM（Partial Least Squares—Structural Equation Modeling）方法检验结构模型。分析软件采用SmartPLS 3.2.7。

一 信度与效度检验

如表4-3所示，所有因子的克朗巴哈系数（Cronbach's α）均大于0.7，表明本研究的量表具有较高的信度。然后采用SmartPLS 3.2.7对模型进行验证性因子分析，结果分别见表4-3和表4-4。各因子的复合信度（Composite Reliability，CR）均大于0.7，说明问卷的各测度项具有可靠的内部一致性。所有测度项的标准负载均大于0.7，且各因子的平均抽取方差（Average Variance Extracted，AVE）值均大于0.5，表明问卷的各测度项都具有较好的收敛效度。模型中各因子AVE值的平方根均大于其与其他因子的相关系数，说明各因子之间具有较好的辨别效度。

表4-3 测度项标准负载及AVE值、CR值、Cronbach's α系数

因子	测度项	标准载荷	Cronbach's α	CR	AVE
程序公平（PJ）	PJ1	0.903	0.914	0.939	0.794
	PJ2	0.889			
	PJ3	0.860			
	PJ4	0.911			

续表

因子	测度项	标准载荷	Cronbach's α	CR	AVE
分配公平（DJ）	DJ1	0.915	0.919	0.943	0.805
	DJ2	0.909			
	DJ3	0.882			
	DJ4	0.884			
交互公平（IJ）	IJ1	0.858	0.895	0.927	0.760
	IJ2	0.883			
	IJ3	0.886			
	IJ4	0.858			
感知价值（PV）	PV1	0.871	0.913	0.938	0.792
	PV2	0.875			
	PV3	0.898			
	PV4	0.916			
喜欢（LK）	LK1	0.943	0.921	0.950	0.864
	LK2	0.941			
	LK3	0.903			
拒绝提供个人信息（RF）	RF1	0.945	0.928	0.954	0.874
	RF2	0.940			
	RF3	0.919			
披露虚假信息（MR）	MR1	0.938	0.937	0.960	0.888
	MR2	0.954			
	MR3	0.934			

表 4-4　　各因子 AVE 值的平方根与相关系数

	IJ	DJ	LK	PV	RF	PJ	MR
IJ	0.872						
DJ	0.668	0.897					
LK	0.712	0.624	0.929				
PV	0.740	0.670	0.904	0.890			
RF	−0.655	−0.517	−0.699	−0.727	0.935		
PJ	0.731	0.557	0.547	0.594	−0.528	0.891	
MR	−0.585	−0.399	−0.637	−0.655	0.837	−0.444	0.942

二 假设检验

鉴于偏最小二乘法（PLS）不仅适合应用小样本分析复杂模型，而且还能保证模型的预测能力（Ringle et al.，2012），采用 SmartPLS 3.2.7 对研究模型进行假设检验，结果见图 4-6。本章提出的 10 条假设中，除了 H4-4 未得到验证，其余的假设都得到了支持。

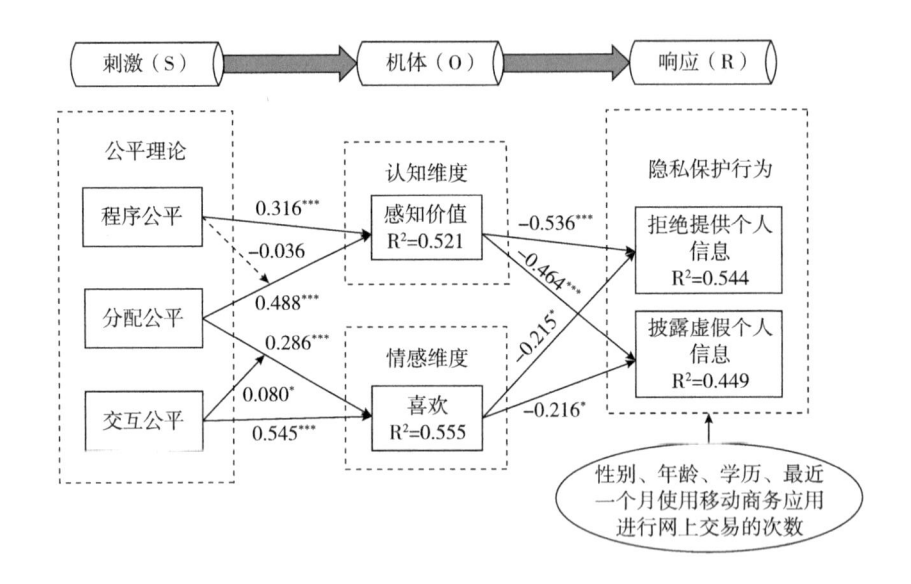

图 4-6　研究模型假设检验结果

注：＊＊＊表示 p<0.001，＊＊表示 p<0.01，＊表示 p<0.05，虚线表示不显著。

第五节　研究结论与启示

一 研究结果与讨论

本书基于公平理论，以刺激—机体—响应理论（S-O-R）模型为框架，从认知与情感双重维度，构建了移动商务用户隐私保护行为意愿的影响机理模型，并对该模型进行了验证，得到以下重要结论：

（1）用户对移动商务应用感知的价值和喜欢对降低其披露虚假个人信息的意愿具有显著的作用，其路径系数分别为-0.464 和-0.216，且两者对披露虚假个人信息的解释力度达到44.9%，表明感知价值和喜欢都是降低移动商务用户披露虚假个人信息的关键因素，并且感知价值的作用大于喜欢。这意味着在移动商务环境中，适当提升用户的感知价值能够显著降低用户披露虚假个人信息的意愿。反之，如果用户很喜欢某个移动商务应用的设计，但是却认为其没有实用价值的时候，很可能为了防止信息泄露而披露虚假个人信息。当然，情感维度的喜欢也是影响用户披露虚假个人信息的重要因素。目前移动商务应用的种类繁多，其内部竞争也日趋白热化，这时用户会倾向于选择既能够满足购物服务体验和需求，又能够在使用过程中带来喜欢感知的App，这种喜欢会使用户从心理上产生一种内部激励，刺激其披露更多真实的个人信息，减少披露虚假个人信息的意愿。

（2）感知价值和喜欢对移动商务用户拒绝提供个人信息的意愿产生显著的负向影响，其路径系数分别为-0.536和-0.215，且两者对拒绝提供个人信息的解释力达到54.4%，表明感知价值和喜欢对拒绝提供个人信息意愿同样发挥着重要的作用，这和Li等（2017）此前的研究结果一致。类似于上述提到的感知价值和喜欢对提供虚假个人信息产生影响的解释，当用户越喜欢某App的产品服务，且感知到的价值越大时，其更愿意披露个人信息。而且从路径系数可以看出，感知价值的作用更为明显。这说明，如果用户仅喜欢某App的设计，但是却认为其没有实用价值的时候，很可能会拒绝披露个人信息。

（3）公平理论的三个维度作为前置因素，对认知层面的感知价值和情感层面的喜欢都产生显著的正向影响，其中分配公平对感知价值的影响最大，其路径系数达到0.488，交互公平对喜欢的影响最大，其路径系数为0.545。而且程序公平和分配公平对感知价值的解释力达到52.1%，分配公平和交互公平对喜欢的解释力达到55.5%，这表明公平理论的三个维度对用户隐私保护行为意愿的心理状态即认知和情感方面均产生非常显著的影响，进一步验证了Choi等（2016）的重要发现，即公平感知对事后结果的影响通过心理反应（认知和情感两面）来介导。因此，当用户在使用App的过程中感知到整个服务过程是公平的，不管是认知方面还是情感方面，都会增加对该App的认同感，更愿意向该App披露隐私信息。

（4）交互作用中，交互公平和分配公平对喜欢存在显著的正向交互作用，即当用户与移动商务应用的交互过程中感知的公平度越高时，用户越会认为结果是公平的，继而加深对该 App 的好感，最终产生更多的喜欢情感。此研究结果与之前 Barclay 等（2005）研究结果类似，即交互公平较高时，分配公平与情感之间的关系更为明显。然而，程序公平和分配公平对感知价值的交互作用不显著，原因可能是移动商务环境中，程序公平主要体现在使用服务之前，例如勾选同意/不同意隐私政策，而分配公平更多地体现在使用服务的过程中，因此两者对用户的感知价值所发挥的作用是相互独立的。该研究结论指出，移动服务商不但要在用户使用服务之前提供程序公平，还需要关注用户使用服务过程中的程序公平感知。

二 理论贡献

本书的理论贡献主要体现在：信息隐私研究领域，首次以刺激—机体—响应（S-O-R）模型为框架，从认知与情感两个维度，探究程序公平、分配公平、交互公平及其交互作用对移动商务用户披露虚假个人信息的影响机理。在以往的研究中，学者主要聚焦于个人信息披露意愿的影响因素，而将披露虚假个人信息作为因变量的研究则寥寥无几，更缺乏从认知与情感双重维度探究其影响机理。本书发现：

（1）认知维度的感知价值与情感维度的喜欢对披露虚假个人信息意愿的解释力度较大，接近 50%，表明从认知与情感双重维度探究披露虚假个人信息的思路是正确的。

（2）程序公平、分配公平、交互公平及其交互作用对中介变量感知价值与喜欢的解释力度均超过 50%，表明用户的公平感知对其认知与情感的重要作用，不仅肯定了公平感知对用户隐私保护行为的重要作用，还进一步扩展了 Son 与 Kim（2008）的理论研究，揭示了公平感知对隐私保护行为的影响机理。

（3）分配公平对感知价值的影响最大，交互公平对喜欢的影响最大，表明公平感知的三个维度对用户认知和情感维度的作用不是完全等价的，分配公平对用户认知维度起着关键作用，交互公平对用户情感维度起着主要作用。因此，本书不但丰富了隐私保护行为的理论研究，也为后续其他学者研究披露虚假个人信息行为提供理论参考。

三　管理启示

本书提出以提升用户感知价值为主，培养喜欢情感为辅，共同鼓励用户披露真实信息的理念，为移动商务企业获取用户更多真实的个人信息提供了理论指导与管理洞察。

（1）移动服务商应注重用户的隐私保护诉求，增强用户在服务使用过程及结果上的公平性感知，进而提升用户的感知价值。研究结果表明，程序公平和分配公平显著影响感知价值，且分配公平的影响较大，而感知价值负向影响用户做出拒绝提供个人信息和披露虚假信息的隐私保护决策。因此企业可以通过实施和遵守程序公平和保证分配公平来提高感知价值，降低用户隐私保护行为意愿。例如，当用户使用服务时，企业应将收集的个人信息和使用目的及时告知用户，并阐述清楚隐私信息服务范畴，在征得用户同意的前提下诚实规范地收集和使用用户信息，并且保证用户能够进行有效的隐私管理，满足用户对程序公平的服务需求。特别是向提供真实个人信息的用户适时给予一定的物质或精神奖励，比如提供优惠券、礼品或折扣等，并确保用户充分意识到这些好处（即分配公平），以此提升用户对服务的感知价值。

（2）产品设计者应从用户的情感需求角度出发对移动商务应用界面进行设计和制作，并注重与用户进行公平互动，以此彰显该产品服务和信息服务能够满足用户的潜在需求进而产生情感上的共鸣。研究结果表明，企业应特别注重交互公平对用户情感上产生的积极影响，真诚地对待用户的信息隐私。随着体验经济的不断渗入，用户在注重 App 的实用性同时，还希望获取情感上的喜欢，以此来获得更好的购物体验。因此，可以在视觉上增加界面设计的冲击感、信息服务的呈现感、交互式的用户体验感等，促使用户愿意继续使用该 App 并提供自己真实的个人信息。此外，若产品或服务出现问题，应保证有相应的投诉部门和客服等有效沟通途径，重视用户的沟通诉求和反馈意见，对用户提出的问题应及时给予满意的答复等，真正提高用户的交互公平感知，最终实现企业与用户在信息服务方面的互惠共赢。

（3）移动服务商应注重改善整个隐私保护机制，切实筑牢用户隐私安全屏障。移动服务商作为用户隐私信息保护的主要责任人，为促进自身的健康发展必须提高对用户的隐私信息保护能力。给予用户一定的信息知情权与控制权，保证信息"供所必需"，不额外获取超出业务范围之外的信息。增加隐私风险识别或推送安全警醒等功能标志，使用户可以定期检测和知晓隐私信息的安全性，诱导公平感知及认知上的感知价值和情感上的喜欢，达到优化个人信息的使用、防止隐私侵犯行为发生的目的。

四　存在的不足

（1）模型主要研究认知上的感知价值和情感上的喜欢对隐私保护行为意愿的影响，实际上在认知和情感维度上还有其他的影响因素，在未来可以做进一步研究。

（2）通过问卷进行调研，了解的是用户的意愿，但用户的真实行为不易了解，在今后的研究中可以考虑结合用户实际使用 App 的情况，使研究结果能够更真实地反映实际问题。

第五章 隐私反馈技术特征对用户隐私保护行为影响研究*

第四章从公平感知的视角，探究了移动商务用户隐私保护行为的影响机理，让我们从抽象层面理解公平感知对用户隐私保护行为的影响。本章将从具体技术层面，进一步探究体现公平感知的具体隐私保护技术——隐私反馈应具备的技术特征以及这些技术特征对用户隐私保护行为的影响，为后续隐私保护技术设计提供理论基础。

第一节 问题引入

Datasift 的 CEO Tim Barker 曾提到，那些积极主动地尊重和保护消费者数据的公司将成为赢家（Nunns，2015）。因此，如何采取有效的隐私保护措施，以刺激用户披露更多的真实个人信息，是移动服务商需要考虑的严肃问题。研究发现，若给用户提供隐私反馈，即移动服务商主动告知用户，他们在何时收集了其何种个人信息、谁能够访问其个人信息等，不仅能够缓解其隐私担忧，还能提高移动服务商处理其个人信息的透明度，避免个人信息被滥用，从而保护用户个人信息（Tsai et al.，2009）。已有学者对隐私反馈这一隐私保护技术展开了相关研究。然而，大多数研究都将隐私反馈作为一个整体，研究其对用户行为的影响（Tsai et al.，2009；Hsieh et al.，2007；Patil et al.，2014；Patil et al.，2015；Liu，2014），较少探究移动商务环境下隐私反馈应

---

* 本章主要内容发表于《科研管理》2020 年第 11 期。

当具备的技术特征。研究指出，内容与形式是有效的信息反馈应具备的必要元素（Nottingham and Henning，2014）。毋庸置疑，隐私反馈的主要功能是向用户反馈其个人信息的收集、使用、分发等情况，因此隐私反馈的内容是隐私反馈的关键因素之一，还有一些研究认为，隐私反馈的呈现形式也发挥着不可小觑的作用（Hsieh et al.，2007）。

信号传递理论指出，买家和卖家在进行资源交换时通常会产生信息不对称现象，为解决这种信息不平衡以促进资源交换，卖家会传递一些形式化特征如价格、品牌等，买家根据这些信号辨别商品质量（Hess and Basoglu，2014）。在电子商务环境中，信号是指能够向买方传递卖方相关信息的一些网站特征，信号传递理论的核心问题是对各种信号及其使用情况的分析（Mavlanova et al.，2012）。本章探讨隐私反馈的技术特征时，隐私反馈的内容与形式分别代表了信号传递理论中所体现的信息内容与形式化特征，因此，本章基于信号传递理论，从内容与形式双重视角，探究隐私反馈应具备的技术特征及其对移动商务用户隐私保护行为的影响机理，并探索隐私反馈的内容与形式间潜在的交互作用。这不仅从理论上丰富了移动商务环境下隐私保护技术与行为研究，而且有助于移动服务商与移动应用开发商设计有效的隐私保护技术——隐私反馈，从而为推动移动商务健康有序发展提供有意义的指导与借鉴。

第二节 研究假设和模型构建

一 研究假设

鉴于针对隐私反馈技术特征的研究相对较少，本书在探索隐私反馈应当具备的技术特征时，结合信号传递理论，借鉴信息反馈及其他隐私保护技术如隐私政策的相关研究。

已有学者指出，内容与形式是有效的信息反馈应该包括的主要组成元素（Nottingham and Henning，2014）。Goel 和 Chengalur - Smith（2010）的研究表明，安全政策的内容与形式是判断其有效性的两个重要因素。隐私政策的信息内容的明确性、具体性、有用性等与其形式化特征如长度、可视性等均对用户态度产生一定影响，且信息内容和形式化特征存在潜在的交互作用（Capistrano and Chen，2015），这与信号传递理论的观点类似。因此，本书从隐私反馈的内容与形式双重视角，探究技术特征对移动商务用户态度"隐私担忧"的影响及两者间潜在的交互影响。

1. 技术特征与隐私担忧的关系

内容作为设计隐私反馈的关键因素，有必要考虑其质量，故本书用"信息质量"衡量隐私反馈的内容，并将其定义为隐私反馈能够为用户提供足够的、有用的、满足用户需要的高质量信息的程度（Liu，2014）。将隐私担忧定义为：用户向内嵌该隐私反馈的移动商务应用披露个人信息时，对个人信息收集和使用的担忧。

高质量的股市行情和专业股评分析可以降低投资者在移动证券服务环境下所感受到的不确定性和风险，进而增进用户对移动证券服务商的信任（林家宝等，2010）。Kim 等（2008）的研究也得出类似结论：高质量信息能够显著提高用户的信任，而当用户对电子商务企业的信任较高时，其对个人隐私及财务信息的担忧会有所降低。用户进行在线交易时，若企业能够提供保证交易顺利完成的相关性高、合适的有用信息，将会显著降低用户对其个人信息的担忧（Li et al.，2011）。同样的，若隐私反馈信息质量较高，能够为用户提供足够的、满足用户需要的有用信息时，可能会降低个人信息被收集、使用的不确定性，进而其潜在隐私损失的担忧会得到缓解。据此，提出如下假设：

H5-1：隐私反馈的信息质量与用户隐私担忧负相关。

Kaupins 和 Johnson（2014）比较美国十大商业新闻网站隐私政策的内容与可读性后发现：内容与可读性是影响隐私政策有效性的重要因素，而缩短隐私政策句子的长度则有助于提高其可读性（林家宝等，2010）。Ermakova 等基于五大互联网服务企业的隐私政策，实证研究了隐私政策可读性与用户信任之间的关系，并指出，可读性可以从句子长度和单词难易上考虑（Ermakova et al.，2014）。研究指出，设计信息隐私政策时需要考虑三个元素：长度、可视性、明确性（Capistrano and Chen，2015）。Goel 和 Chengalur-Smith（2010）从安全政策的角度指出了评价其有效性的三维度指标：广度、清晰度、简洁性。借鉴前人对隐私政策特征的相关研究，结合隐私反馈的自身特点，本书以"简洁性"

和"可视性"研究隐私反馈的形式。

本书将"简洁性"定义为隐私反馈简洁、精练地呈现了隐私反馈信息（Gregory et al.，2013）。企业张贴的安全政策越简洁，用户感知到的有效性就会越高，对个人信息隐私的担忧就会相对减弱（Gregory et al.，2013）。隐私政策的简洁性能够积极影响用户的感知相关性，从而刺激用户阅读、形成对企业的积极态度，缓解其隐私担忧。类似的，隐私反馈信息越简洁，用户可能更愿意阅读，那么对个人信息的使用情况更了解，隐私担忧程度则越低。据此，提出如下假设：

H5-2：隐私反馈的简洁性与用户隐私担忧负相关。

本书将"可视性"定义为隐私反馈在一个显眼的位置呈现了反馈信息，用户能够很明显地注意到（Chuah et al.，2016）。目前市面上可视性较高的信息反馈一般采取弹框提示等措施，但这却并不被用户认为是最有用的反馈方式（Wang et al.，2017），用户经常会认为其打扰到自己正在进行的活动，因而并不乐意接受弹框式消息（Chang et al.，2015）。移动商务环境下，用户参与的活动大多涉及交易信息，用户的操作较为谨慎，当隐私反馈以可视性较高的弹框式消息呈现给用户时，不仅会对其当前活动造成打扰、中断，还会让其觉得在不断得到警告，因而感到不舒服。据此，提出如下假设：

H5-3：隐私反馈的可视性与用户隐私担忧正相关。

2. 隐私反馈内容与形式的交互作用

基于信号传递理论看待隐私反馈，用户会根据隐私反馈的服务效果判断移动服务商是否尊重其个人隐私，形成对移动服务商的消极/积极态度。当隐私反馈的内容无法让用户获取满足其需要的信息时，隐私反馈的形式则会被用户认为是象征移动服务商是否尊重其隐私的信号，用户据此判断企业是否会如实处理其个人信息，继而对移动服务商产生不同的态度。而当隐私反馈的内容能满足用户需求时，其形式对用户态度的影响就会减弱（Liao et al.，2011），也即隐私反馈内容与形式对用户态度的影响存在交互作用。本书用"信息质量"衡量隐私反馈的内容，用"简洁性"和"可视性"衡量隐私反馈的形式，并将"隐私担忧"作为用户消极态度，据此，提出如下假设：

H5-4：当隐私反馈信息质量较高时，简洁性对用户隐私担忧的影响将会有所减弱。

H5-5：当隐私反馈信息质量较高时，可视性对用户隐私担忧的影响将会有所减弱。

3. 隐私担忧、心理舒适感与隐私保护行为的关系

隐私担忧对用户的个人信息披露意愿有显著影响（Wang et al., 2016；Li et al., 2011）。由于各种因素如文化、过去的经验和个体特征的影响，用户通常表现出不同程度的隐私担忧，隐私担忧程度较高的用户更为担心企业可能会滥用其个人信息而导致较大的隐私损失（Son and Kim, 2008）。为了减少这种隐私损失，对于企业的个人信息请求，用户可能会提供虚假的个人信息（Son and Kim, 2008）。在即时的在线社交互动过程中，为了满足他人的信息需求，保持与他人的互动，用户不得不披露一些个人信息，但同时又担心这些信息会被企业滥用，鉴于此，其一般会披露一些虚假的个人信息，既能保证互动的顺利进行，又能够适当地保护其个人信息（Jiang et al., 2013）。事实上，用户较高的隐私担忧表明其对企业处理个人信息的方式缺乏信心，这不可避免地致使其不愿意向企业披露个人真实信息，因为披露个人真实信息的潜在风险可能是非常巨大的（Jiang et al., 2013）。也即，用户的隐私担忧高，会更倾向于披露虚假的个人信息，而不愿意披露真实的个人信息。因此，提出如下假设：

H5-6：用户隐私担忧与披露虚假信息意愿正相关。

H5-7：用户隐私担忧与披露真实信息意愿负相关。

舒适是个体的一种积极情感，意为不焦虑、感到放心（Spake et al., 2003），不仅如此，心理舒适感也代表了一种心理状态，即个体在当前环境中感到安心、平静、无忧无虑的状态（Ainsworth and Foster, 2017），个体对舒适的渴望已在众多学科中得到了解决，如心理学、社会学等（Spake et al., 2003）。寻求舒适是个体的一种基本行为，个体的行为决策一般都取决于该行为结果能否增加其心理舒适感，因此，心理舒适感通常被用于解释个体的决策行为（Spake et al., 2003）。Chellappa 和 Sin（2005）的研究表明，消费者的舒适性在其与移动服务商的关系中有至关重要的作用，它能够显著提高其对服务商的忠诚度，舒适度是用户感知服务商具有吸引力的最重要因素之一（Ainsworth and

Foster，2017）。研究进一步发现，心理舒适感在用户隐私担忧与行为决策之间起着非常关键的作用（Sutanto et al.，2013）。据此，本书引入"心理舒适感"这个概念，进一步挖掘其在用户隐私担忧与隐私保护行为间的中介影响作用。

结合文献 Spake 等（2003）和 Sutanto 等（2013）对"心理舒适感"的理解，本书将其定义为：用户在使用内嵌该隐私反馈的移动商务应用时，在心理上感受到的安心、踏实和舒适感。已有研究证实：用户隐私担忧与其心理舒适感显著负相关（Chellappa et al.，2005；Sutanto et al.，2013）。例如，Chellappa 和 Sin（2005）实证研究在线消费者个性化服务—隐私困境时指出，用户在使用个性化服务时，对匿名信息、个人不可识别信息、个人可识别信息的担忧会显著降低其心理舒适感。Sutanto 等（2013）也发现，在智能手机广告应用中提供个性化隐私安全特征能够在一定程度上有效缓解用户隐私担忧，进而提高其使用该应用时的心理舒适感。可见，用户使用内嵌该隐私反馈的移动商务应用时，对个人信息被收集和使用的担忧越高，其心理舒适感越低。因此，提出如下假设：

H5-8：用户隐私担忧与心理舒适感负相关。

研究表明，用户使用某个移动应用时的心理舒适感越高，向该移动应用服务商提供个人信息的意愿就会越强烈（Sutanto et al.，2013）。一般而言，当人们感到舒适时，通常会透露更多关于他们自己的个人信息（Spake et al.，2003）。舒适性能够在与服务商的互动过程中得到体现，当用户与服务商互动时心里感到越安心、越踏实，表明其与服务商的互动沟通比较顺利（Spake et al.，2003）。根据亚当斯的公平理论，个体与服务商的互动过程越顺利，暗示其对交互公平的感知越强，因而会更愿意向服务商提供个人信息，研究进一步表明，公平感知会显著降低其向企业提供虚假个人信息的意愿（Son and Kim，2008）。此外，Spake 等（2003）的研究表明，舒适性的后果包括增加信息披露、提高信任、获得满意感，当用户在与服务商的互动过程中获得的满意感等社会奖励较多时，会更愿意披露真实个人信息，而不愿意披露虚假个人信息（Jiang et al.，2013）。因此，提出如下假设：

H5-9：用户心理舒适感与披露真实信息意愿正相关。

H5-10：用户心理舒适感与披露虚假信息意愿负相关。

二 模型构建

基于信号传递理论及相关文献分析，从隐私反馈的内容与形式双重视角，以心理舒适感为中介变量，构建隐私反馈内容与形式对移动商务用户隐私保护行为的影响机理的研究模型，如图5-1所示。

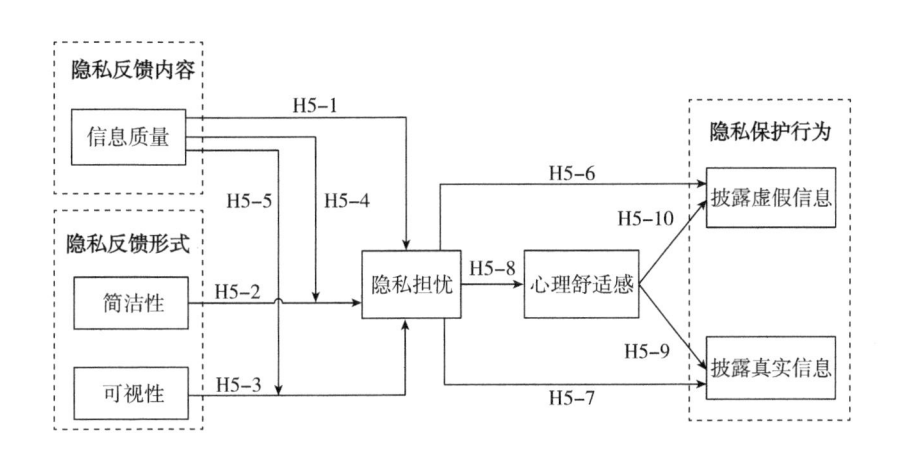

图5-1 隐私反馈内容与形式对移动商务用户隐私保护行为的影响机理模型

第三节 研究方法

一 实验设计

本书采用基于插图的实验方法（Experimental Vignette Methodology，EVM）收集数据，其主要目的是在受试者填问卷之前，用插图形式向其精心构建接近现实的实验情景，以评估相关研究变量（Nottingham and Henning，2014）。为使实验情景更加真实，准确测量受试者对隐私反馈的感知，本书模拟了受试者使用A公司一款即将上市的、内嵌了隐私反馈的移动商务应用的实验情景：受试者不仅可以进行基本的网购活动，还可以选择性地使用一些个性化服务，且在使用过程中，该App

会以特定形式向受试者提供隐私反馈。

实验中的插图呈现了自变量"信息质量""简洁性""可视性"之间"高"或"低"水平的不同组合,除这三种操作的自变量,插图中其他外在的因素保持不变。为有效测量受试者对三种操作变量的真实感知,本书设计了2(信息质量:高质量/低质量)×2(简洁性:较简洁/较冗长)×2(可视性:可视性高/可视性低)共8组情景实验,每位受试者均自愿被随机分配2组或4组情景实验。

"信息质量"高水平测量表现为:隐私反馈信息较全面,包括用户个人信息的使用目的、被访问情况、与第三方共享情况等,低水平测量表现为:隐私反馈信息仅包括用户个人信息的使用目的;"简洁性"高水平测量表现为:隐私反馈信息较为简短,用户可以根据需要选择信息类别展开,便于查看各隐私信息的具体使用情况,低水平测量表现为:隐私反馈信息较为冗长,用户需要拖动弹框右侧控制条进行阅读;"可视性"高水平测量表现为:通过自动弹框页面,用户可以一目了然地看到该隐私反馈提供的隐私反馈信息,低水平测量表现为:用户需要点击某界面中"隐私"提示按钮,才会显示隐私反馈信息。

例如"信息质量"高水平、"简洁性"低水平、"可视性"高水平的情景设计具体如下:

A公司即将推出一款App。不同于现有的App,该App内嵌了隐私反馈,该隐私反馈的主要功能是:向用户提供(隐私)反馈信息,即用户已经提供给移动服务商的个人信息的使用、共享、被访问情况。

您正打算使用该App,现请您设身处地仔细体验以下情景,并填写问卷。

(1)在使用前,您如平常一样:填写必要的个人注册信息,如:手机号、短信验证码等;

(2)随后,您需要提供保证订购、结算、配送等网络服务顺利进行的个人信息,如:收货人姓名、联系电话、收货地址等,同时,为保证购物过程的顺利进行,该App会收集您的其他信息,如身份证号、支付宝账号、银行账号等;

（3）此外，该 App 还试图为您提供多种个性化服务，如图 5-2，这些服务可能需要您选择性地填写一些除必要个人信息之外的其他个人信息，如性别、出生年月、学历、常住地、职业、个人健康信息等，见图 5-3、图 5-4。

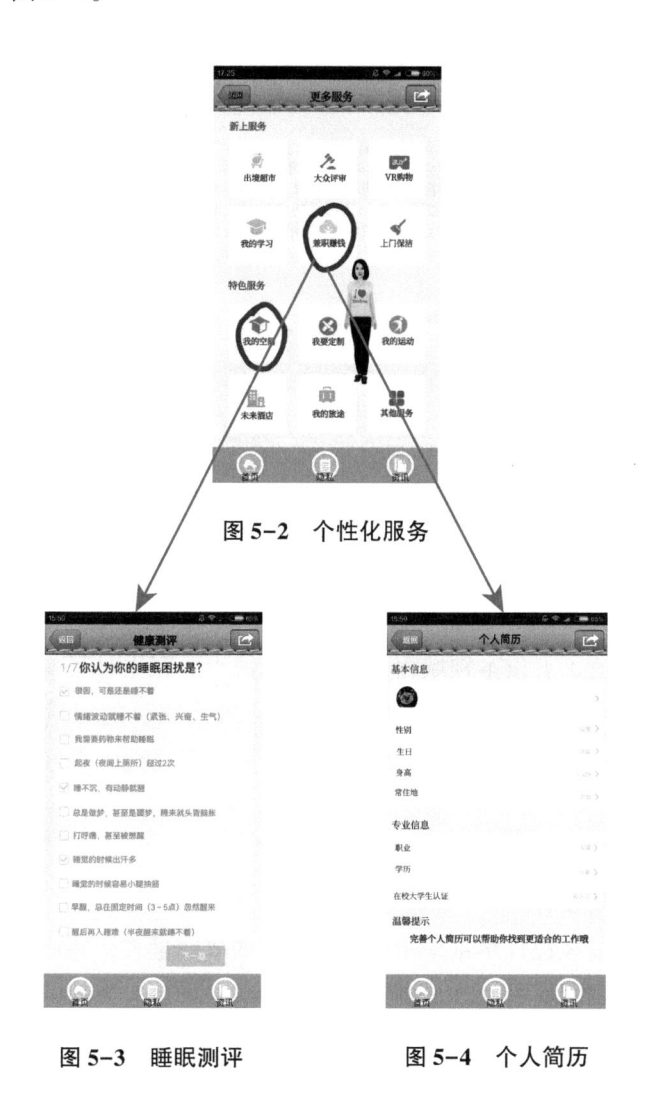

图 5-2　个性化服务

图 5-3　睡眠测评　　　　图 5-4　个人简历

（4）经过一段时间的使用后，该 App 提供的隐私反馈会以图 5-5 的形式给您提供反馈信息。

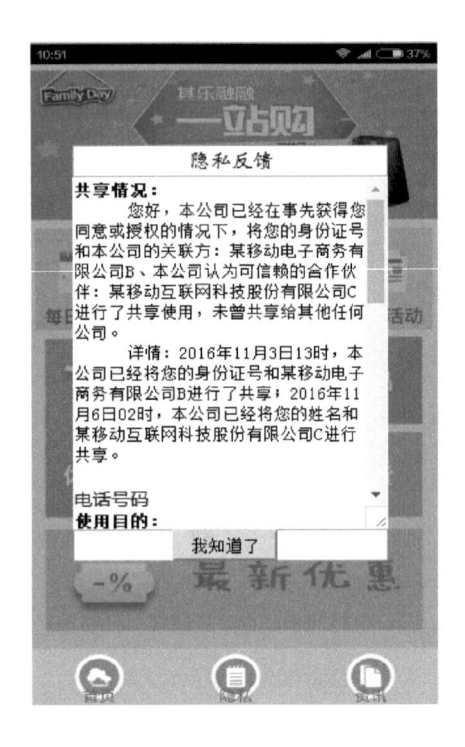

图 5-5　隐私反馈信息

本书邀请了五位本领域相关专家及硕博士研究生对实验情景进行评价，结果表明："信息质量""简洁性""可视性"的测量操作能够较好地反映用户对隐私反馈的偏好和需求，受试者也能够很好地融入实验情景当中。

二　问卷设计

本书的量表设计尽量采用国内外已有的成熟量表，并适当调整措辞以适用于本书，同时邀请本领域的 3 位学术专家对量表的内容及表达修改润色，且所有变量均采用 3 个及以上测度项，测度项均采用李克特 7 级量表进行测量，从 1（非常不同意）到 7（非常同意），受试者基于在实验情景的体验情况填写问卷，在 1 到 7 之间进行打分。详细测量指标见表 5-1。

表 5-1　　　　　　　　　研究变量测度指标及文献来源

变量名	测度项	测度内容	文献来源
简洁性 BRE	BRE1	该隐私反馈提供的反馈信息很冗长	Goel & Chengalur-Smith, 2010
	BRE2	该隐私反馈很简洁地提供了反馈信息	
	BRE3	该隐私反馈提供的反馈信息很累赘、啰唆	
	BRE4	该隐私反馈提供的反馈信息很精练、简明	
可视性 VIS	VIS1	该隐私反馈在 App 中一个显眼的位置提供了反馈信息	Zhao et al., 2012; Chuah et al., 2016
	VIS2	我可以很明显地注意到该隐私反馈提供的反馈信息	
	VIS3	我能够很容易发现该隐私反馈提供的反馈信息	
	VIS4	一般来说，如果该隐私反馈提供了反馈信息，我会注意到	
信息质量 IQ	IQ1	该隐私反馈为我提供的反馈信息能满足我的需要	Son & Kim, 2008; Parboteeah et al., 2009
	IQ2	该隐私反馈能提供我所需要的、足够的反馈信息	
	IQ3	该隐私反馈能为我提供有用的反馈信息	
	IQ4	总的来说，该隐私反馈提供的反馈信息是高质量的	
心理舒适感 PCOM	PCOM1	在使用内嵌该隐私反馈的 App 时，我感到心里踏实	Chellappa & Sin, 2005; Sutanto et al., 2013; Cho et al., 2009
	PCOM2	向内嵌该隐私反馈的 App 披露个人信息时，我感到安心	
	PCOM3	使用内嵌该隐私反馈的 App 给我一种对个人信息的控制感，这让我感到舒适	
	PCOM4	使用内嵌该隐私反馈的 App 进行网络活动，我感到安心	

续表

变量名	测度项	测度内容	文献来源
隐私担忧 PC	PC1	我担心我披露给内嵌该隐私反馈的 App 的信息可能会被滥用	Son & Kim, 2008
	PC2	我担心其他服务商能够在内嵌该隐私反馈的 App 上找到我的隐私信息	
	PC3	向内嵌该隐私反馈的 App 披露我个人信息时，其他服务商可能处理或使用这些信息，这让我感到担心	
	PC4	向内嵌该隐私反馈的 App 披露我个人信息时，这些信息很可能被某种我无法预知的方式使用，这让我感到担心	
披露真实信息 SD	SD1	我打算向内嵌该隐私反馈的 App 披露真实的个人信息	王洪伟等, 2012; Wheeless, 1976
	SD2	有了该隐私反馈, 我可能会向内嵌该隐私反馈的 App 充分地披露我个人信息	
	SD3	我愿意向内嵌该隐私反馈的 App 披露真实的个人信息	
	SD4	我愿意保证我向内嵌该隐私反馈的 App 披露的个人信息的真实性	
	SD5	我觉得向内嵌该隐私反馈的 App 披露真实的个人信息是可行的	
披露虚假信息 MIS	MIS1	将来，如果内嵌该隐私反馈的 App 请求收集我的个人信息，我打算披露虚假的个人信息	Son & Kim, 2008
	MIS2	将来，如果内嵌该隐私反馈的 App 请求收集我的个人信息，我可能披露虚假的个人信息	
	MIS3	将来，如果内嵌该隐私反馈的 App 请求收集我的个人信息，我会披露虚假的个人信息	

此外，在问卷中设置了操作检验选项，如："您进一步了解隐私反馈这一隐私保护技术了吗？是的，进一步了解/没有，还在努力了解"

等,以保证问卷的质量。正式问卷共包括三部分:第一部分为样本的基本人口统计特征,如性别、年龄、学历等,以及一些涉及问卷中理论概念的单选题;第二部分为模拟受试者使用内嵌隐私反馈 App 的插图实验情景;第三部分为研究变量,包含 28 个测度题项。

为进一步保证调研问卷的有效性,本书先后进行了 10 例深度访谈,访谈对象包括高校教师,硕博士研究生等,同时邀请了 80 名高校大学生展开了小规模前测,根据访谈及前测结果,再次对实验情景及问卷的内容、表述等进行了修正。

为尽可能减少共同方法偏差,本书采取了一些事前预防措施(Sharma and Crossler,2014):尽量避免问卷中语义模糊不清、模棱两可的情况,对"移动商务""隐私反馈"等技术术语给予清晰的定义和描述;量表中题项的顺序尽量打乱,避免受试者对研究内容及目的进行猜测;保证问卷填写的匿名性,避免涉及受试者的个人隐私信息;在发放问卷时,尽量对受试者进行空间上的隔离,避免受试者受到他人等人为因素的影响。

三 实验过程

本书的实验程序主要是:(1)实验开始前,主动告知受试者需要独立完成 2 组或 4 组实验,认真体验每个情景,仔细阅读实验内容;(2)实验开始时,受试者需要如实填写问卷第一部分,提供个人基本信息,回答相关问题;(3)由代入感较强的故事性文字将受试者代入实验情景,即告知受试者 A 公司即将上市一款内嵌隐私反馈的 App,通过体验该 App,给出反馈意见,以此评估该隐私反馈的服务效果;(4)情景体验结束后,受试者需要根据在各实验情景的实际体验情况,填写问卷第三部分,即操作检验选项及各测度题项;(5)实验完成后,对受试者给予一定的物质经济奖励。

四 数据收集

本书采用在线问卷方式收集数据。为确保调研样本的普适性,采用滚雪球的方式,通过发送实验链接和邀请文字,每位受试者随机分配 2 组或 4 组情景实验。研究共回收问卷 482 份,剔除问卷填写不完整、答案都相同、反转项不合理等无效问卷，有效问卷381份，有效回收率79.0%。调研样本包括在校大学生、企业员工、教师、公务员等，地理范围涉及湖北、上海、北京、江苏、广东等省份。

样本人口特征统计见表5-2。样本男女比例比较均匀，94.6%的受试者年龄处于18—30岁，与现实情况基本吻合（Goel and Chengalur-Smith，2010）；91%的受试者使用移动商务应用的时间在一年及以上，且95.8%的人最近一个月均使用过移动商务应用进行网上交易，说明大多数的样本群体具有较丰富的移动商务应用使用经验，有助于受试者更好地理解问卷内容，以保证问卷填写的质量。

表5-2　　　　　　　　　　样本人口统计特征

变量	类别	频数（人）	比例（%）	变量	类别	频数（人）	比例（%）
性别	男	70	41.92	使用移动商务应用的时长	<1年	15	9.00
	女	97	58.18		1—2年	19	11.37
年龄	<18岁	6	3.59		2—3年	43	25.75
	18—21岁	65	38.91		3—4年	39	23.35
	22—25岁	81	48.50		>4年	51	30.53
	>25岁	15	9.00	最近一个月使用移动商务应用进行网上交易的次数	从未	7	4.20
学历	高中及以下	4	2.40		1—3次	40	23.95
	大专	11	6.59		4—6次	44	26.35
	本科	97	58.08		7—10次	30	17.96
	硕士及以上	55	32.93		>10次	46	27.54

第四节　数据分析结果

一　信度与效度检验

采用SmartPLS 2.0对样本数据进行验证性因子分析，检验测量模型的信度和效度，具体结果见表5-3、表5-4。各因子的复合信度（Composite Reliability，CR）与Cronbach's α系数值均大于0.7，表明各因子的信度较好。各测度项的标准负载均大于0.7，各因子AVE（Average Variance Extracted）值均大于0.5，说明量表的收敛效度较好，各因子 AVE 值的平方根均大于其与其他因子的相关系数，说明量表的判别效度较好。

表 5-3　各因子标准负载、AVE 值、CR 值及 Cronbach's α 系数

潜变量	测度项	标准负载	AVE	CR	Cronbach's α 系数
简洁性	BRE1	0.897	0.663	0.886	0.847
	BRE2	0.700			
	BRE3	0.895			
	BRE4	0.746			
可视性	VIS1	0.873	0.735	0.917	0.882
	VIS2	0.920			
	VIS3	0.845			
	VIS4	0.787			
信息质量	IQ1	0.838	0.728	0.914	0.881
	IQ2	0.918			
	IQ3	0.820			
	IQ4	0.833			
心理舒适感	PCOM1	0.879	0.775	0.932	0.903
	PCOM2	0.885			
	PCOM3	0.878			
	PCOM4	0.878			
隐私担忧	PC1	0.908	0.830	0.951	0.932
	PC2	0.919			
	PC3	0.902			
	PC4	0.915			
披露真实信息	SD1	0.876	0.764	0.942	0.923
	SD2	0.865			
	SD3	0.892			
	SD4	0.849			
	SD5	0.887			
披露虚假信息	MIS1	0.891	0.816	0.930	0.888
	MIS2	0.922			
	MIS3	0.898			

表 5-4　　　　　　　各因子 AVE 值的平方根与相关系数

	BRE	VIS	IQ	PCOM	PC	SD	MIS
BRE	0.814						
VIS	0.207	0.857					
IQ	0.148	0.304	0.853				
PCOM	0.142	0.096	0.478	0.880			
PC	-0.195	0.169	-0.140	-0.380	0.911		
SD	0.039	0.099	0.300	0.544	-0.312	0.874	
MIS	-0.039	0.070	-0.106	-0.234	0.339	-0.285	0.903

根据普遍采用的 Harman 单因素检测法（Wang et al., 2016），在 SPSS19.0 中将所有测度项放在一起做因子分析，未旋转结果共析出 7 个主成分，且第一个主成分的方差贡献率为 27.3%，说明样本数据的共同方法偏差并不严重。

二　假设检验

鉴于偏最小二乘法（Partial Least Squares, PLS）在分析调节变量等复杂模型及保证模型预测能力上的优势（Kim et al., 2008），本书运用 SmartPLS2.0 对理论模型进行假设检验，结果如图 5-6 所示。

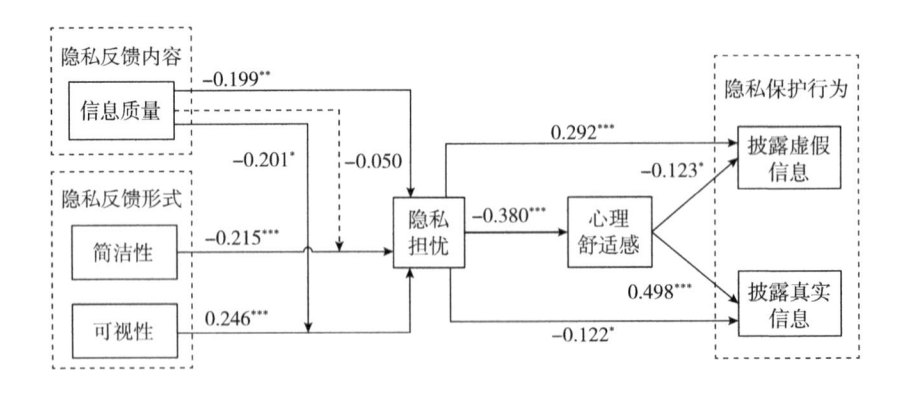

图 5-6　模型假设检验结果

注：***表示 p<0.001，**表示 p<0.01，*表示 p<0.05，虚线表示该路径不成立。

从图 5-6 可知，隐私反馈内容与形式对隐私担忧的影响均得到支持，即假设 H5-1—H5-3 成立，隐私担忧对心理舒适感的影响及两者对隐私保护行为的影响也均得到支持，即假设 H5-6—H5-10 成立，交互作用方面 H5-5 初步得到支持，而 H5-4 未得到支持。

为进一步验证交互作用 H5-5 的显著性，根据 Carte 和 Russell（2003）的研究，比较交互模型及主效应模型中"隐私担忧"的解释力 R^2，交互模型中"隐私担忧"的解释力为 16.3%，而主效应模型中仅为 11.6%，两者间存在较大的差值 ΔR^2（$\Delta R^2 = 4.7\%$），并根据 F 统计值，即 F-statistic $\{ = [\Delta R^2/(df_{interaction} - df_{main})]/[(1-R^2_{interaction})/(N-df_{interaction}-1)]\}$，得到 F(2, 375)= 10.53（p<0.001），支持初步检验结果。

随后，为更进一步证实假设 H5-5 的交互作用，根据 Im 和 Rai（2008）的研究，运用交互模型及主效应模型中"隐私担忧"的 R^2，计算 Cohen's $f^2\{ = [R^2_{interaction} - R^2_{main}]/[1-R^2_{main}]\}$。结合样本数据，得到 Cohen's f^2 值为 0.053，介于 0.02（小）与 0.15（中间值）之间，符合 Chin（2003）的检验要求，再次验证交互作用 H5-5 成立。

三 "心理舒适感"中介效应检验

本书对"心理舒适感"的中介效应进行了检验。一般而言，存在中介作用必须满足 3 个条件：①因变量与自变量显著相关；②中介变量与自变量显著相关；③因变量对中介变量和自变量做回归时，中介变量与因变量显著相关（田喜洲和谢晋宇，2010）。如果③中自变量的系数小于①中自变量的系数，则为部分中介；如果③中自变量的系数不显著，则为完全中介（田喜洲和谢晋宇，2010）。

SPSS19.0 线性回归检验结果如表 5-5，经分析表明：心理舒适感部分中介隐私担忧与披露真实信息、披露虚假信息的关系，说明心理舒适感在用户隐私担忧与隐私保护行为间有重要的中介作用。

表 5-5　　　　　心理舒适感中介效应回归检验结果

自变量	中介变量	因变量	自变量→因变量	自变量→中介变量	自变量+中介变量→因变量	
					自变量	中介变量
PC	PCOM	MIS	0.335***	-0.379***	0.289***	-0.123*

续表

自变量	中介变量	因变量	自变量→因变量	自变量→中介变量	自变量+中介变量→因变量	
					自变量	中介变量
PC	PCOM	SD	-0.313***	-0.379***	-0.125**	0.496***

注：***表示 p<0.001，**表示 p<0.01，*表示 p<0.05。

第五节 研究结论与启示

一 研究结果与讨论

本书基于信号传递理论，实证分析了隐私反馈内容与形式对移动商务用户隐私保护行为的影响机理及其交互作用，具体结果分析如下：

（1）隐私反馈内容（信息质量）与形式（简洁性、可视性）对隐私担忧均产生显著影响，类似于 Liu（2014）、Chang 等（2015）的研究结果，且三者对隐私担忧的解释力度达到 16.3%。这说明，隐私反馈的信息质量越高、形式越简洁，隐私担忧就越高，而当其可视性越高时，隐私担忧则越低。不难发现，就影响程度而言，形式对隐私担忧的影响相较内容要大，这意味着隐私反馈提供的信息质量，若不注重形式，整体效果或许不尽如人意。且三者中可视性的影响程度最大，说明在移动商务环境中，适当降低可视性能够显著降低用户隐私担忧。从内容与形式的解释力度 16.3% 来看，内容与形式对于缓解用户隐私担忧发挥着重要的影响作用。

（2）隐私反馈信息质量与可视性对隐私担忧的影响存在显著的交互作用。当用户能够通过隐私反馈获得满足其需求的信息内容时，信号传递理论意味着，隐私反馈的可视性与用户隐私担忧的正向影响作用将会减弱。这说明，虽然较高的可视性会提高用户隐私担忧，但当隐私反馈信息质量越高时，用户能够清楚地知道其个人信息使用情况，这会让用户觉得服务商对其个人信息的收集与处理较为透明，有助于解决用户困扰的信息不对称问题，认为移动服务商关心并愿意保护其隐私信息，从而缓解其隐私担忧。

但隐私反馈信息质量与简洁性对隐私担忧的交互作用没有得到支

持，这表明，不论隐私反馈信息质量是高还是低，其简洁性都是缓解用户隐私担忧非常重要的影响因素。结合目前隐私政策的使用现状可以看出，尽管服务商对隐私政策内容的描述很详细，但因其繁冗、阅读耗时，导致较少用户愿意主动阅读（Gregory，2013）。可见，对于文字性的呈现形式，简洁性是影响其整体效果的重要因素，尤其在移动商务环境中，由于手机等移动终端界面较小，这种影响就更为明显。

（3）心理舒适感对用户隐私保护行为（披露真实信息、披露虚假信息）均有显著影响，路径系数依次为 0.498、-0.123。这说明，心理舒适感是激励用户披露真实个人信息的重要因素，若想刺激用户披露真实信息，提高心理舒适感、让用户在心理上感到很安心，或许会起到事半功倍的效果。用户隐私担忧对其心理舒适感产生显著的负向影响，与 Li 等（2011）的研究结果类似，也即，在使用移动商务应用的过程中，当用户对个人隐私信息的担忧程度较高时，其心理舒适感会明显降低。隐私担忧和心理舒适感对用户披露真实信息的解释力度达到 30.9%，说明缓解用户隐私担忧，提高其心理舒适感对于刺激用户披露真实信息发挥着重要作用。

二 理论贡献

本章的理论贡献主要体现在：

（1）从隐私反馈的内容与形式双重视角，探究有效的隐私反馈应具备的技术特征。尽管目前关于隐私反馈的研究愈益广泛，但针对隐私反馈技术特征的研究却相对缺乏，因此，本章聚焦隐私反馈内容（信息质量）与形式（简洁性、可视性）这两类技术特征。研究结果表明，隐私反馈的信息质量、简洁性与可视性对移动商务用户态度及行为意愿有显著影响。本书丰富了已有隐私反馈的相关研究，并对隐私反馈的设计具有一定的理论指导。

（2）首次将信号传递理论应用于移动商务环境中解决信息隐私问题，并基于信号传递理论探究隐私反馈内容与形式对移动商务用户隐私担忧的交互作用。根据信号传递理论，若隐私反馈没有向用户提供其个人信息使用情况的高质量信息，用户会根据隐私反馈的形式去判断其个人信息使用情况，进而形成不同的态度倾向，也即，隐私反馈内容与形式间存在一定的交互作用。研究结果显示，隐私反馈的信息质量与可视性之间存在显著的负向交互作用，但隐私反馈的信息质量与简洁性不存在交互作用。这对丰富和拓展移动商务环境中的隐私保护研究具有重要的参考价值。

（3）本书验证了"心理舒适感"对移动商务用户隐私担忧与隐私保护行为的中介作用，从用户的深层次心理状态即"心理舒适感"角度，揭示了隐私反馈技术特征对隐私保护行为的作用机理。将"隐私担忧"作为消极态度变量，从用户的深层次心理状态即"心理舒适感"角度，探讨了隐私反馈内容与形式通过降低用户隐私担忧、提高其心理舒适感，进而对其隐私保护行为产生影响的作用机理。研究结果证实，心理舒适感在用户隐私担忧与隐私保护行为间的确发挥着显著的中介作用。这为移动商务环境中用户个人信息相关的隐私保护行为研究提供了有益的理论支撑。

三　管理启示

本章的研究结果对于移动服务商、移动应用开发商设计有效的隐私反馈，保护用户个人隐私信息，进而激励用户披露真实个人信息具有以下参考意义。

（1）移动服务商应积极主动采取措施保护用户的个人隐私信息。尽管目前已有一些隐私保护技术如隐私政策、隐私印章等，但大多拘泥于形式，未起到实质性作用。企业应意识到关心、尊重用户隐私的重要性，积极主动采取相关隐私保护方法或技术，保证用户个人信息被收集和使用的透明度，缓解用户使用移动商务应用时对个人信息的担忧，以此保障移动商务活动健康有序地进行，提升用户黏性。

（2）移动应用开发商应根据用户需求与偏好设计有效的隐私反馈，注重隐私反馈的内容与形式。根据当前用户普遍关心的问题，精准地反馈满足用户需求的、高质量的个人信息使用情况，确保隐私反馈内容的有效性。在隐私反馈的形式设计上，要避免隐私反馈的提示信息让用户觉得受到打扰、感到反感，以简洁的形式向用户传递精准的高质量信息，让用户阅读起来更加轻松，提升用户体验。

（3）移动服务商应注重提高用户的心理舒适感。从后续分析可知，用户选择披露真实信息的主要原因是其在心理上感到安心、踏实。鉴于此，无论是在设计、开发移动商务应用还是隐私保护技术上，都应充分考虑和尊重用户心理状态层面的需求，为不同用户提供个性化的服务方式，让用户从心理上真正感受到舒适、安心。

四 存在的不足

虽然本章的研究结果对理论和实践均有一些贡献，但也存在一些不足：

（1）本章的调研样本主要是具有高学历的年轻人，未来研究应扩大样本范围，保证研究结论的普适性；

（2）关于隐私反馈的研究，可能还存在其他方面的特征，未来研究有望对隐私反馈展开进一步的研究；

（3）针对用户心理舒适感的前置因素及行为影响，未来研究有待从其他方面进一步深入。

第六章　隐私保护技术特征对用户隐私保护行为影响研究*

第五章基于信号传递理论从隐私反馈的内容与形式双重视角，研究了隐私保护技术特征对移动商务用户隐私保护行为的影响机理，解决了移动服务商如何告知用户其个人信息的收集、使用和共享情况的问题，但没有涉及给予用户有意义的隐私选择——选择哪些个人信息被移动服务商或第三方收集，以及被用于何种目的，用户缺乏对个人隐私信息的实质性控制。因此，本章仍基于信号传递理论，进一步从用户对个人信息披露细粒度控制的视角深入探究有效的隐私保护技术应具备的技术特征，并实证检验这些技术特征对用户隐私保护行为的影响。

第一节　问题引入

《中华人民共和国国民经济和社会发展第十四个五年规划和2035年远景目标纲要》（简称"十四五"规划）明确提出，要加强个人隐私的数据保护，《数字经济十四五发展规划》也进一步指出要强化个人信息保护。目前，企业提供的隐私保护措施主要包括：隐私政策，隐私设置和权限请求设置。隐私政策通常由企业单向制定，且内容冗长复杂、语言晦涩难懂、较少有人阅读等（Meinert et al., 2006；Liu et al., 2022；李泽睿等，2020；袁向玲和牛静，2021）。隐私设置和权限请求

---

* 本章主要内容发表于《情报学报》2024年第2期。

设置允许用户与服务商进行双向交互，是目前移动商务用户用来管理和保护个人信息收集和使用的唯一举措。

相关学者已从功能特征视角展开一系列研究，例如探究在线社交网络、移动社交媒体如何改进和完善自身的隐私设置（Lipford et al., 2008；Stern and Kumar, 2014；Fang et al., 2015；沈洪洲等, 2017），权限敏感度、权限解释、权限相关性以及第三方认证对用户隐私态度、权限授权的影响（Gu et al., 2015；Gu et al., 2017；Liu et al., 2022），其研究结论在一定程度上提高了现有保护措施的有效性。部分互联网企业也在隐私保护方面做出积极回应。例如，为响应工信部发布的《关于开展信息通信服务感知提升行动的通知》，腾讯、阿里巴巴、美团等互联网企业在移动应用中添加了个人信息保护"双清单"——"已收集个人信息清单"和"第三方共享个人信息清单"，向用户展示个人信息的收集和共享情况。小米应用商店也率先推出"隐私说明清单"展示功能，将"数据收集的详情与目的""获取权限""数据共享""用户权利""个人信息安全保障措施"五类信息在应用详情页进行独立展示，使用户能够便捷地浏览和了解应用涉及的个人隐私相关信息。

综上所述，企业在用户信息隐私保护方面做出了相关改进，但是目前的隐私保护措施，仍集中在信息收集、访问和使用等方面征求用户意见，并把相关信息实践告知披露信息的用户。这样只是确保了企业单方面拥有控制其个人信息的权利，被动地迎合相关法律法规，并没有给予用户实际的选择权，用户不能选择哪些信息被移动服务商或第三方收集，以及被用于何种目的。因此，尽管存在管理隐私的设置，但并未得到用户的使用或采纳（Crossler and Bélanger, 2019），其有效性受到一定争议。Solove（2013）和 Liu（2014）也指出，现有的隐私管理措施未能向用户提供有意义的选择，用户不能控制个人信息被服务商用于哪些目的以及与哪些对象共享。因此，本章从用户对个人信息披露的细粒度控制的角度设计有效的隐私保护技术（隐私设置和权限请求设置），给予用户实际的选择权，让用户能够细粒度地控制个人信息如何被移动服务商以及第三方收集、使用与共享。

本章基于信号传递理论，以移动商务为研究背景，将提出的隐私保护技术与现有隐私保护技术进行比较,揭示了隐私保护技术特征对用户隐私保护行为的影响机理,并探究了这些技术特征之间潜在的交互作用。研究结论能够为移动服务商设计有效的隐私设置和权限请求设置,在更好地保护用户隐私的同时获得用户更多真实的个人信息提供指导和启发。

第二节 研究假设和模型构建

一 研究假设

1. 隐私担忧与隐私保护行为的关系

在对技术特征的心理反应中,情感作为一种心理状态,在影响用户随后的态度和行为中发挥着重要作用(Gratch and Marsella, 2004; House, 2012),是解释技术和用户态度之间关系的核心机制(Zhang and Xu, 2016)。Mousavi(2020)将隐私担忧作为一种负面情感,证实了其在隐私威胁评估(侵犯隐私的风险)与隐私应对评估(采取隐私保护控制措施)之间起着重要的中介作用。移动商务环境中,愈益突出的隐私问题更能触发用户的隐私担忧,因此,本书使用"隐私担忧"作为隐私保护技术特征与隐私保护行为的中介变量。

在本书中,隐私担忧定义为移动商务情境下用户对个人信息隐私可能丢失的内在担忧。国内外已有研究表明,隐私担忧与用户拒绝提供信息和提供虚假信息的意愿正相关。例如,在线环境中,互联网用户的隐私担忧对拒绝提供信息意愿有显著的正向影响(Son and Kim, 2008)。在线社交环境中,用户的隐私担忧正向影响提供虚假信息的意愿(Jiang et al., 2013)。移动环境中,用户的隐私担忧程度越高,越不愿意提供个人信息,同时提供虚假个人信息的意愿更强(刘百灵等,2018;刘百灵等,2017;刘百灵和夏惠敏,2020)。据此,本章提出如下假设:

H6-1:隐私担忧正向影响用户拒绝提供信息意愿。

H6-2:隐私担忧正向影响用户提供虚假信息意愿。

2. 隐私设置的可操作性与隐私担忧、隐私保护行为的关系

隐私设置是移动服务商为用户提供的控制和管理个人信息的主要渠道,以防止个人信息被过度收集和使用(朱侯和张明鑫,2021)。然而,移动商务用户无法通过隐私设置选择和控制应用程序收集哪些个人

信息以及如何使用这些信息（Crossler and Bélanger，2019；Poikela，2015）。因此 Liu（2014）呼吁隐私设置应该提供更简单、更人性化、更有效的控制措施，使用户拥有数据收集与使用的选择权。Hsieh 等（2007）实验证明易于操作的隐私设置能让用户控制其个人隐私信息，且用户关心移动应用收集的数据类型，以及如何被使用、共享或暴露给他人（Liu，2014）。因此，本书将着重从收集的信息类型、使用目的、共享对象的选择三个方面研究隐私设置的可操作性对隐私保护行为的影响。

本书中，隐私设置的可操作性是指用户可以通过隐私设置选择提供的信息类型、使用目的和共享对象。根据信号传递理论，在信息不对称的条件下，用户（信息提供者）愿意将隐私设置作为与移动服务商（信息需求者）沟通和管理隐私信息的积极信号，隐私设置的可操作性强，一方面，能向用户传达出企业在隐私保护实践方面的积极属性，提高用户的公平感知，使用户感到企业尊重他们的隐私，愿意付出更多的努力来保护他们的隐私（Liu et al.，2021），从而降低拒绝提供信息和提供虚假信息的意愿（Son and Kim，2008）；另一方面，用户可以自主控制向移动商务应用提供的信息类型，用于何种目的并与哪些对象共享，控制感知的增强降低了用户的隐私担忧（Xu et al.，2012c）。据此，本书提出如下假设：

H6-3：隐私设置的可操作性负向影响用户的隐私担忧。

H6-4：隐私设置的可操作性负向影响用户拒绝提供信息意愿。

H6-5：隐私设置的可操作性负向影响用户提供虚假信息意愿。

3. 权限请求设置的有效性与隐私担忧、隐私保护行为的关系

权限请求设置是移动服务商为用户提供的一种权限申请与授权管理机制，目的是确保用户知晓并能控制是否授权移动应用所请求的权限（如获取地理位置信息、联系人信息等）（钟越和付迪阳，2021）。然而移动商务用户在使用过程中，要想完成权限设置至少需要点击相应的按钮 4 至 6 次，且在权限设置界面缺乏关于权限的详细使用目的和隐私保护详情介绍。Hsieh 等（2007）研究指出，隐私控制的设计应注重方便访问，Tan 等（2014）研究发现，带有解释的权限许可请求更容易获得用户的授权。因此，本书将权限请求设置功能内置于移动商务应用内部，并以减少点击次数，提供更完善的权限信息使用目的和隐私保护详

情作为优化目标时，探究权限请求设置的有效性在用户隐私保护行为决策中的作用。

在本书中，权限请求设置的有效性是指用户能够便利地管理和控制移动应用请求的隐私权限，并可以查看关于权限信息的详细使用目的和隐私保护详情。研究发现，用户十分在意隐私权限的授予问题（陈雄强等，2021），从信号传递理论角度来看，企业若向用户传递权限请求设置的有效性这一与权限管理相关的积极信号，能够加大用户对个人信息授权管理的直接控制感知，降低内在的隐私担忧（Gu et al.，2017）。同时，易于操作、功能完善的权限请求设置缓解了用户对权限授权决策的复杂性感知，让用户觉得自己能够轻松控制权限的关闭或共享，从而更愿意承担风险（Liu，2014），降低了拒绝提供信息和提供虚假信息的意愿（Miltgen and Smith，2019）。据此，本书提出如下假设：

H6-6：权限请求设置的有效性负向影响用户的隐私担忧。

H6-7：权限请求设置的有效性负向影响用户拒绝提供信息意愿。

H6-8：权限请求设置的有效性负向影响用户提供虚假信息意愿。

4. 交互作用：隐私设置的可操作性与权限请求设置的有效性

Connelly 等（2011）呼吁未来的研究应关注不同类型的信号之间如何相互作用。在本书中，隐私设置和权限请求设置并不是孤立存在的，权限请求设置主要是针对用户认为敏感且较为关注的隐私权限的授予，隐私设置涵盖的范围相对较广，不仅包括各种信息的授权管理，也包括使用目的和共享对象的选择。隐私设置和权限请求设置的功能存在一定的重合，因而在各自发挥作用的时候也无法摆脱彼此的影响。Cohen 等（2005）指出，一旦信号接收者接收到一个信号并使用它成功做出明智的选择时，他们将来更可能关注类似的信号。因此，隐私设置的可操作性强，即用户面临隐私信息请求时，能够对个人数据做出符合预期的隐私决策，那么一定程度上会对企业的隐私保护实践形成积极的正面认知，从而也会对类似的权限请求设置的有效性起到加强作用。具体地，当用户对隐私设置的可操作性感知越强时，用户对权限请求设置的有效性的反应也会越敏感，进而权限请求设置的有效性对用户隐私担忧和隐私保护行为（拒绝提供信息、提供虚假信息）的影响将会越强。同样的，当用户觉得权限请求设置能够有效发挥其控制个人隐私权限的作用时，隐私设置的可操作性对降低用户隐私担忧和隐私保护行为的影响也会增强。据此，本章提出如下假设：

H6-9：隐私设置的可操作性与权限请求设置的有效性对用户隐私担忧有着正向的交互作用。

H6-10：隐私设置的可操作性与权限请求设置的有效性对用户拒绝提供信息意愿有着正向的交互作用。

H6-11：隐私设置的可操作性与权限请求设置的有效性对用户提供虚假信息意愿有着正向的交互作用。

5. 控制变量

本书的控制变量主要包括人口统计信息、移动商务使用频次和隐私侵犯经历。为了避免某些潜在变量对研究结果产生一定的影响，结合已有研究，性别、年龄、教育背景、最近一个月在移动商务应用上的交易频次、隐私侵犯经历可能影响用户拒绝提供信息和提供虚假信息的意愿（Wang et al.，2016；Xu et al.，2011b；刘百灵等，2018），因此作为控制变量。

二 模型构建

本书以信号传递理论为主要研究框架，以隐私担忧为中介变量，构建了隐私设置的可操作性和权限请求设置的有效性（简称"隐私保护技术特征"）及其潜在交互作用对拒绝提供信息与提供虚假信息（简称"隐私保护行为"）的影响模型，如图6-1所示。

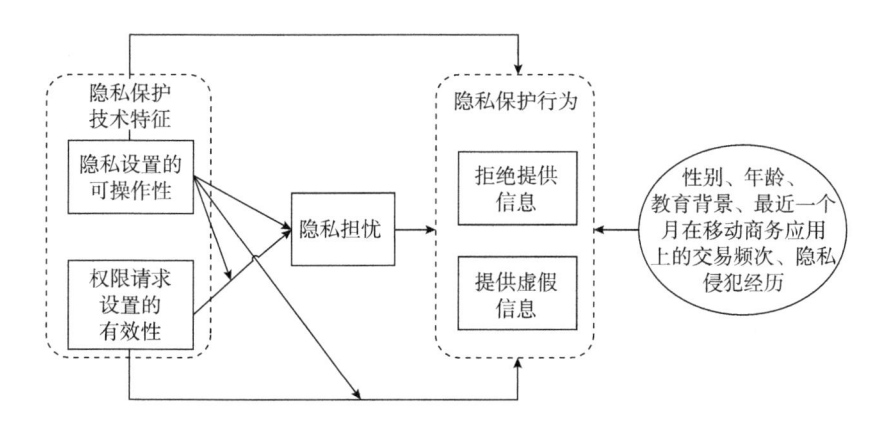

图6-1 隐私保护技术特征对隐私保护行为影响的研究模型

第三节 研究方法

一 实验设计

借鉴前人的研究（Choi et al.，2016），本章采取基于情景的实验方法收集数据，验证假设。该方法不仅能够有效地测量出每个构念的不同方面，也能呈现一个较为真实的移动商务环境，增强用户决策的真实感（Sharma and Crossler，2014），已被广泛应用于 IS 领域以衡量用户的行为意图（Siponen and Vance，2010）。为更好地测量"隐私设置的可操作性"和"权限请求设置的有效性"，本章设计了 2（隐私设置的可操作性：高 vs. 低）×2（权限请求设置的有效性：高 vs. 低）共四组实验情景。

隐私设置的可操作性通过改变用户对信息收集的种类、使用目的与共享对象的控制程度展开设计（Liu，2014）。隐私设置的可操作性高水平情景体现为：用户可以控制和管理何时提供何种个人信息，用于何种目的，并与哪些对象共享。隐私设置的可操作性低水平情景参照现有大多数移动商务 App 隐私设置界面进行设计，体现为：用户仅可以对该 App 给出的信息类别和使用目的做出选择。

权限请求设置的有效性主要从两个方面进行操作：（1）用户选择允许或禁止权限的操作次数；（2）是否能查看详细的使用目的与隐私保护详情。权限请求设置的有效性高水平情景体现为：用户可以控制和管理何时允许或禁止何种权限信息，只需要一步操作（点击允许/禁止按钮）就可以实现，还附有权限信息详细的使用目的及隐私保护详情，供用户点击查看。权限请求设置的有效性低水平情景依据现有 App 的权限设置页面进行设计，即用户可以控制和管理何时允许或禁止何种权限信息。此过程需要三步操作：首先在 App 内置的系统权限设置界面点击"去设置"按钮，跳转到手机系统设置的"应用信息"界面，然后点击"权限"，在展开的权限设置页面中，选择要允许或者禁止的权限。

为了准确测量受试者对隐私保护技术特征的感知且使得体验场景更加真实，本书模拟了移动商务环境下某一移动服务商即将上市一款移动商务应用——Mogo 体验场景，邀请受试者评估该 App 提供的隐私保护功能。与现有的移动商务应用类似，该 App 提供日常的网络购物、外卖订购、在线旅行预订等服务，此外，还内嵌隐私设置（可操作性：高/低，具体视场景而定）、权限请求设置（有效性：高/低，具体视场景而定），给予用户最直观的体验。

例如，"隐私设置的可操作性"高水平，"权限请求设置的有效性"高水平的情景设计具体如下：

M 公司即将上市一款移动商务应用——Mogo，该 App 提供日常的网络购物、外卖订购、在线旅行预订等服务。为保证用户对提供的个人信息隐私的知情权和控制权，该 App 含有隐私政策以及不同于现有 App 的权限请求设置、隐私设置功能，后两项功能的主要作用是满足用户在使用 App 过程中，对权限请求和个人信息收集、使用和共享等行为的便捷控制和有效管理。

假设您正在使用该 App，体验其权限请求设置和隐私设置功能：

（1）通过 Mogo 的权限请求设置功能，您可以控制和管理何时允许或禁止何种权限信息。该权限设置只需要一步操作（点击允许/禁止按钮）就可以实现对已允许或禁止权限的修改，并可通过查看详情了解某一种权限信息的使用目的及隐私保护措施。功能界面如图 6-2 所示。

图 6-2 权限请求设置功能界面（高水平）

（2）通过 Mogo 的隐私设置功能，您可以控制和管理何时提供何种个人信息，用于何种目的，并与哪些对象共享。例如：如果您点击个人信息中"去设置"按钮［功能界面如图 6-3（a）所示］，若您将个人信息中的手机号码信息提供给该 App，"手机号码"下端则会呈现出该信息的使用目的和共享对象，您可以自由选择其中一种或多种使用目的，并根据个人需求选择是否与关联方、合作伙伴或其他第三方共享［功能界面如图 6-3（b）所示］（关联公司为 Mogo 旗下的附属公司、子公司等；合作伙伴为物流、支付服务供应商等）。

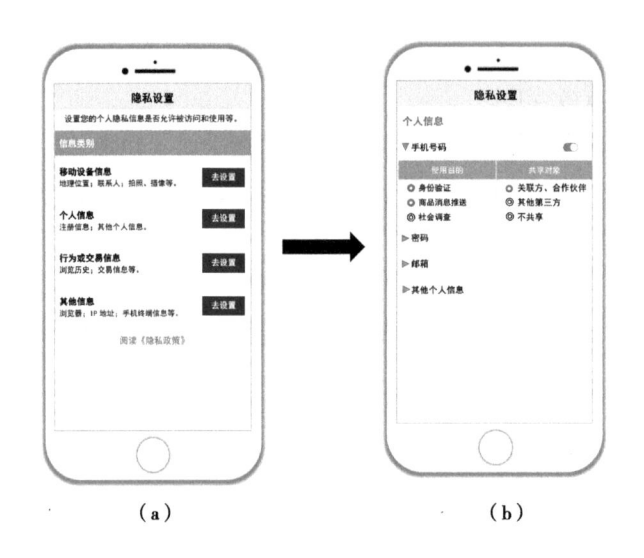

（a） （b）

图 6-3 隐私设置功能界面（高水平）

例如，"隐私设置的可操作性"低水平，"权限请求设置的有效性"低水平的情景设计模拟现有隐私设置与权限请求功能界面，具体如下：

M 公司即将上市一款移动商务应用——Mogo，该 App 提供日常的网络购物、外卖订购、在线旅行预订等服务。为保证用户对提供的个人信息隐私的知情权和控制权，与现有的大多数移动商务应用一样，该 App 含有隐私政策、隐私设置、权限请求设置等功能。

假设您正在使用该 App，体验其权限请求设置和隐私设置功能：

（1）通过 Mogo 的权限请求设置功能，您可以控制和管理何时允许或禁止何种权限信息。此过程主要涉及三个步骤：①在 Mogo 的系统权限设置界面点击"去设置"按钮［功能界面如图 6-4（a）所示］；②在展开的"应用信息"界面，点击"权限"［功能界面如图 6-4（b）所示］；③在展开的 Mogo 权限设置页面中，可自由选择要允许或者禁止的权限［功能界面如图 6-4（c）所示］。

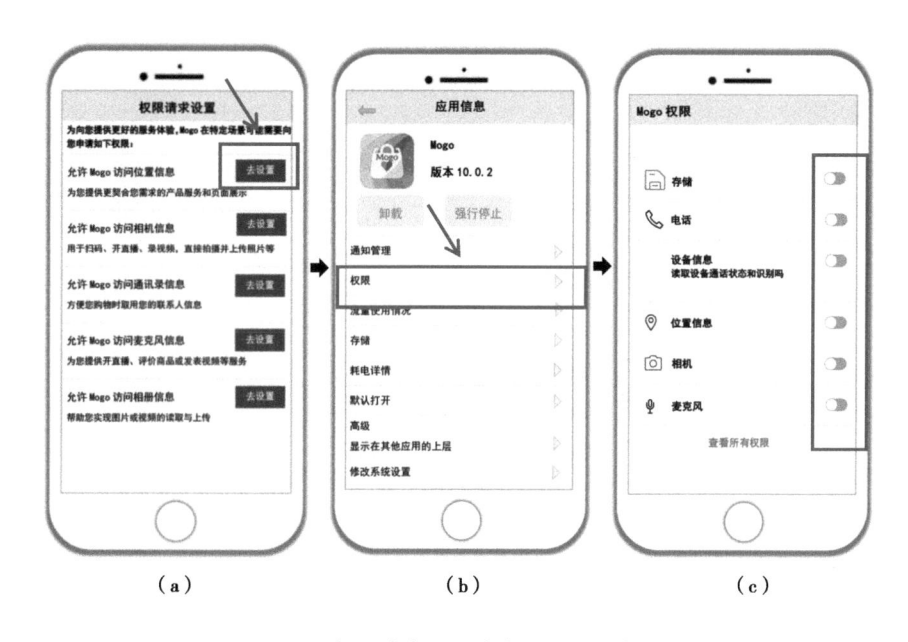

图 6-4　权限请求设置功能界面（低水平）

（2）通过 Mogo 的隐私设置功能，您仅可以对该 App 给出的信息类别和使用目的做出选择。功能界面如图 6-5 所示。

2021 年 8 月初，本书就实验情景及内容展开了 15 例一对一的深度访谈，访谈对象包括 IS 领域的专业教师、高校大学生以及社会工作者。根据反馈意见对实验情景进行了完善。访谈结果表明：隐私设置的可操作性、权限请求设置的有效性较好地反映了受访者的隐私保护需求，且本书设计的实验情景能够有效地测量相关研究变量，受访者也能很好地融入每个实验情景之中。

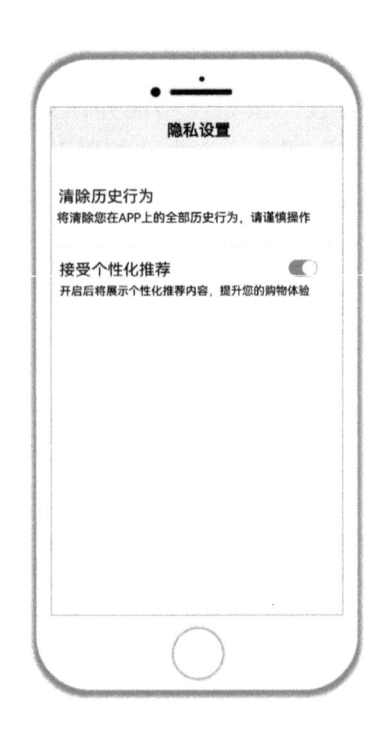

图 6-5　隐私设置功能界面（低水平）

二　问卷设计

为了保证问卷的内容效度，本书的量表设计均来自国内外已有研究的成熟量表，并根据本书的目的和应用情境进行语义上的适当修改。接着，邀请本领域的专家、高校大学生以及社会工作者进行意见反馈，根据反馈意见对问卷的结构、语句表达等进行了精练。采用修改后的问卷进行小规模的问卷前测，主要采取线上问卷调研的方式进行，邀请 45 位有移动商务经历的受试者，每名受试者随机体验任意两种不同的实验情景，收回 73 份有效问卷，并根据分析结果对问卷做了相应的调整与完善，整理出最终问卷。

正式问卷分为 3 个部分：第 1 部分为个人基本信息，包括常见的人口特征变量（性别、年龄、教育背景）和行为特征变量（最近一个月在移动商务应用上的交易频次、隐私侵犯经历）等控制变量，其中隐私侵犯经历采用李克特 7 级量表来测量，1 表示从未，7 表示总是，其余控制变量均采用一般性选择题；第 2 部分为情景体验，模拟受试者正在使用一款移动商务应用——Mogo 的体验场景。模拟场景主要涉及"隐私设置（可操作性：高/低，具体视情景而定）"和"权限请求设置（有效性：高/低，具体视场景而定）"两个自变量，共 4 种不同的情景水平组合；第 3 部分为核心变量的测度项，即隐私设置的可操作性、权限请求设置的有效性、隐私担忧、拒绝提供信息、提供虚假信息，详见表 6-1。核心变量均采用李克特 7 级量表来测量，其中 1 表示非常不同意，7 表示非常同意。并且，在问卷中设置了任务与操作检验选项，如"您初步了解整个实验情景吗？是的，初步了解/不，还在努力了解"；"通过该情景，您体验到 Mogo 的权限请求设置以及隐私设置功能了吗？是的，体验到了/否，还在体验中"。

问卷量表中，拒绝提供信息和提供虚假信息借鉴 Son 等（2008）的研究，各包括 3 个题项，隐私设置的可操作性借鉴 Yang 等（2020）的研究并结合本书情境进行适当修改，包括 3 个题项，权限请求设置的有效性借鉴 Davis（1989）、朱侯和李佳纯（2020）的研究，包括 3 个题项，隐私担忧借鉴 Mousavi 等（2020）的研究，包括 5 个题项。此外，控制变量中隐私侵犯经历借鉴 Xu 等（2011a）的研究，包括 3 个题项。各变量的测量题项详见表 6-1。

表 6-1　　　　　　　　　　测量指标

变量	代码	题项
隐私设置的可操作性（OPS）	OPS1	根据 Mogo 提供的隐私设置功能，我可以控制 Mogo 收集我的哪些隐私信息，用于何种目的以及是否与第三方共享
	OPS2	根据 Mogo 提供的隐私设置功能，我可以控制 Mogo 使用我的哪些隐私信息，用于何种目的以及是否与第三方共享
	OPS3	根据 Mogo 提供的隐私设置功能，我可以选择将我的哪些个人信息提供给 Mogo，用于何种目的以及是否与第三方共享
权限请求设置的有效性（VPRS）	VPRS1	我认为 Mogo 的权限请求设置能保护我手机设备上的隐私信息
	VPRS2	我认为 Mogo 的权限请求设置能有效控制 Mogo 对我手机设备上隐私信息的访问
	VPRS3	我认为 Mogo 的权限请求设置能有效控制 Mogo 对我手机设备上隐私信息的使用

续表

变量	代码	题项
隐私担忧（PC）	PC1	我担心 Mogo 收集了我过多的个人信息
	PC2	我担心 Mogo 会将我的个人信息用于其他目的
	PC3	我担心 Mogo 会与其他组织共享我的个人信息
	PC4	我担心 Mogo 不保护我的个人信息隐私
	PC5	我担心 Mogo 允许其他用户访问我的个人信息
拒绝提供信息（REF）	REF1	我很可能拒绝向 Mogo 提供我的个人信息
	REF2	我也许会拒绝向 Mogo 提供我的个人信息
	REF3	我大概会拒绝向 Mogo 提供我的个人信息
提供虚假信息（MIS）	MIS1	如果 Mogo 请求我的个人信息，我很可能提供虚假的个人信息
	MIS2	如果 Mogo 请求我的个人信息，我也许会提供虚假的个人信息
	MIS3	如果 Mogo 请求我的个人信息，我大概会提供虚假的个人信息
隐私侵犯经历（PVE）	PVE1	您遇到过您的个人信息未经您授权的情况下被其他公司使用的情况吗（如骚扰电话、广告短信等）
	PVE2	您觉得自己是被公司侵犯了个人隐私信息的受害者吗
	PVE3	您听过或阅读过关于个人信息被滥用的消息吗

三 实验过程

本章的具体实验过程如下：

（1）实验正式开始之前，告知受试者需要仔细阅读实验内容并独立完成 2 组实验。（2）实验开始时，受试者填写问卷的第一部分，以收集个人基本信息。（3）情景体验。由一个代入感较强的封面故事进入我们的具体实验，然后受试者依次体验该 App 提供的隐私保护功能界面。（4）基于情景体验情况填写问卷的第三部分，即任务与操作检验选项和研究模型中各潜变量的测度题项，实验结束。（5）给予受试者经济价值补偿。

四 数据收集

本书采用线上问卷调研方式收集数据，主要借助问卷星平台。问卷调研时间为2021年8月至10月，研究共回收问卷430份，剔除任务与操作检验项不通过、所有题项打分都相同以及前后题项打分矛盾等无效问卷后，得到有效问卷334份，有效回收率77.67%，符合统计分析的标准。样本人口统计特征见表6-2。

表6-2　样本人口统计特征

变量	类别	频数（人）	比例（%）
性别	男	87	43.94
	女	111	56.06
年龄	18岁以下	1	0.51
	18—21岁	43	21.72
	22—25岁	129	65.15
	26—30岁	22	11.11
	30岁以上	3	1.52
教育背景	高中及以下	2	1.01
	大专	15	7.58
	本科	86	43.43
	硕士	92	46.46
	博士及以上	3	1.52
最近一个月在移动商务应用上的交易频次	从未	0	0.00
	1—3次	51	25.76
	4—6次	71	35.86
	7—10次	41	20.71
	10次以上	35	17.68

由表6-2可以看出，样本中性别比例趋于均衡，男性占43.94%，女性占56.06%；年龄主要集中在18—30岁，这也是中国移动网民比较集中的年龄区间；大部分受试者具有本科及以上学历，表明受试者普遍具有较高文化水平，符合中国高等教育发展趋势；74.24%的受试者近

一个月在移动商务应用上的交易频次在4次及以上，说明大部分受试者对移动商务应用具有成熟的使用经验，有助于保证问卷填写质量。

为控制共同方法偏差，本章事前引入 Podsakoff 等（2003）推荐的程序控制法，例如，针对问卷各测度项的顺序进行合理的结构规划，避免出现变量顺序集中排列的情况；进行小规模的预实验，对问卷进行完善和优化，尽可能减少受试者对研究目的的猜测，确保问卷的质量。本章事后采用 Hanman 单因素检验法进行检验，结果显示不存在严重的共同方法偏差问题（Wang et al., 2016）。

第四节　数据分析结果

一　信度与效度检验

采用 SmartPLS3.0 对样本数据进行验证性因子分析，检验测量模型的信度和效度。检验结果见表 6-3，所有潜变量的克朗巴哈系数（Cronbach's α）均大于0.7，各因子的复合信度（CR）均大于0.8，说明量表的信度较好。各测量项的标准载荷在0.7以上，各潜变量的平均方差萃取量（AVE）在0.7以上，说明量表的收敛效度较好。

通过比较各潜变量 AVE 值的平方根与其他变量之间的相关系数的大小，进一步检验区别效度。检验结果见表 6-4，各潜变量的 AVE 值的平方根均大于与其他潜变量的相关系数，表明各因子的区别效度较好。

表 6-3　各因子标准负载、CR 值、AVE 值及 Cronbach's α 系数

因子	标准负载	CR	AVE	Cronbach's α
OPS1	0.965	0.975	0.929	0.962
OPS2	0.969			
OPS3	0.958			
VPRS1	0.928	0.961	0.890	0.938
VPRS2	0.949			
VPRS3	0.954			

续表

因子	标准负载	CR	AVE	Cronbach's α
PC1	0.909	0.968	0.857	0.958
PC2	0.953			
PC3	0.950			
PC4	0.930			
PC5	0.885			
REF1	0.941	0.964	0.899	0.944
REF2	0.950			
REF3	0.954			
MIS1	0.958	0.976	0.930	0.962
MIS2	0.966			
MIS3	0.968			
PVE1	0.955	0.875	0.704	0.820
PVE2	0.816			
PVE3	0.730			

表 6-4　　各因子 AVE 值平方根及因子间相关系数

变量	GEN	AGE	EDU	USEF	PVE	OPS	VPRS	PC	REF	MIS
GEN	1.000									
AGE	-0.001	1.000								
EDU	0.081	0.167	1.000							
USEF	0.039	-0.038	0.000	1.000						
PVE	0.064	0.139	0.085	0.017	0.839					
OPS	-0.011	-0.027	-0.135	0.053	-0.070	0.964				
VPRS	-0.053	0.023	-0.082	0.039	-0.028	0.733	0.944			
PC	0.056	-0.011	0.050	-0.052	0.018	-0.411	-0.371	0.926		
REF	0.023	-0.038	0.021	-0.071	-0.040	-0.418	-0.403	0.575	0.948	
MIS	0.012	-0.100	0.099	-0.035	0.025	-0.368	-0.353	0.494	0.652	0.964

二　假设检验

鉴于偏最小二乘法（Partial Least Squares，PLS）不仅适合用于小样本分析复杂的路径结构模型，而且在评估模型预测能力时具有显著优势

(Hair et al., 2019)，因此，本书采用 PLS-SEM 方法对研究模型进行检验，分析工具使用 SmartPLS3.0，检验结果如表 6-5 和图 6-6 所示。

从表 6-5 和图 6-6 的结果可以看出：仅 H6-9 没有得到验证，其余假设均得到了支持。控制变量模型中只有年龄对提供虚假信息产生了显著影响（$p<0.05$）。进一步，通过比较表 6-5 中的模型 1 和模型 4，发现交互模型中拒绝提供信息的解释力度比控制变量模型中拒绝提供信息的解释力度高 39.8 个百分点（40.8%—1.0%），提供虚假信息的解释力度比控制变量模型中提供虚假信息的解释力度高 28.9 个百分点（31.7%—2.8%）；通过比较模型 1 和模型 3，发现包含控制变量的交互模型中，拒绝提供信息仅比理论变量模型中拒绝提供信息多了 0.6 个百分点（40.8%—40.2%）的解释力度，提供虚假信息仅比理论变量模型中提供虚假信息多了 1.2 个百分点（31.7%—30.5%）的解释力度。结果证明了本书提出的结构模型对用户拒绝提供信息和提供虚假信息具有较高的解释力度。

表 6-5 结构模型路径系数

	模型 1 交互模型	模型 2 主效应模型	模型 3 理论变量模型	模型 4 控制变量模型
隐私担忧（PC）				
OPS→PC	-0.299***	-0.300***	-0.299***	
VPRS→PC	-0.164**	-0.151**	-0.164**	
OPS×VPRS→PC	-0.048		-0.048	
隐私保护行为：拒绝提供信息（REF）；提供虚假信息（MIS）				
PC→REF	0.464***	0.472***	0.464***	
PC→MIS	0.395***	0.402***	0.393***	
OPS→REF	-0.133*	-0.132*	-0.122*	
OPS→MIS	-0.111*	-0.110*	-0.116*	
VPRS→REF	-0.175**	-0.133*	-0.176**	
VPRS→MIS	-0.152*	-0.114	-0.155*	
OPS×VPRS→REF	-0.137**		-0.132**	
OPS×VPRS→MIS	-0.121**		-0.128**	

第六章 隐私保护技术特征对用户隐私保护行为影响研究

续表

		模型1	模型2	模型3	模型4
		交互模型	主效应模型	理论变量模型	控制变量模型
控制变量					
GEN→REF		-0.023	-0.005		0.027
GEN→MIS		-0.040	-0.024		0.003
AGE→REF		-0.006	-0.023		-0.040
AGE→MIS		-0.095*	-0.111*		-0.129*
EDU→REF		-0.052	-0.023		0.029
EDU→MIS		0.048	0.074		0.119*
USEF→REF		-0.020	-0.034		-0.075
USEF→MIS		0.005	-0.008		-0.045
PVE→REF		-0.041	-0.056		-0.037
PVE→MIS		0.030	0.017		0.032
R^2	REF	0.408	0.385	0.402	0.010
	MIS	0.317	0.299	0.305	0.028

注：***表示 $p<0.001$，**表示 $p<0.01$，*表示 $p<0.5$；VPRS=权限请求设置的有效性，OPS=隐私设置的可操作性，PC=隐私担忧，REF=拒绝提供信息，MIS=提供虚假信息，GEN=性别，AGE=年龄，EDU=教育背景，USEF=最近一个月在移动商务应用上的交易频次，PVE=隐私侵犯经历。

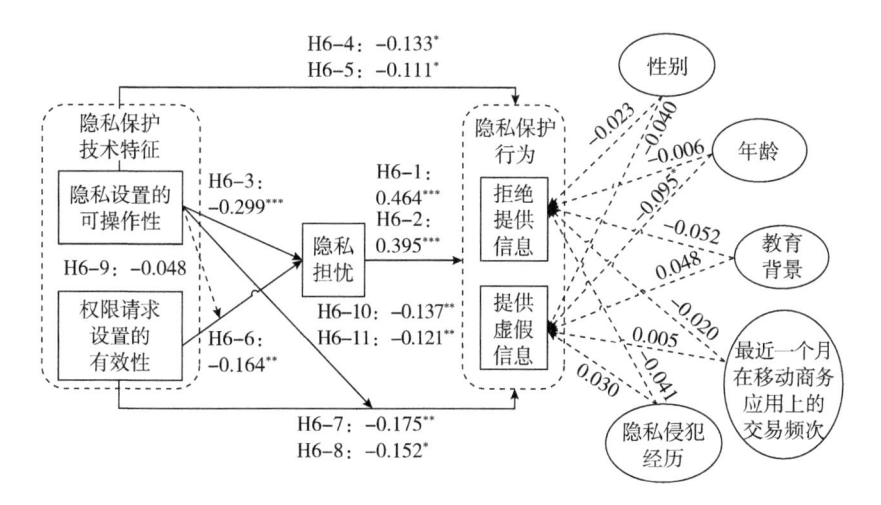

图 6-6 研究模型假设检验结果

注：***表示 $p<0.001$，**表示 $p<0.01$，*表示 $p<0.5$，虚线表示不显著。

由表 6-5 可知，隐私设置的可操作性和权限请求设置的有效性对隐私担忧不存在显著的交互作用（OPS×VPRS→PC，$\gamma=-0.048$，$p>0.05$），但对用户的两种隐私保护行为具有显著的交互作用（OPS×VPRS→REF，$\gamma=-0.137$，$p<0.01$；OPS×VPRS→MIS，$\gamma=-0.121$，$p<0.01$），因此 H6-9 未得到有效支持，H6-10 和 H6-11 得到支持。

为更进一步证实 H6-10 和 H6-11 的交互作用，本书采用 Im 等（2008）的方法。通过表 6-5 中的交互模型（模型 1）和主效应模型（模型 2）中的 R^2 值计算 $Cohen's\ f^2(=[R^2_{interaction}-R^2_{main}]/[1-R^2_{main}])$ 值。从表 6-5 可以看出，交互模型中拒绝提供信息的解释力度 R^2 为 40.8%，主效应模型中拒绝提供信息的 R^2 为 38.5%，计算得到 $f^2=0.037$，交互模型中提供虚假信息的解释力度 R^2 为 31.7%，主效应模型中提供虚假信息的 R^2 为 29.9%，计算得到 $f^2=0.026$，两者的结果均介于 0.02（小）到 0.15（中间值）之间，符合 Chin 等（2003）的检验要求，因此再次验证 H6-10 和 H6-11 得到有效支持。

第五节　研究结论与启示

一　研究结果与讨论

本章基于信号传递理论，从用户对个人信息披露细粒度控制的视角提出隐私设置的可操作性和权限请求设置的有效性两种技术特征，实证分析了这两种隐私保护技术特征对用户隐私保护行为的影响机理，研究结果验证了模型中各变量之间的作用关系，且模型展现出较好的解释力。具体结果分析如下：

（1）隐私设置的可操作性和权限请求设置的有效性均能直接负向影响移动商务用户拒绝提供信息以及提供虚假信息的意愿。这表明当用户对隐私设置的可操作性和权限请求设置的有效性感知较高时，能降低其拒绝提供信息意愿和提供虚假信息的意愿，与 Mousavi 等（2020）、刘百灵等（2020）的研究结论类似，即用户在得到有效隐私保护措施的情况下会降低其隐私保护意愿。移动商务环境下，由于数据披露和共享的动态性使得用户的隐私问题较为复杂，隐私设置的可操作性和权限请求设置的有效性一定程度上向用户传达了移动服务商在关于个人信息收集、使用和保护上的积极信号，减少用户与移动服务商在隐私实践上的信息不对称，让用户真切体验到移动服务商在保证其知情权和控制权方面所做出的努力，从而降低其隐私保护行为（拒绝提供信息、提供虚假信息）意愿。

（2）隐私设置的可操作性和权限请求设置的有效性还通过隐私担忧间接负向显著影响用户拒绝提供信息和提供虚假信息的意愿。研究表明，隐私设置的可操作性和权限请求设置的有效性能够负向影响用户的隐私担忧。用户在使用移动商务应用时，对隐私设置的可操作性和权限请求设置的有效性感知越强，越能降低用户的隐私担忧，其中，隐私设置的可操作性对隐私担忧的影响更大，路径系数为-0.299。与此同时，隐私担忧正向显著影响用户拒绝提供信息的意愿和提供虚假信息意愿，与 Jiang 等（2013）、刘百灵等（2018，2017，2020）的研究结果一致。因此，有效的隐私保护技术特征能够缓解用户对移动商务应用收集个人隐私信息的担忧，进而降低其隐私保护行为意愿。

（3）本章提出的三个交互作用中，隐私设置的可操作性和权限请求设置的有效性对用户的隐私保护行为（拒绝提供信息、提供虚假信息）意愿之间存在显著的正向交互作用。移动商务环境中，隐私设置和权限请求设置作为用户与企业在信息收集与使用方面的主要交互方式，目的都是增强用户对个人隐私信息的直接控制，当用户感知到其中一种方式可以有效发挥其作用时，对另一种方式的有效性感知也会增强。并且这种显著的正向交互作用在表 6-5 中也得到了体现，从表 6-5 主效应模型（模型 2）的分析结果来看，权限请求设置的有效性对提供虚假信息的负向影响不显著，但当考虑隐私设置的可操作性与权限请求设置的有效性之间的交互作用时（模型 1），权限请求设置的有效性对用户提供虚假信息意愿的负向作用变得显著，说明隐私设置的可操作性加强了权限请求设置有效性到提供虚假信息意愿的作用路径，再次验证了二者之间的正向交互效应。

然而隐私设置的可操作性和权限请求设置的有效性对隐私担忧的正向交互作用未得到有效支持。这表明，两个技术特征都是缓解用户隐私担忧的重要因素。移动商务环境中，移动服务商对个人信息的诉求与信息安全之间脱节的现象愈益突出，隐私设置的可操作性和权限请求设置的有效性作为两种以个人控制为核心的隐私保护实践，增强了用户对信息隐私的直接控制，减轻了对个人信息收集和如何使用的认知负担，进而显著缓解了内在的隐私担忧。

（4）控制变量中只有年龄对提供虚假信息意愿产生了显著的负向影响，这与Miltgen等（2019）研究中引用的调查结果一致，即"三分之二的消费者承认，他们故意提供了不正确的信息"，并且这种行为在不同年龄阶段出现的频率有所不同，其中18—24岁的用户占比最高，表明年轻用户提供虚假信息的意愿更强。

二 理论贡献

本章的理论贡献主要体现在如下几个方面：

第一，聚焦移动商务环境，针对当前广泛应用的隐私保护技术，提出了两种新的技术特征，即隐私设置的可操作性和权限请求设置的有效性。隐私设置和权限请求设置是目前移动商务用户管理和保护个人信息收集和使用的唯一举措，虽然学术界已经从技术特征方面对上述两种技术展开研究，但主要集中在告知用户有权撤回同意，并没有给予用户实际有意义的选择，用户不能灵活控制披露的个人信息种类以及披露的信息如何被移动服务商以及第三方使用，以至于有专家强烈呼吁应研究为用户提供实际有意义选择的隐私保护措施（Liu，2014）。因此，本章结合已有研究和现实情况，从对收集的信息类别、使用目的和共享对象的控制程度等方面提出隐私设置的可操作性，从优化点击次数、提供详尽的权限使用和保护详情提出权限请求设置的有效性两种技术特征，向用户提供了关于信息收集和使用的细粒度选择，丰富了隐私设置和权限请求设置的设计研究。

第二，揭示了隐私保护技术特征（隐私设置的可操作性和权限请求设置的有效性）的积极信号对用户隐私保护行为的影响机理。不仅研究了隐私设置的可操作性和权限请求设置的有效性对用户隐私保护行为的直接和间接影响，还探究了二者对隐私担忧和隐私保护行为潜在的交互作用。本书提出的两种隐私保护技术特征在缓解用户隐私担忧和隐私保护行为中发挥了积极作用，并发现了这两种隐私保护技术特征在降低用户隐私保护行为中的正向交互作用。

第三，研究了用户拒绝提供信息和提供虚假信息这两种隐私保护行为意愿。在以往的研究中，学者们主要将信息披露意愿作为因变量，较少考虑用户披露信息的真伪，因此有本领域的专家在顶级期刊上呼吁应关注用户披露虚假信息的隐私决策（Miltgen & Smith，2019），本章丰富了移动商务用户隐私行为研究。

三 管理启示

本章能够为移动服务商开发设计出有效的隐私保护措施提供一些实践启示，从而助力数字经济的高质量发展。

第一，移动服务商应充分意识到隐私保护技术特征的积极作用。有效的隐私保护技术特征（隐私设置的可操作性和权限请求设置的有效性）会使企业和用户双方受益，一方面用户利用隐私设置和权限请求设置进行针对性的信息披露、使用目的和共享对象的选择，能够为企业实施精准营销、提升竞争优势等提供数据支撑；另一方面，用户对隐私设置的可操作性和权限请求设置的有效性感知越强，越能增强对个人信息隐私的管理和控制感知，降低隐私担忧和隐私保护行为等负面效应。

第二，移动服务商应注重隐私保护技术的设计，例如本章提出的隐私设置的可操作性和权限请求设置的有效性。一方面移动服务商应使数据收集和使用操作透明化，使用户能够自主选择提供的信息类别，用于何种目的并与哪些对象共享；另一方面移动服务商应保证权限请求设置的有效性，尽量减少用户实施权限设置所需点击的次数以及花费的时间和精力，优化操作流程，并在每个请求的权限后面附上权限使用目的和如何进行保护的详情介绍，供用户点击查看。研究还发现，隐私设置的可操作性和权限请求设置的有效性对用户的隐私保护行为产生显著的正向交互作用，这表明移动服务商不应孤立地考虑隐私保护技术特征，某些特征的效果可能取决于其他特征的水平（Gu et al.，2015）。具体的，移动服务商可以同时提供上述两种技术特征，以此最大限度地加强对用户隐私保护行为的缓解作用。

第三，移动服务商应注重缓解用户的隐私担忧。移动服务商不仅要注重对隐私设置的可操作性和权限请求设置有效性的技术特征的实践，赋予用户细粒度的隐私控制权，从而降低用户的隐私担忧；还应积极主动地探索其他有效的隐私保护措施,例如,为用户设计基于服务商主动推荐的隐私政策协商算法(Liu et al., 2021),向不同类型的用户主动推荐个性化的隐私政策,使用户感知到更高的程序公平感、交互公平感以及分配公平感,从而减少对信息隐私泄漏的担忧。

四 存在的不足

(1)本章的调研样本主要集中于青壮年群体,且本科和硕士学历居多,虽然符合中国移动网民的分布特征和社会的发展趋势,但是未来研究可以考虑均衡年龄和学历层次,提高研究结果的普适性。

(2)本章主要考察了隐私设置的可操作性和权限请求设置的有效性,未来研究可以进一步探究其他关键技术特征,以丰富隐私保护技术特征的理论研究。

(3)本章主要探究了隐私保护技术特征对拒绝提供信息和提供虚假信息两种隐私保护行为意愿的影响,未来研究可以探索隐私保护技术特征对其他隐私保护行为的影响。

第七章 公平理论驱动的隐私保护方法研究*

企业面临着消费者数据收集与隐私保护之间的矛盾，公平驱动的隐私保护为实现这种权衡提供了一种思路。目前广泛使用的隐私保护机制（隐私政策）无法体现公平理论中的各种公平，因此本章以前面章节的研究结论为基础，基于公平理论，提出了一种新的信息技术解决方案，来平衡企业对消费者的数据收集和隐私保护之间的矛盾。本章以手机银行应用为情境，实现了一种理论驱动的信息技术解决方法原型系统，称之为主动推荐的隐私政策协商应用，并采用实地实验，验证了本章设计的解决方法提高了消费者感知的程序公平、交互公平和分配公平，并使他们在披露个人信息时感到舒适。同样的，企业也能够从消费者那里收集额外的个人信息，从而形成一个隐私友好的良性循环，实现企业对消费者数据收集与隐私保护之间的平衡。

第一节 问题引入

由于企业不断加强对个人信息的收集和使用，信息隐私成为计算机网络空间最大的问题之一（Chai et al., 2009；Smith et al., 2011）。随着移动商务的迅猛发展，企业现在比以往任何时候都能更直接地访问消费者的隐私数据（例如实时地理位置、生物识别信息），于是开启了隐私侵犯的大门（Gu et al., 2017）。在 2018 年上半年，944 起数据泄露事件导致全球近 33 亿条数据受到危及，与 2017 年相比增加了 72%（Gemalto, 2018）。

---

* 本章主要内容已发表于 *Information Systems Research*，2022，33（1）。

数据泄露事件引起了人们对隐私的担忧，从而阻碍了消费者披露他们个人信息的意愿，尤其是披露隐私信息，因此妨碍了企业对消费者数据的收集和使用。对消费者数据的收集必须与隐私保护取得一定的平衡，否则，企业的信誉和收集消费者数据的能力将受到损害（Lyons et al.，2016）。

研究表明，公平感知在隐私保护中起着至关重要的作用（Lyons et al.，2016；Son and Kim，2008）。那些认为企业会公平处理个人数据的消费者更愿意披露其隐私信息（Culnan and Armstrong，1999；Culnan and Bies，2003）。相应的，如果信息隐私保护实践能激发公平感知，那么消费者会觉得他们的个人信息被公平对待，其隐私担忧也会因此减少（Lyons et al.，2016；Zhou，2016），于是更愿意与企业分享他们的个人信息（Li，2014），从而使企业能够收集和利用消费者数据。

感知公平反映了一系列公平感知，并广泛应用于隐私文献中（Choi et al.，2016；Xu et al.，2009；Zhao et al.，2012）。Culnan 和 Bies（2003）识别了与隐私相关的三种公平，即程序公平、交互公平和分配公平。程序公平关注个人信息处理过程的公平性，交互公平关注人们如何被他人对待，而分配公平关注个人对收益和损失的感知。这三种公平共同影响着隐私关注和信息披露（Son and Kim，2008；Zhou，2016）。目前大多数企业提供的主要隐私保护方法是隐私政策，它被视为一种提供程序公平感知的方法（Liu，2014；Zhao et al.，2012）。然而，从公平理论的视角进行分析，隐私政策并不能有效地保护人们的个人信息，因为它缺乏交互公平和分配公平。具体来说，隐私政策通常是单向的（由企业单方面制定），不给消费者表达其隐私偏好的机会，再加上它们通常冗长、复杂、难以理解，尤其是在屏幕较小的移动设备上（Meinert et al.，2006），从而使消费者觉得阅读隐私政策是一件没有意义的事情。由于缺乏交互公平，一方面，消费者除了无助地被迫接受隐私政策，或者拒绝隐私政策的同时放弃与企业的互动之外，没有其他选择。另一方面，企业对所有的消费者采用统一的隐私政策，并没有考虑他们各自的隐私需求。那些不太关心隐私的消费者可能愿意提供个人信息以换取更多的个性化服务。然而，那些非常关注隐私的消费者可能想要提供最少的个人信息以获取基础服务，但他们也要被迫接受完整的隐私政策，或者退出服务，导致成本和收益之间的不公平感知，即缺乏分配公平。

有学者提出，如果隐私保护方法能由公平价值所驱动，使消费者感到自己的个人信息受到公平对待，他们会有更高的信任度和更低的隐私担忧（Lyons et al.，2016；Zhou，2016）。企业认为隐私保护与消费者个人信息收集之间存在矛盾，因此他们没有动力向消费者提供灵活的选择和个性化的隐私政策，导致消费者无法将其行为与隐私偏好保持一致（Acquisti et al.，2017）。在许多情况下，公司使用隐私政策作为遵守法律法规的一种手段，而不是将其视为一种隐私保护方法。然而，如前所述，公平感知会促使消费者披露其个人信息。因此，企业可以通过提供改进消费者感知公平的隐私保护机制，来缩小隐私保护和信息收集之间的差距。

在本章的研究中，为了更好地使消费者行为与其陈述的偏好保持一致（Acquisti et al.，2017），同时鼓励适当的信息披露，基于公平理论（Ashworth and Free，2006；Culnan and Bies，2003），我们将隐私保护方法技术特征与公平提供关联起来，通过识别协商特征和主动推荐特征，并将这两个技术特征融入隐私政策，以增加交互公平和分配公平。双向协商特征能有效缓解企业和消费者之间的隐私冲突，使双方通过比较和讨论隐私政策和隐私偏好，以获得达成一致的方案（Preibusch，2006）。主动推荐特征使得企业向不同类别的消费者主动推荐个性化的隐私政策。在理论上，我们认为相较在线隐私政策和仅具备协商特征的隐私政策，同时提供协商特征和主动推荐特征的隐私政策，将使消费者拥有更低水平的隐私担忧和更高水平的信息披露。

基于以上论点，以手机银行为情境，我们提出并设计了一种理论驱动的信息技术解决方案。重要的是，与在线情境中的电脑相比，移动设备较小的屏幕使解决方案的设计更具挑战性。本章所提出的理论驱动的信息技术解决方案——主动推荐的隐私政策协商应用，旨在通过服务代理根据消费者的隐私偏好向其推荐个性化的隐私政策，以提供更好的程序公平、交互公平和分配公平。该解决方案为消费者提供隐私选择以帮助他们表达各自的隐私偏好[①]，并通过与服务代理进行交互式协商，双

[①] 隐私偏好指消费者愿意披露哪些个人信息、企业将如何使用这些个人信息以及谁可以访问他们的个人信息。

方最终达成一致。具体来说，为了通过支持主动推荐特征来促进分配公平感知，服务代理商负责根据消费者的自我报告，采用三参数区间值模糊集（TPIFS）的方法评估消费者异构的隐私偏好（Chen and Tan，1994；Lan and Fan，2009；Zadeh，1975；Zhu et al.，2007）。根据评估结果，服务代理商向每一位消费者主动推荐个性化隐私政策，这些隐私政策是采用隐私妥协值方法（Ghazinour et al.，2014）与信息泛化的方法（Squicciarini et al.，2006），预先设计并存储在隐私政策数据库中。为了通过支持协商特征来促进交互公平感知，该技术解决方案还比较了消费者提交的隐私政策提案与企业现有的隐私政策，并由服务代理做出接受、拒绝或者继续协商的决策。

为了获取消费者对我们提出的解决方案的反应，我们在手机银行情境下展开实地实验，实证证明了，我们所提出的理论驱动的信息技术解决方案提高了消费者感知的程序公平、交互公平和分配公平，使消费者感到该企业（手机银行）尊重他们的隐私，愿意付出更多的努力来保护他们的隐私。这反过来减少了消费者们的隐私担忧，增强了他们的隐私意识，并增加了他们披露其个人信息的意愿和实际行为，以换取企业提供更多的个性化服务[①]。该实地实验将我们提出的主动推荐的隐私政策协商应用与隐私政策应用（仅发布隐私政策）和隐私政策协商应用（仅具有协商特征但没有主动推荐特征的隐私政策）进行比较，后两者应用向所有消费者展示统一的隐私政策（在此基础上寻求服务代理和消费者之间的共识）。接着，我们进行了结构方程模型分析，以检验我们提出的解决方案对消费者公平感知及其心理状态的影响，从而解释我们的实验结果。

本章研究的主要贡献体现在，应用公平理论提出和设计一种信息技术解决方案，以平衡隐私保护和信息收集之间的矛盾。虽然公平理论已被应用于信息系统（IS）文献，但它主要用于解释和预测性研究，例如识别现有的隐私干预方法所提供的公平维度（Xu et al.，2009；Zhao and Gupta，2012）。尽管公平驱动的隐私保护方法被认为是帮助企业减

[①] 个性化服务特指手机银行中的服务，例如获得个性化的财务建议、获得权威的财务资讯、获取快速贷款和基金金融服务。

少隐私事件的一种有效的方法（Lyons et al.，2016），然而鲜有研究尝试提出一种新的信息技术解决方案，以帮助企业提高消费者对隐私的公平感知。因此，这项研究响应了 Bélanger 和 Crossler（2011）及 Pavlou（2011）对隐私保护信息技术设计研究的呼吁。这一呼吁主要被计算机科学家们（而不是 IS 领域的学者）所响应。然而，计算机科学中关于隐私的大多数研究脱离了实际消费者。我们基于社会科学理论、公平理论和信息系统理论，识别了隐私保护技术特征，并利用信息系统、数学、设计科学、计算机科学和社会科学的研究方法，提出并验证了该信息技术设计的有效性。因此，本书试图推动利用学科交叉的研究方法，解决隐私保护和数据收集之间的权衡问题。

第二节　研究假设

一　隐私担忧

隐私担忧被视为个人对可能失去隐私的内在担忧（Dinev and Hart，2006；Smith et al.，1996）。有学者指出，个人隐私担忧会在不同的情境下发生变化，并且在某个具体情境下更容易理解隐私担忧，因此有必要区分具体情境下的隐私担忧和一般隐私担忧（Xu et al.，2012c）。在本书中，我们聚焦具体情境下的隐私担忧，并将隐私担忧定义为消费者对在线环境中可能丢失信息隐私的担忧。

二　程序公平：隐私政策

程序公平被描述为"看得见的公平"，涉及消费者对过程公平的感知。具体来说，当消费者感知某个决策在达成一致的过程是否公平时，程序公平就会发挥作用（Thibaut and Walker，1975）。当消费者认为企业使用公平的程序来处理他们的个人信息时，会降低他们的隐私担忧，增加其披露个人信息的意愿（Xu et al.，2009）。有研究证明企业的隐私政策反映了其隐私实践，增强了消费者对程序公平的感知（Xu et al.，2009；Zhao et al.，2012）。隐私政策描述了消费者的个人信息如何被收集、处理和使用，以及企业在处理消费者个人信息时所承担的责任。在基于地理位置的社交网络服务中，有效的隐私政策可以通过提高消费者感知的程序公平，减少他们对隐私的担忧，促使他们披露与地理位置相关的个人信息（Zhao et al., 2012）。隐私政策作为一种行业自律的隐私保护措施，可以大大增加消费者对其个人信息的感知控制，从而可以减少他们对基于位置服务的隐私担忧（Xu et al., 2012c）。总而言之，公平且有说服力的隐私政策可以影响消费者的隐私担忧和信息披露意愿。

三 交互公平：协商特征

不同于程序公平，交互公平强调人与人相处中，对待个人的公平性（Holmvall and Sidhu, 2007）。在本书中，人与人之间的关系特指消费者和企业之间的关系。协商被当作"人们无法独自实现共同目标时，采用的人与人之间协同决策的一种必要过程"（Thompson, 2014），它能确保消费者和企业都从决策的制定方式中获得公平感，这与单向的不允许消费者表达隐私偏好的隐私政策形成鲜明对比。协商特征的加入使得消费者和企业之间能够根据他们的隐私偏好和隐私政策进行双向交互。当企业对消费者的请求做出回应时，消费者感到被公平对待（Turow, 2003）。与单向的隐私政策相比，这种双向的交互使消费者感到被企业公平对待。因此，协商特征映射交互公平，允许消费者就提交的信息与企业进行互动，即基于消费者的隐私偏好，使消费者和企业就披露的信息种类以及这些信息将被如何使用达成一致。本书所涉及的协商特征具体描述如下。

协商特征允许消费者就提供的个人信息要素与企业进行交互，例如消费者愿意披露哪些个人信息，以及根据消费者表达的隐私偏好，企业如何使用这些个人信息，从而使得消费者和企业达成一致。

在我们的解决方案中，采用如下方式在移动应用中实现协商特征。移动应用服务商向消费者展示企业所请求的个人信息和使用目的[如图7-1(a)]，消费者可以根据他们的隐私偏好修改这些隐私设置，然后点击"与服务商进行协商"按钮[如图7-1(b)]，进入第一轮协商。该企业将向消费者回复以下两种协商结果中的一种：(1)如果消费者提交的隐私偏好满足企业隐私政策的下限，则协商成功[如图7-1(c)]；否则，(2)界面将提示消费者作出妥协，并在弹出的提示框中提供一些信息以促进消费者做出妥协[如图7-1(d)]。如果消费者拒绝妥协，协商终止[如图7-1(e)]；否则，消费者进入第二轮协商，消费者根据界面给出的红色提示，修改其隐私选择［如图 7-1(f)］，并再次提交。如果修改后仍有冲突，企业会询问消费者是否愿意再次妥协，并告知消费者还有最后一次机会修改隐私设置，并列出协商成功后消费者能够获得的个性化服务以促进其作出妥协［如图 7-1(g)］。如果消费者作出妥协，则消费者和企业进入最后一轮协商［如图 7-1(f)］；否则，协商失败［如图 7-1(e)］。

图 7-1　协商特征的可视化展示

(e)　　　　　　　　　　(f)

(g)

图 7-1　协商特征的可视化展示（续）

　　协商可以缩小企业要求消费者提供的个人信息和消费者愿意与企业分享的个人信息之间的差距。因此，通过协商可以建立一种互惠的关系，使消费者觉得受到公平的对待（Blau，1964）。研究表明，企业为消费者提供对企业所请求的个人信息进行协商的能力非常重要（Sparks and McColl-Kennedy，2001），企业可以通过明确指出消费者需要披露的个人信息以及这些信息的使用目的，以在协商过程中向消费者解释对其个人信息的收集与使用。这种协商方式（互动沟通）可以提高消费者向企业披露其个人信息的意愿（Turow，2003）。

该协商特征还通过易于理解的方式告知消费者收集哪些个人信息以及如何使用这些个人信息，来增加信息透明度，从而缓解消费者的隐私担忧（Spears，2013）。Gu 等（2017）也发现，告知权限请求的目的和对所收集信息的处理，能减少消费者的隐私担忧。

信息透明和公平原则能在涉及个人信息披露的关系中（例如消费者与企业之间）建立信任和信心（EPIC and Junkbusters，2000）。因此，协商特征能培养消费者对企业的信任和信心，从而缓解其隐私担忧，促进信息披露。据此，我们提出，具有协商特征的隐私政策可以减少消费者的隐私担忧，并激发他们披露个人信息的意愿。因此，提出如下假设：

H7-1a：与没有协商特征的隐私政策相比，具有协商特征的隐私政策会引发更低水平的隐私担忧。

H7-1b：与没有协商特征的隐私政策相比，具有协商特征的隐私政策会促进更高水平的个人信息披露意愿。

四 分配公平：主动推荐特征

分配（或结果）公平指的是一个人对结果的公平性感知（Zhao et al.，2012）。这种形式的公平与个人的收益和损失感有关。在社会交换中，比较产出（个人的收益）和投入（个人的投资）会影响他的分配公平感知。在隐私情境下，分配公平通常涉及一些能提高消费者对公平结果的感知（Xu et al.，2009）并减少他们的隐私担忧（Culnan and Bies，2003）的措施，例如提供一些有形（如财务）或无形的（如服务）利益（Hui et al.，2007），消费者会更愿意披露他们的个人信息（Zhao et al.，2012）。产出应该与消费者的投资（信息披露）相当，然而由于个人对隐私信息的态度和偏好的异质性（Dwork，2008；Lin，2022；Westin，1967），不同的个体对相同的投资有不同的价值衡量，这可能影响他们的隐私披露行为，我们将这种现象定义为异质的隐私偏好①。

---

① 异质的隐私偏好是指消费者对其个人信息存在不同的隐私偏好，导致消费者隐私披露行为的异质性。

Westin 的隐私划分指标已经被广泛应用，他根据个人的隐私偏好，将人们划分为三种隐私群体（Ackerman et al., 1999; Kumaraguru and Cranor, 2005）。①隐私吝啬者，他们对个人信息的任何使用都非常担忧，通常不愿意将其个人信息披露给企业，即使企业提供了隐私保护措施；②隐私实用主义者，他们也担忧其个人信息的使用，但其担忧程度不如隐私吝啬者；③隐私淡漠者，他们往往只对其隐私表现出轻微担忧，在大多数情况下愿意披露其个人信息。Thibaut 和 Walker（1975）指出，隐私实用主义者如果认为交易公平，他们愿意披露个人信息以获取利益，而隐私吝啬者通常不愿意披露个人信息。不同类别的消费者有着不同的隐私偏好和隐私担忧，这些都会影响他们披露个人信息的意愿（Taddei and Contena, 2013）。因此，企业必须积极考虑消费者的隐私异质性，并通过为不同类别的消费者主动推荐个性化的隐私政策，使服务设计与消费者的隐私偏好保持一致，以表示对消费者的关注和尊重（Karwatzki et al., 2017）。

不同类别的消费者对披露个人信息（投资）有不同的态度。隐私实用主义者认为他们的个人信息可以用来换取利益。他们认为披露个人信息以换取高质量的服务是公平的（Hui et al., 2007）。然而，与高质量的服务相比，隐私吝啬者更重视他们的个人信息，如果要求隐私吝啬者披露与隐私实用主义者相同的个人信息（投资）以换取高质量的服务（产出），隐私吝啬者可能不喜欢这种交换，尽管他们认为这是公平的。相反，他们可能觉得提供最少的信息以换取基本的服务（例如手机银行的账户管理）更容易接受，也更公平。与隐私吝啬者和隐私实用主义者不同，隐私淡漠者不认为他们的个人信息很有价值，认为披露个人信息以获得个性化的服务是一种公平并可接受的交易。

我们提出了主动推荐特征，作为一种考虑消费者隐私偏好的提供分配公平的方法。企业根据消费者不同的隐私偏好，主动向其推荐个性化的隐私政策，以满足他们的隐私需求。我们以手机银行为例，可以要求高水平的异质隐私偏好消费者披露更多的个人信息，例如披露具体的家庭月收入以获得更高的服务质量，比如以获得个性化的财务建议作为奖励；而要求低水平的异质隐私偏好消费者披露最少的个人信息，例如姓氏和电话号码，以获得基本服务，例如账户管理。因此，为了帮助消费者感知更高水平的公平，可以要求不同类别的消费者提供不同的个人信息数量，以提供差异化的服务，从而实现分配公平。

主动推荐特征使消费者能够有效地访问个性化的隐私政策。消费者青睐个性化，因为个性化通过提供符合他们需求的服务来减少他们的认知负荷（Chin，2007），这可以促进消费者和企业之间的互动。个性化也让消费者觉得从企业得到了特殊待遇（Nyheim et al.，2015），从而促进了交互公平。主动推荐特征对于具有协商特征的隐私政策尤为重要，因为它需要更高的消费者参与度，而不仅仅简单地阅读一份隐私政策。

因此，为了确保消费者感知到公平以减少隐私担忧，我们提出了一种隐私政策协商方法，企业根据消费者所属的隐私类别，通过清晰地展示数据收集的种类和使用目的，向消费者主动推荐个性化的隐私政策，并提供相应质量的服务。该方法允许消费者根据其隐私偏好对推荐的隐私政策进行选择设置，从而为每名消费者生成特有的个性化隐私政策。该方法在隐私政策中融入了协商特征和主动推荐特征，为消费者提供了更高水平的程序公平、交互公平和分配公平感知。综上所述，我们假设：

H7-2a：与没有主动推荐特征的隐私政策协商相比，具有主动推荐特征的隐私政策协商会引发更低水平的隐私担忧。

H7-2b：与没有主动推荐特征的隐私政策协商相比，具有主动推荐特征的隐私政策协商会促进更高水平的个人信息披露意愿。

第三节　研究方法

本章设计了一个实地实验来操纵自变量（即协商特征和主动推荐特征），因变量是隐私担忧、信息披露意图和信息披露行为（由实验参与者披露的个人信息的数量和敏感度来表征）。

一　信息技术解决方案

本章开发了三种手机银行 Web 应用：（1）只提供隐私政策而不进行隐私协商的应用（即隐私政策应用，App1）；（2）允许消费者根据隐私偏好，对其需要披露的各种信息要素与服务代理进行协商的应用

（即隐私政策协商应用，App2）。（3）允许消费者根据隐私偏好，在服务代理主动推荐的个性化隐私政策的基础上，对其需要披露的各种信息要素与服务代理进行协商（即主动推荐的隐私政策协商应用，App3）。App3 是通过主动考虑不同消费者的隐私需求以及主动体现企业对消费者异质的隐私偏好的尊重，来为消费者提供所有三种公平。服务代理商根据消费者的个人偏好评估他们异质的隐私偏好，并根据评估结果，向其推荐隐私政策，这些推荐的隐私政策是从企业预先设计好的隐私政策数据库中所提取。双方通过这种交互来制定隐私政策。图 7-2 为本书所提出的方案的整体架构。

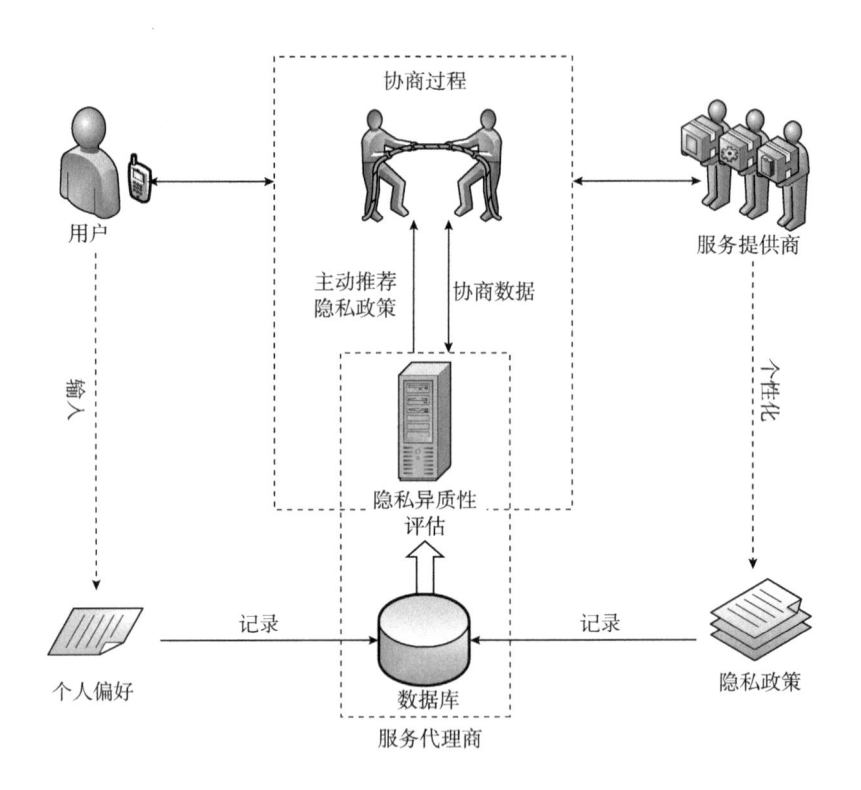

图 7-2　本书提出的主动推荐的隐私政策协商方案的整体架构

1. 隐私偏好异质性评估

第一步是评估消费者的隐私偏好异质性，使得企业的服务代理能够据此向消费者推荐个性化的隐私政策。由于异质的隐私偏好会影响消费者的信息披露意愿，因此我们依据影响消费者信息披露的因素对隐私偏好异质性进行量化。目前已有大量关于个人信息披露意愿的影响因素的实证研究（Bansal et al., 2016；Li, 2014；Sharma and Crossler, 2014；Wang and Wu, 2014；Xie et al., 2006；Xu et al., 2009；Zhao et al., 2012）。基于这些已有研究，我们从个人和企业层面选择四个影响因素，这四个因素不但对个人信息披露意愿有非常显著的影响，也对隐私政策协商至关重要（Kwon, 2010），它们是信任倾向（TP）、一般隐私担忧（PC）、企业声誉（Re）和激励措施（Ic）。我们基于已有文献，调整这些变量的定义使其适应本书，如表7-1所示。在实践中，企业可以根据自己的情况和要求，选择其中的部分变量，也可以包含其他的变量。

表7-1　　　　　　　　评估异质隐私偏好的变量定义

变量	定义
信任倾向（TP）	个体愿意相信他人的一般意愿
一般隐私担忧（PC）	个体对信息披露的控制以及信息将被如何使用的知情权的担忧
企业声誉（Re）	对移动服务商可信度和善意程度的感知
激励措施（Ic）	移动服务商为鼓励消费者提供个人信息而给予的有形奖励

消费者的异质隐私偏好可以表示为一个四元组 $Y=(TP, PC, Re, Ic)$。每个变量对消费者异质隐私偏好 Y 的权重应该是不一样的，因此我们用 $W=[w_1, w_2, \cdots, w_j, \cdots, w_n]$ 来表示每个变量的相对权重，其中 $n=4(n \in N)$，w_j 是 j 个变量的权重。不同类型的消费者对应不同的权重集，W_1、W_2、W_3 分别代表隐私含蓄者、隐私实用主义者、隐私淡漠者的权重集合。

为了获得每一类消费者异质隐私偏好 Y 中每个变量的相对权重，我们进行了一项调查，首先，要求241名网上银行用户阅读隐私含蓄者、隐私实用主义者和隐私淡漠者的特征介绍，并注明自己属于哪种隐私类别，然后回答异质隐私偏好 Y 中的四个变量对影响他们披露个人信息的重要性程度如何，从1（不重要）到7（非常重要）进行评分。

其次，计算每个变量的得分比率作为其相对权重，为了保证这些权重的合理性，我们还邀请了四位 IS 领域的专家对计算结果的合理性进行检验。最后，得到消费者异质隐私偏好的计算公式：

$F(u) = 0.2346 \times TP + 0.3246 \times PC + 0.2650 \times Re + 0.1758 \times Ic$，其中 u 表示隐私吝啬者。

$F(u) = 0.2470 \times TP + 0.2537 \times PC + 0.2532 \times Re + 0.2461 \times Ic$，其中 u 表示隐私实用主义者。

$F(u) = 0.2911 \times TP + 0.2122 \times PC + 0.2767 \times Re + 0.2200 \times Ic$，其中 u 表示隐私淡漠者。

为了帮助消费者量化异质隐私偏好 Y 中的变量，我们设计了一组简单的问题（见表7-2），这些问题基于已有成熟量表（Gefen，2000；Hui et al.，2007；Malhotra et al.，2004；Zhao et al.，2012），根据本研究内容进行相应的调整，采用李克特7级量表测量。由于模糊语言能够更好地反映人们的思维习惯（Xu，2007），因此本章采用三参数区间值模糊集（TPIFS）（Chen and Tan，1994；Lan and Fan，2009；Zadeh，1975；Zhu et al.，2007），将消费者的隐私偏好异质性准确地量化为 $[0, 1]$，即 $F(u) \in [0, 1]$。具体评估算法介绍如下。

表7-2　　　　　　　　　　异质隐私偏好量表

a. 我觉得人们普遍是值得信赖的
b. 我觉得人们普遍是可靠的
c. 用户对个人信息的控制是在线环境中用户隐私的核心
d. 在线隐私实际上是用户对如何收集、使用和共享个人信息的决定行使控制权和自主权的问题
e. 这家公司很有名
f. 这家公司有很好的声誉
g. 如果公司提供额外积分，我愿意公开个人信息
h. 如果公司提供金钱奖励（例如优惠券、免费产品），我愿意公开个人信息

注：1=非常不同意；……；7=非常同意。

基于已有文献（Holmvall and Sidhu，2007），三参数区间模糊值（TPIFV）定义如下：

定义：$\tilde{a}=[a^l, a^*, a^u]$ 为 TPIFV，其中 $a^l \leq a^* \leq a^u$，a^l 和 a^u 是区间值的下限和上限，a^* 是在该区间取值可能性最大的数，称为区间值的重心。

我们根据文献（Chen and Tan, 1994），设置了一个七级语义变量的 TPIFV，如表 7-3 所示。将消费者对所有问题的评分映射到 TPIFV，从而得到 Y 中每个变量的 $\tilde{a}_j (j \in [1, 4]$ 和 $j \in N)$。随后使用模糊相对熵距离的方法度量语义变量 TPIFV 之间的距离（Lan and Fan, 2009），以定量评估个人的隐私偏好异质性 $F(u)$，取值范围从 0 到 1。

表 7-3　　　　　　　　　　七级语义变量的 TPIFV

等级	TPIFV	等级	TPIFV
非常同意（VH）	[0.8, 0.95, 1]	有些不同意（FL）	[0.3, 0.45, 0.5]
同意（H）	[0.65, 0.75, 0.85]	不同意（L）	[0.2, 0, 3, 0.35]
有些同意（FH）	[0.5, 0.65, 0.7]	非常不同意（VL）	[0, 0.1, 0.25]
中立（M）	[0.4, 0.5, 0.6]		

基于信息论，使用相对熵距离来衡量（Shang and Jiang, 1997）A 和 B 两个系统的状态 A_i 和 $B_i (i=1, 2, \cdots, n)$ 之间的差异。我们使用相对熵决定论表示语义变量间的距离（赵萌和邱菀华，2012），$\tilde{a}$ 和 $\tilde{b}$ 之间的相对熵定义为：

$$I(\tilde{a}, \tilde{b}) = \sum_{k=l, *, u} \left[a^k \ln \frac{a^k}{0.5(a^k + b^k)} + (1-a^k) \ln \frac{1-a^k}{1-0.5(a^k + b^k)} \right] \tag{7-1}$$

相对熵具有不对称性，所以 $\tilde{a}$ 和 $\tilde{b}$ 之间的相对熵距离定义为：

$$D = I(\tilde{a}, \tilde{b}) + I(\tilde{b}, \tilde{a}) \tag{7-2}$$

利用式（7-1）和式（7-2），可以得到第 j 个因子 $y_j (y_j \in Y)$ 的 $\tilde{a}_j$ 与正理想解 $\tilde{a}_j^*$ 的距离，用 D_j^* 表示，$\tilde{a}_j$ 与 $y_j (y_j \in Y)$ 的负理想解 $\tilde{a}_j^-$ 的距离，用 D_j^- 表示。如表 7-3 所示，如果强烈同意是正理想解，则 $\tilde{a}_j^* = [0.8, 0.95, 1]$ 和 $\tilde{a}_j^- = [0, 0.1, 0.25]$。

考虑权重集 $W = [w_1, w_2, \cdots, w_j, \cdots, w_n]$，$j \in N$，$n \in N$，消费者 u 到正理想解和负理想解的距离分别为：

$$d^* = \sum_{j=1}^{n} w_j^* D_j^*, \quad d^- = \sum_{j=1}^{n} w_j^* D_j^- \tag{7-3}$$

消费者 u 与理想解的相对贴近度可以表示为 $\frac{d^-}{d^-+d^*}$，消费者的隐私偏好异质性 $F(u)=\frac{d^-}{d^-+d^*}$，且 $F(u)\in[0,1]$。当 $F(u)=0$ 时，应拒绝协商。当 $F(u)=1$ 时，协商成功。当 $F(u)\in(0,1)$ 时，服务代理商需要根据消费者的隐私偏好异质性 $F(u)$ 向消费者推荐个性化的隐私政策。

2. 隐私政策设计

为了实现主动推荐的隐私政策协商应用，我们设计了隐私政策集合，以根据消费者不同的隐私偏好进行相应的推荐。我们采访了中国三家不同银行的三位经理来确定银行需要获得的个人信息种类及其原因。消费者仅用电话号码就可以注册网上银行，但他们若想使用个性化服务，如个性化的财务建议和金融资讯，则需要提供额外的个人信息。根据访谈结果，我们选择了要求受试者提供 12 种个人信息（见表 7-4）。收集这些个人信息总共涉及五个目的，分别是账户管理、安全保障、增值服务、第三方访问以及研究和数据分析（Ghazinour et al., 2014）。

表 7-4　隐私吝啬者、隐私实用主义者和隐私淡漠者的隐私政策下限和上限

信息类别	粒度	隐私吝啬者		隐私实用主义者		隐私淡漠者	
		下限	上限	下限	上限	下限	上限
名字	全名		√	√	√	√	√
	姓	√					
性别	/		√	√	√	√	√
职业	/			√	√	√	√
地址	房间号						√
	社区				√	√	
	县区						
	城市	√	√				
邮箱	/				√	√	√
婚姻状况	/			√	√	√	√

续表

信息类别	粒度	隐私吝啬者		隐私实用主义者		隐私淡漠者	
		下限	上限	下限	上限	下限	上限
电话号码	/	√	√	√	√	√	√
身份证号	/				√	√	√
个人债务类型	/			√	√	√	
个人债务额	具体金额						√
	单位：万元						
	单位：十万元				√	√	
家庭月收入	具体金额						√
	单位：千元				√	√	
	单位：万元			√			
个人月支出	具体金额					√	√
	单位：千元			√			
	单位：万元			√			

使用目的	粒度	隐私吝啬者		隐私实用主义者		隐私淡漠者	
		下限	上限	下限	上限	下限	上限
账户管理	允许		√	√	√	√	√
	不允许	√					
增值服务	原始数据		√		√	√	√
	非身份数据			√			
	非财务数据						
	非身份和非财务数据						
	不允许	√					
安全保障	原始数据		√		√	√	√
	非身份数据			√			
	非财务数据						
	非身份和非财务数据						
	不允许	√					
研究和数据分析	原始数据						√
	非身份数据		√		√	√	
	非财务数据						
	非身份和非财务数据			√			
	不允许	√					

续表

使用目的	粒度	隐私吝啬者		隐私实用主义者		隐私淡漠者	
		下限	上限	下限	上限	下限	上限
第三方访问	原始数据						√
	非身份数据		√		√	√	
	非财务数据						
	非身份和非财务数据			√			
	不允许	√					

本章结合隐私妥协值方法（Ghazinour et al., 2014）与信息泛化的方法（Squicciarini et al., 2006）设计了隐私政策集合。首先，需要获取表7-4中列出的12种个人信息及其不同信息粒度的信息敏感度和用户对这5种个人信息使用目的的担忧程度。我们招募了120名受试者，要求他们使用0—10的离散量表对信息敏感度和担忧程度打分，其中0代表完全不敏感/担忧，10代表非常敏感/担忧。其次，将收集到的某一信息敏感度按照升序排序后，一定存在一个指针使该位置左边的元素数量等于$x\%$的总数大小($x\in[0,100]$)（Ghazinour et al., 2014），用$x\%$定义妥协值水平，表示至少有$x\%$的消费者愿意提供这一信息。本章中，隐私吝啬者、隐私实用主义者和隐私淡漠者的隐私妥协值水平分别设为85%、50%和20%，同时考虑中国的手机银行需要提供的必要个人信息，我们根据不同的隐私类别分别开发了下限隐私政策和上限隐私政策，即隐私吝啬者(S_0^-, S_0^*)、隐私实用主义者(S_1^-, S_1^*)和隐私淡漠者(S_2^-, S_2^*)，见表7-4。这些隐私政策之间具有层级关系，即$S_i^- \leq S_i^*$，$i=0,1,2$。且隐私实用主义者的下限隐私政策比隐私吝啬者的上限隐私政策更严格($S_0^* \leq S_1^-$)，隐私淡漠者的下限隐私政策比隐私实用主义者的上限隐私政策更严格($S_1^* \leq S_2^-$)。

鉴于主动推荐的隐私政策协商应用同时具备两个主要特征（即协商特征和主动推荐特征），需要开发两个移动基本应用，以评估这两个特征对消费者的隐私担忧和信息披露行为的影响：一个是基础应用，只呈现静态的隐私政策（隐私政策应用）；另一个仅提供隐私政策协商特征的应用（隐私政策协商应用）。隐私政策应用中请求的个人信息和使用目的与隐私淡漠者的下限隐私政策一致。隐私政策协商应用中上限和下限隐私政策与隐私淡漠者的隐私政策一致。

3. 用户接口设计

为了确保消费者能轻松理解我们设计的隐私政策，并考虑移动手机较小的屏幕，本书设计的用户界面以简洁的形式呈现隐私相关信息，即根据推荐的个性化隐私政策，直接显示请求的个人信息及其粒度［如图7-3（a）］。在图7-3（a）中，请求的第一种个人信息是姓名，推荐的粒度是全名。

为了消费者更方便地表达他们的隐私偏好，如图7-3（b），在下拉框中提供了关于信息粒度的选项，以地址为例，下拉框显示了地址的各种信息粒度，例如具体到房间号，具体到社区，具体到城市，以及不愿意提供个人信息。消费者可以根据他们的隐私偏好选择下拉框中的选项以修改企业所请求的个人信息种类及其粒度。为了帮助受试者理解企业的下限隐私政策，我们在每个下拉框中标明了"下限"。该界面还解释了个人信息的使用目的，如图7-3（c）所示。

受试者在表达他们的隐私偏好后，只需点击"与服务商协商"按钮即可进入协商过程。如果受试者提交的隐私偏好与企业的隐私政策下限冲突，用户界面会提示受试者进行隐私妥协。如果受试者愿意改变他们的隐私设置，则界面会在冲突的位置显示提示信息［图7-3（d）］；否则，协商终止。为了帮助受试者理解该页面的内容，我们在页面顶部增加了实验说明，告知受试者以下信息请求是基于其偏好而推荐的个性化隐私政策，受试者可以根据他们的隐私偏好进行更改。受试者在整个过程中只需选择下拉框中的选项以及单击按钮，这对即使没有技术基础的受试者来说，都可以轻松完成。

4. 移动应用的工作流程

图7-4描述了主动推荐隐私政策协商应用的内部工作流程，表7-5介绍了该移动应用的具体运行步骤。步骤1和步骤2中的主动推荐特征让消费者感知到分配公平，而步骤3—步骤5中的协商特征让消费者感知到交互公平。若受试者在步骤1中没有回答任何问题，本书默认其为隐私实用主义者，因为大多数消费者都属于这种隐私类别（Kumaraguru and Cranor，2005）。如果受试者不想进行协商，他们只需点击一个

图 7-3 用户界面设计

按钮即可跳过协商过程,也即表示同意推荐的隐私政策,这类似于点击一个按钮表示同意隐私政策。

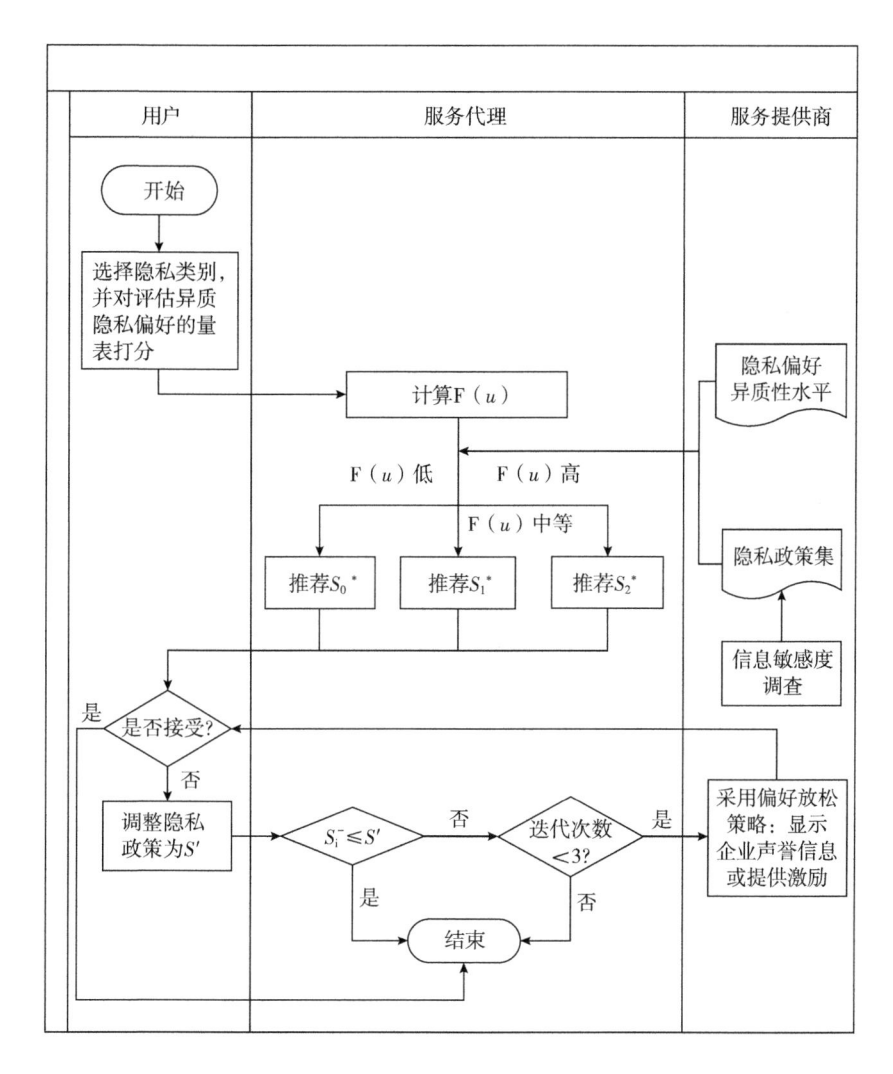

图 7-4　主动推荐的隐私政策协商应用工作流程

表 7-5　　　　　　　　　　　　　　运行步骤

步骤	描述
步骤1	要求消费者根据自己的偏好选择一种隐私类别，并回答评估异质性隐私偏好的问题
步骤2	服务代理根据评估结果 $F(u)$ 从隐私政策数据库中选择合适的上限隐私政策 S_i^*，主动推荐给消费者

续表

步骤	描述
步骤3	消费者可以选择接受推荐的隐私政策，或根据其隐私偏好修改该隐私政策，得到一个新的隐私政策 S'，发送给服务代理
步骤4	服务代理将 S' 与下限隐私政策集 S_i^- 进行比较，以确定是否接受 S'： 如果 $S_i^- \leq S'$，则协商成功； 否则，若协商迭代次数小于3，服务代理通过展示企业声誉相关信息或采取激励措施（如提供免费服务）鼓励消费者进行妥协，并询问消费者是否愿意放宽他们的隐私偏好； 否则，若协商迭代次数大于等于3，协商失败
步骤5	若消费者选择放宽隐私偏好，他们会向服务代理发送一个新的隐私政策 S'，并返回到步骤4。否则，协商失败

二 变量测量和预实验

所有的测量题项均根据相关研究（Dinev and Hart, 2006; Malhotra et al., 2004; Smith et al., 1996），经过适当的修改以适用于手机银行情境。本章采用回译的方式将最初的英文题项翻译成中文。这些题项及其来源见表7-6。

表7-6　　　　　　　　　　构念测量

第1部分：控制变量（在主实验开始之前测量）		
构念	测量题项	来源
信任倾向（TRU）（量表：从"非常不同意"到"非常同意"）	我觉得人们通常是值得信赖的	Culnan & Bies, 2003
	我觉得人们通常是可靠的	
声誉（Rep）（量表：从"非常不同意"到"非常同意"）	该银行很有名	Gefen, 2000
	我对该银行很熟悉	
	在业界中，该银行声誉很好	
移动隐私侵犯经历（PE）（量表：从"从未"到"总是"）	您遭遇隐私侵犯的频率	Malhotra et al., 2004
第2部分：研究变量（使用手机银行应用之后测量）		
对于以下问题，"移动应用"是指嵌入隐私政策/隐私协商/个性化隐私政策协商的手机银行应用；"服务商"是指提供"移动应用"的实体		
隐私担忧（PCON）（量表：从"一点儿也不担忧"到"非常担忧"）	我担心该App收集了我过多的个人信息	Dinev & Hart, 2006; Smith et al., 1996
	我担心提供给该App的个人信息可能会被滥用	

续表

第 2 部分：研究变量（使用手机银行应用之后测量）		
对于以下问题，"移动应用"是指嵌入隐私政策/隐私协商/个性化隐私政策协商的手机银行应用；"服务商"是指提供"移动应用"的实体		
隐私担忧（PCON）（量表：从"一点儿也不担忧"到"非常担忧"）	当该 App 索要我的个人信息时，我感到不安	Dinev & Hart, 2006; Smith et al., 1996
	我提供给该 App 的个人信息，可能会被其他服务商所使用，这让我感到担心	
	我提供给该 App 的个人信息，很可能被某种我无法预知的方式使用，这让我感到担心	
披露意愿（DI）（量表：从"非常不同意"到"非常同意"）	我愿意向该 App 提供我的个人信息	Zhao et al., 2012
	我很有可能向该 App 提供我的个人信息	
	我或许会向该 App 提供我的个人信息	
	如果有机会，我打算向该 App 提供我的个人信息	
程序公平（PJ）（量表：从"非常不同意"到"非常同意"）	该 App 服务商在清楚地展示个人信息的收集情况与使用方式方面作出了合理的努力	Colquitt & Jason, 2001; Son & Kim, 2008
	该 App 服务商在收集敏感的个人信息之前征得我的同意方面作出了合理的努力	
	该 App 服务商在防止个人信息的非授权访问方面作出了合理的努力	
	该 App 服务商在让我表达隐私偏好方面作出了合理的努力	
交互公平（IP）（量表：从"非常不同意"到"非常同意"）	与该 App 的交互中，该 App 服务商似乎关心我的隐私信息保护	Choi et al., 2016
	与该 App 的交互中，该 App 服务商体现了对我的隐私的尊重	
	与该 App 的交互中，该 App 服务商表现出对我的隐私（信息）保护权利的关注	

续表

	第 2 部分：研究变量（使用手机银行应用之后测量）	
对于以下问题，"移动应用"是指嵌入隐私政策/隐私协商/个性化隐私政策协商的手机银行应用；"服务商"是指提供"移动应用"的实体		
	与该 App 的交互中，该 App 服务商考虑到我保护隐私信息的需求	
分配公平（DJ）（量表：从"非常不同意"到"非常同意"）	向该 App 提供的个人信息能使我获得更多有用的信息和服务	Son & Kim, 2008
	向该 App 提供的个人信息能使我获得更高的服务水平	
	向该 App 提供的个人信息与我即将从该 App 获得的服务回报相符	
	考虑到向该 App 提供个人信息存在的风险，我所获得的收益（服务）是公平的	
协商机制的感知有效性（PE）（量表：从"非常不同意"到"非常同意"）	我认为该基于个性化推荐的隐私协商方法能够让我有效地设置个人隐私偏好	Sutanto et al., 2013; Zhao et al., 2012
	我认为该基于个性化推荐的隐私协商方法能够使我与服务商就个人信息的隐私保护进行交互、协商	
	我认为该基于个性化推荐的隐私协商方法使我能控制我的个人信息	
心理舒适度（PCOM）（量表：从"非常不同意"到"非常同意"）	向该手机银行应用提供信息时，我感到安心	Chellappa & Sin, 2005
	在使用该手机银行应用时，我感到心里踏实	
	第 3 部分：操作检查（MC）	

无协商的隐私政策 MC：
该 App 中是否有隐私政策？（是/否）
非个性化隐私政策协商应用 MC：
该 App 是否使您能够就所请求的信息及其使用与服务商进行协商？（是/否）
个性化的隐私政策协商应用 MC：
该 App 是否建议您根据自己的喜好披露一些个人信息并获得相应的服务？（是/否）
该 App 是否使您能够就所请求的信息及其使用与服务商进行协商？（是/否）

续表

第4部分：研究变量（选做题）		
对于以下问题，"功能"是指嵌入在手机银行应用程序中的隐私政策/隐私协商/个性化隐私政策协商相关功能		
感知易用性（量表：从"非常不同意"到"非常同意"）	该App提供的方法/新方法，容易使用	Venkatesh, 2000
	使用该App提供的方法/新方法，并不需要我的很多精力	
感知有用性（量表：从"非常不同意"到"非常同意"）	该App提供的方法/新方法，使我能控制我的个人信息	Gefen & Straub, 2003
	该App提供的方法/新方法，能有效保护我的隐私信息	
使用意向（量表：从"非常不同意"到"非常同意"）	我愿意使用提供了该功能的手机银行	Taylor & Todd, 1995
	我愿意向提供了该功能的手机银行提供我的个人信息	
	我会推荐我的朋友同事使用带有该功能的手机银行	
	若手机银行提供了该功能，我会使用更多的手机银行业务	

在正式实验开始之前，我们进行了三个预实验。第一个预实验的目标是保证用户界面友好，实验说明清晰。共招募10名IS领域的学者和研究生，根据他们的反馈，我们对每个页面的设计、按钮、提示框和部分说明进行了适当修改。在第二个预实验中，我们招募了46名受试者，以验证实验程序和说明的清晰性，评估测量题项的清晰度和实验操作的有效性，并了解他们对主动推荐的隐私政策协商应用的反应。每名受试者逐一体验了三种手机银行应用，并通过访谈提供了详细的体验反馈。根据这些反馈，我们简化了实验程序，精简了实验说明，增加了一些关于隐私协商和主动推荐隐私协商的必要说明，还增加了延时功能以确保受试者使用足够的时间来阅读实验说明。为了避免受试者疲劳，我们将问卷分为必答题和选答题两个部分，选答题部分还使用了扩展符号"+"隐藏部分题项，使页面看起来更简洁。第三个预实验是在线下银行开展的，为了确保主实验能够顺利执行。受试者普遍反映我们设计的

用户界面很像真实的手机银行应用,甚至该银行的工作人员认为这就是他们银行开发的移动应用。

访谈结果显示大部分受试者喜欢主动推荐隐私政策协商应用(App3),并表达了积极的态度,例如"第一印象非常好""我喜欢该App3,因为它可以缓解我的隐私担忧,我觉得我的隐私受到了尊重""这个推荐让我感到舒适""作为银行的业务经理,我希望银行能够使用这种方法""我希望不仅是手机银行应用,其他移动应用也能采用这种方法"。

三 实验过程

在实地实验中,我们以中国一家真实银行为实验情境,张贴招募公告,说明该银行在手机银行应用中设计了新功能,邀请受试者通过扫描二维码参与此次功能测评,这样受试者可以在他们想要的任何时间任何地点参与此次测评。我们除了在网上张贴公告,还通过该银行的营销团队将此公告发送给他们的客户。为了激励受试者参与实验并完成问卷的可选部分,我们根据他们在实验中提供反馈的数量和质量提供相应的金钱奖励。

受试者通过扫描二维码登录我们的实验系统,他们被随机分配到三种手机应用中的任意一种,每种手机应用包含四个环节。在前两个环节中,要求受试者在实验开始前用李克特 7 级量表评估 12 种个人信息(如表 7-4)的敏感度,以确保信息敏感度评分不受实验内容的影响;他们还回答了一份收集个人信息(作为控制变量)的调查问卷。在第三个环节,受试者被要求仔细阅读实验说明,并独立完成功能测评。我们对每种移动应用中涉及的隐私保护方法均进行了简短的说明,受试者阅读这些实验说明后,开始体验移动应用中的隐私保护方法,具体过程见表 7-7。

表 7-7　　　　　　　　　实地实验的第三个环节

第 1 组:App1(隐私政策应用)显示了由企业单方面制定的隐私政策的链接,要求受试者选择"同意"或"拒绝"。如果选择"同意",系统就告知他/她需要提供的个人信息和可以获得的服务;否则,本环节结束

续表

第2组：App2（隐私政策协商应用）显示了个人信息请求和使用目的（类似于图7-3），受试者可以根据他们的隐私偏好修改以上内容，与该企业进行协商。协商过程如前所述，当受试者拒绝作出妥协，或经过三轮协商后，隐私协商失败，该环节结束；如果协商成功，与第1组类似，参与者会被告知公司所要求的个人信息以及根据协商结果他们可以获得的服务
第3组：被分配到App3（主动推荐隐私政策协商应用）的受试者需要填写一份问卷，以评估他们的异质隐私偏好（问卷题项见表7-2）。根据评估结果，企业主动向其推荐个性化的隐私政策（图7-3）。双方根据推荐的个性化隐私政策和受试者的隐私偏好进行隐私协商，其协商过程与第2组相同

受试者通过完成第四个环节以提供实验反馈。如前所述，该环节的问卷分为必答题和选答题两个部分。必答题包含主要研究变量和操作检查的测量题项（表7-6的第2和第3部分）。选择同意隐私政策或在第三个环节中取得协商成功的受试者需要根据同意的隐私协议披露其个人信息。无论受试者是否披露所请求的个人信息，他们都可以进入下一步的选答题作答。无论在实地实验的第三个环节，协商结果如何，都会向受试者呈现问卷的选答题，其中包含测量感知易用性、感知有用性、使用意愿的题项，还包含一些开放式问题以了解他们对所体验的隐私保护方法的意见和态度。为了了解受试者感知的信息敏感度是否会因所使用的隐私保护方法而发生改变，受试者还被要求在实验后再次对12种个人信息的敏感度进行评分。为了鼓励受试者完成这些选答题，我们提供了额外的金钱奖励。

四 数据收集

我们共招募了372名受试者，剔除花费时间太少和未能通过操作检查的受试者，最终保留336名受试者。其中55%是男性，45%是女性，共涉及7个年龄段，20岁以下（2%），20—24岁（26%），25—29岁（34%），30—34岁（19%），35—39岁（12%），40—49岁（5%），以及50岁及以上（2%）。这些人口统计特征能代表中国手机银行的消费者群体。样本人口统计见表7-8。

表 7-8　　　　　　　　样本人口统计特征（N=336）

变量	类别	频率（人/%）	变量	类别	频率（人/%）
性别	男	185（55）	近三个月手机银行的使用频率	从未	55（16）
	女	151（45）		1至3次	113（34）
教育水平	高中	41（12）		4至10次	73（22）
	专科	70（21）		大于10次	95（28）
	学士	157（47）	手机银行的使用年限	从未	39（12）
	硕士	68（20）		少于12个月	45（13）
年龄	<20	6（2）		12至24个月	64（19）
	20—24	87（26）		25至36个月	63（19）
	25—29	115（34）		大于3年	125（37）
	30—34	63（19）			
	35—39	41（12）			
	40—49	16（5）			
	≥50	8（2）			

为了评估无应答偏差，我们采用 T 检验比较了早期和晚期实验参与者的人口统计信息（性别、年龄、教育水平、近三个月手机银行的使用频率、手机银行的使用年限）、信任倾向、声誉、移动隐私侵犯经历、感知的程序公平、感知的交互公平、感知的分配公平、隐私担忧和信息披露意愿，其中早期受试者为前两周参与实验的受试者（占总受试者的54.2%）。T 检验结果显示两组均值均无显著差异，表明本实验受试者的人口统计特征与中国手机银行的消费者群体基本一致。

第四节　数据分析结果

一　实验操作检查

实验操作检查分为三个步骤。第一，我们记录了每名受试者在实验中花费的时间，删除花费时间过短（少于5分钟）的样本数据。第二，剔除了未能正确回答操作检查问题的样本数据。第三，我们通过感知公平的测量题项来检验实验操作的有效性，T 检验结果表明，所有实验分组的操作都是有效的。具体来说，与第1组相比，受试者在第2组

（t=2.19，p<0.05）和第 3 组（t=6.73，p<0.001）中感知到了更高的交互公平。第 3 组的受试者比在第 1 组（t=6.30，p<0.001）和第 2 组（t=5.70，p<0.001）的受试者感知到更高水平的分配公平。经过以上三步操作检查后，最终保留 336 份有效数据。

Mann-Whitney 检验结果显示，三种手机应用的受试者在性别比例和教育水平上没有显著差异。方差分析（ANOVA）结果显示，被分配到三种手机应用的受试者在年龄、手机银行的使用年限、近三个月手机银行的使用频率、信任倾向、声誉和移动隐私侵犯经历上也没有显著差异。因此，实验随机分配的过程是有效的。

二 研究假设检验

表 7-9 总结了三种手机银行的相关描述性统计和主要研究变量的调查结果。

表 7-9　　　　　　　　　　描述性统计

	App1	App2	App3
关于隐私保护方法的数据统计			
总样本量（份）	112	113	111
协商成功的样本量（份）	110	54	95
协商成功率（%）	98.2	47.8	85.6
平均协商次数（次）	—	2.13	1.46
调整默认隐私设置的受试者数量（人）	—	80	79
使用隐私保护方法的耗时（秒）	16.5	88.4	118.8
信息披露的数据统计			
披露的信息总数量（份）	429	193	428
披露的平均信息数量（份）	3.9	3.57	4.51
披露的平均信息敏感度	17.78	16.41	20.11
主要研究变量的调查结果			
隐私担忧	5.28	5.17	4.46
信息披露意愿	4.14	4.27	5.08

协商成功率是获得协商成功结果的受试者占该组总体样本的比例。

App1（隐私政策应用）的协商成功率最高，App2（隐私政策协商应用）的协商成功率最低，App3（主动推荐隐私政策协商应用）的协商成功率略低于App1。披露的平均信息数量和平均信息敏感度分别表示同意隐私政策或协商成功的每名参与者平均披露的信息数量和信息敏感度，因为只有这些受试者被要求披露个人信息。根据统计结果，我们发现App3中接受隐私政策的受试者愿意披露更多的敏感个人信息。隐私担忧和信息披露意愿调查结果的T检验显示App1和App2之间没有显著差异，但App2和App3之间差异显著（p<0.001）。与App2相比，App3中受试者的隐私担忧程度较低，信息披露意愿较高，这些结果初步证实了我们提出的解决方案的有效性。

本章采用多元线性回归模型进一步检验提出的假设，为了提高分析效率，我们使用单个回归模型估计三种手机应用之间的差异，为了使得分析结果更为保守，使用双尾检验来评估显著性。表7-10的第（1）列和第（3）列显示了包含多个控制变量的情况下，协商特征（H7-1a和H7-1b）和主动推荐特征（H7-2a和H7-2b）的线性回归分析结果，而表7-10的第（2）列和第（4）列显示了不包括控制变量的估计结果。

表7-10　　　　　协商和主动推荐功能的结果

	隐私担忧		信息披露意愿	
	（1）	（2）	（3）	（4）
	模型1 有控制变量	模型2 无控制变量	模型1 有控制变量	模型2 无控制变量
协商特征 （0—无，1—有）	-0.116 (0.144)	-0.114 (0.146)	0.152 (0.139)	0.129 (0.139)
主动推荐特征 （0—无，1—有）	-0.705*** (0.145)	-0.707*** (0.147)	0.784*** (0.140)	0.807*** (0.139)
性别	-0.389** (0.121)	—	0.316** (0.117)	—
年龄	0.013 (0.048)	—	0.004 (0.047)	—
教育水平	-0.050 (0.071)	—	0.084 (0.069)	—

续表

	隐私担忧		信息披露意愿	
	(1)	(2)	(3)	(4)
	模型1 有控制变量	模型2 无控制变量	模型1 有控制变量	模型2 无控制变量
手机银行的使用年限	0.069 (0.044)	—	-0.006 (0.043)	—
近三个月手机银行的使用频率	-0.047 (0.067)	—	-0.024 (0.065)	—
信任倾向	0.045 (0.060)	—	0.041 (0.058)	—
声誉	0.107 (0.058)	—	0.080 (0.057)	—
移动隐私侵犯经历	0.101** (0.038)	—	-0.006 (0.036)	—
常数	4.381 (0.397)	5.280 (0.104)	3.337 (0.384)	4.141 (0.099)
样本量（份）	336	336	336	336
R^2	0.163	0.099	0.172	0.136

注：*** 表示 $p<0.001$，** 表示 $p<0.01$，* 表示 $p<0.05$，括号内为标准误差。

H7-1a 和 H7-1b 提出，在隐私政策中加入协商特征会引发更低水平的隐私担忧和促进更高水平的个人信息披露意愿，然而，这两个假设没有得到支持。H7-2a 提出，包含主动推荐特征的方法将会缓解消费者的隐私担忧。我们在控制了人口统计变量、信任倾向、声誉和移动隐私侵犯经历之后，结果显示该方法对隐私担忧有显著的负向影响（$p<0.001$），因此支持 H7-2a。我们还发现，主动推荐特征对信息披露意愿有显著的正向影响（$p<0.001$），支持 H7-2b。此外，通过模型 1 和模型 2 之间的比较表明，协商特征和主动推荐特征较大程度地解释了隐私担忧和信息披露意愿。表 7-11 总结了本章提出的四个假设的检验结果。

表 7-11　　　　　　　　　　假设检验结果

H7-1a：与没有协商特征的隐私政策相比，具有协商特征的隐私政策会引发更低水平的隐私担忧	不支持

续表

H7-1b：与没有协商特征的隐私政策相比，具有协商特征的隐私政策会促进更高水平的个人信息披露意愿	不支持
H7-2a：与没有主动推荐特征的隐私政策协商相比，具有主动推荐特征的隐私政策协商会引发更低水平的隐私担忧	支持
H7-2b：与没有主动推荐特征的隐私政策协商相比，具有主动推荐特征的隐私政策协商会促进更高水平的个人信息披露意愿	支持

为了进一步检验使用具有协商特征和主动推荐特征的隐私策略相比使用无协商特征的传统隐私政策，用户的隐私担忧是否更低，信息披露意愿是否更高，本章额外增加了两组比较（见表7-12）。比较结果进一步证实了我们的假设。

表7-12　　主动推荐隐私政策协商应用 vs. 隐私政策应用

	隐私关注		披露意愿	
	（1）	（2）	（3）	（4）
	模型1 有控制变量	模型2 无控制变量	模型1 有控制变量	模型2 无控制变量
无协商特征（0）vs. 协商和主动推荐特征（1）	-0.815*** (0.154)	-0.821*** (0.157)	0.932*** (0.133)	0.936*** (0.131)
性别	-0.427** (0.158)	—	0.246 (0.136)	—
年龄	0.016 (0.065)	—	0.024 (0.056)	—
教育水平	0.025 (0.092)	—	0.036 (0.080)	—
手机银行的使用年限	0.057 (0.058)	—	-0.029 (0.050)	—
近三个月手机银行的使用频率	-0.062 (0.092)	—	-0.027 (0.079)	—
信任倾向	0.090 (0.076)	—	-0.032 (0.066)	—
声誉	0.132 (0.074)	—	0.056 (0.064)	—
移动隐私侵犯经历	0.109* (0.051)	—	0.012 (0.044)	—

续表

	隐私关注		披露意愿	
	（1）	（2）	（3）	（4）
	模型1 有控制变量	模型2 无控制变量	模型1 有控制变量	模型2 无控制变量
常数	3.960 (0.511)	5.280 (0.111)	3.829 (0.441)	4.141 (0.093)
样本量（份）	223	223	223	223
R^2	0.181	0.110	0.205	0.187

注：*** 表示 $p<0.001$，** 表示 $p<0.01$，* 表示 $p<0.05$，括号内为标准误差。

三 行为分析

本章还探索了协商和主动推荐特征对消费者实际信息披露行为的影响。在实验中，同意隐私政策或取得协商成果的受试者都被要求披露其个人信息。他们的披露行为可以看作一个从 0 到 1 的实数，通过以下函数进行计算：

$$信息披露行为 = \frac{\sum_{j=1}^{m} item_{sens_j}}{\sum_{i=1}^{n} item_{sens_i}} \qquad (7-3)$$

其中 $\{m, n, i, j\} \in N$，m 代表所披露的信息数量，n 代表实验第四个环节中所请求的信息总数，$item_{sens_j}$ 和 $item_{sens_i}$ 分别表示第 j 种和第 i 种个人信息的敏感度均值，该均值根据受试者在实验第一个环节中的评分而得到的。本章之所以加入信息敏感度，是因为企业不仅关注用户披露的信息数量，还关注用户披露信息的质量。请求的个人信息越敏感，消费者就越不愿意披露。

为了控制不同的隐私政策水平对信息披露行为的影响，本章额外增加了一个控制变量，即隐私政策水平。由于隐私政策之间存在层级关系，我们分别给隐私淡漠者、隐私实用主义者和隐私吝啬者的隐私政策赋值为 1、2 和 3，表 7-13 的第（1）列给出了分析结果，我们发现主动推荐特征确实促进了实际的信息披露行为（$p<0.01$）。有趣的是，协商特征对受试者的信息披露行为具有显著的负向作用（$p<0.001$），不过主动推荐特征对信息披露行为的影响要比协商特征更强。因此，与传统的

隐私政策和隐私政策协商相比，我们提出的主动推荐隐私政策协商方法促进了受试者实际的信息披露行为，这进一步证实了我们所提出方法的有效性。

表 7-13　　三种移动应用的信息披露行为分析

	信息披露行为		
	（1）	（2）	（3）
	模型 1 基础模型	模型 2 披露的信息数量	模型 3 披露的信息敏感度
协商特征 （0—无，1—有）	-0.174** (0.053)	-2.163*** (0.568)	-9.821*** (2.663)
主动推荐特征 （0—无，1—有）	0.269* (0.108)	5.325*** (1.155)	24.657*** (5.416)
性别	-0.030 (0.045)	-0.074 (0.479)	-0.402 (2.244)
年龄	0.005 (0.018)	0.044 (0.190)	0.236 (0.891)
教育水平	0.010 (0.026)	0.085 (0.281)	0.405 (1.319)
手机银行的使用年限	-0.013 (0.017)	-0.204 (0.176)	-1.064 (0.826)
近三个月手机银行的 使用频率	0.053* (0.025)	0.696** (0.265)	3.412** (1.243)
信任倾向	-0.006 (0.023)	0.003 (0.244)	-0.006 (1.145)
声誉	-0.009 (0.022)	0.028 (0.237)	0.132 (1.109)
移动隐私侵犯经历	-0.007 (0.014)	-0.111 (0.149)	-0.499 (0.697)
隐私政策水平	-0.080 (0.070)	2.274** (0.748)	10.922** (3.508)
常数	0.522 (0.231)	-4.035 (2.463)	-20.273 (11.550)
样本量（份）	336	336	336
R^2	0.145	0.114	0.112

注：*** 表示 $p<0.001$，** 表示 $p<0.01$，* 表示 $p<0.05$，括号内为标准误差。

为了检验结果的鲁棒性，本章还验证了几个替代研究模型。首先，模型 1 将信息披露行为的取值控制在 0 到 1，但是信息披露行为的计算函数中，分母不是固定的，它会因实验条件的不同而发生变化。为了解决这个问题，本书将信息披露行为（因变量）的计算方法改为（a）披露的信息数量和（b）披露的信息敏感度，这些都是企业非常重视的变量。分析结果展示在表 7-13 的第（2）列（模型 2）和第（3）列（模型 3）。其次，为了避免受试者疲劳，在实地实验中仅要求受试者对 12 种个人信息的敏感度打分，并未考虑它们的粒度。因此，为了消除信息粒度对信息披露行为的潜在影响，我们不考虑涉及不同信息粒度的个人信息，重新对上述 3 个研究模型进行分析，即在信息披露行为分析中不考虑姓名、地址、个人债务、家庭月收入和个人月支出。分析结果如表 7-14 所示，所有替代研究模型的分析结果都与基础模型的分析结果相似，加强了基础模型检验结果的可信度。

表 7-14　三种手机应用的信息披露行为分析（不考虑涉及信息粒度的个人信息）

	信息披露行为		
	（1）	（2）	（3）
	模型 1 基础模型	模型 2 披露的信息数量	模型 3 披露的信息敏感度
协商特征 （0—无，1—有）	-0.173** （0.054）	-1.270*** （0.333）	-5.480*** （1.495）
主动推荐特征 （0—无，1—有）	0.294** （0.110）	2.902*** （0.677）	12.607*** （3.040）
性别	-0.030 （0.046）	-0.021 （0.280）	-0.109 （1.260）
年龄	0.009 （0.018）	0.041 （0.111）	0.201 （0.500）
教育水平	0.015 （0.027）	0.058 （0.165）	0.274 （0.740）
手机银行的使用年限	-0.013 （0.017）	-0.112 （0.103）	-0.570 （0.464）
近三个月手机银行的 使用频率	0.049 （0.025）	0.381* （0.155）	1.799* （0.698）

续表

	信息披露行为		
	(1)	(2)	(3)
	模型1 基础模型	模型2 披露的信息数量	模型3 披露的信息敏感度
信任倾向	0.000 (0.023)	0.022 (0.143)	0.069 (0.643)
声誉	−0.002 (0.023)	0.035 (0.139)	0.164 (0.623)
移动隐私侵犯经历	−0.013 (0.014)	−0.090 (0.087)	−0.407 (0.391)
隐私政策水平	−0.054 (0.071)	1.282** (0.438)	5.812** (1.969)
常数	0.409 (0.235)	−2.241 (1.443)	−10.517 (6.483)
样本量（份）	336	336	336
R^2	0.134	0.109	0.106

注：***表示 $p<0.001$，**表示 $p<0.01$，*表示 $p<0.05$，括号内为标准误差。

四 事后分析和选做部分调查分析

为了进一步证实实验结果，本书进行了一项事后分析即结构方程模型分析，从消费者深层次的心理状态来探究为什么我们提出的解决方案能够缓解受试者的隐私担忧，提高他们披露个人信息的意愿，最终促进他们的实际信息披露行为（Dinev et al., 2015）。由于控制变量对受试者的隐私担忧、信息披露意愿和披露行为的影响很小，同时更好地聚焦研究变量的解释力，我们从最终的结构方程模型中删除了隐私担忧、信息披露意愿和披露行为的控制变量。使用软件 SmartPLS 2.0 对样本数据进行分析，结果如表7-15和表7-16所示，测量模型具有较好的收敛效度和区分效度。结果方程模型的路径分析结果如图7-5所示，结果表明受试者对本书提出的主动推荐的隐私政策协商机制有效性的感知，增强了他们对程序公平、交互公平和分配公平的感知，进而通过感知的交互公平和分配公平（由我们提出的解决方案所提供）增加了其心理舒适感，缓解了受试者的隐私担忧，有效地促进了他们的信息披露意愿和实际披露行为。

表 7-15　各因子标准负载、AVE 值、CR 值及 Cronbach's α 系数

因素	题项	标准载荷	Cronbach's α	CR	AVE
感知的机制有效性	PE1	0.855	0.811	0.888	0.726
	PE2	0.801			
	PE2	0.897			
感知公平	PJ	0.800	0.810	0.888	0.726
	IJ	0.916			
	DJ	0.836			
隐私担忧	PCON1	0.879	0.883	0.914	0.728
	PCON2	0.783			
	PCON3	0.950			
	PCON4	0.790			
心理舒适感	PCOM1	0.934	0.861	0.935	0.878
	PCOM2	0.940			
信息披露意愿	DI1	0.786	0.744	0.841	0.575
	DI2	0.576			
	DI3	0.827			
	DI4	0.816			
信任倾向	TRU1	0.950	0.882	0.944	0.894
	TRU2	0.941			
声誉	Rep1	0.709	0.866	0.836	0.638
	Rep2	0.652			
	Rep3	0.993			

表 7-16　各因子 AVE 值平方根及因子间相关系数

	1	2	3	4	5	6	7
感知的机制有效性	**0.852**						
感知公平	0.644	**0.852**					
心理舒适感	0.523	0.597	**0.937**				
隐私担忧	−0.123	−0.086	−0.238	**0.853**			
信息披露意愿	0.494	0.609	0.663	−0.295	**0.758**		
声誉	0.059	0.040	0.082	0.182	−0.077	**0.799**	
信任倾向	0.069	−0.004	0.151	0.170	−0.009	0.284	**0.946**

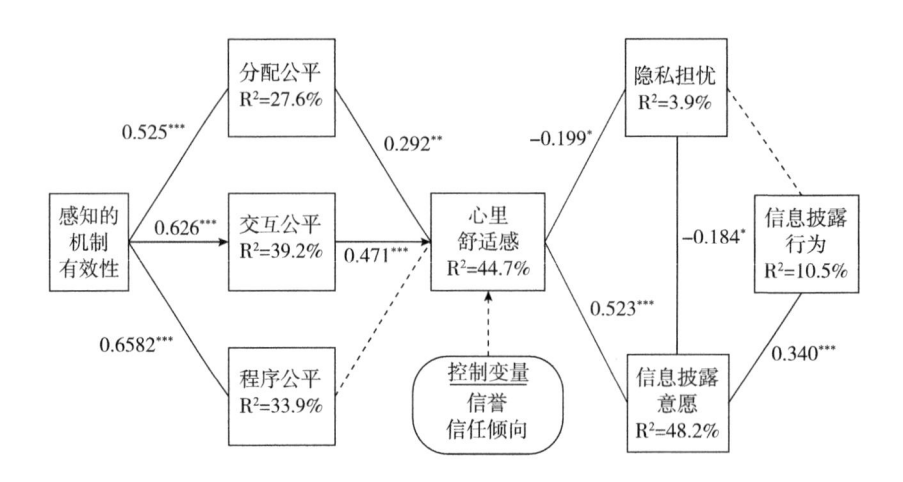

```
                    ┌──────────┐
                    │ 分配公平  │                      ┌──────────┐
                    │R²=27.6%  │                      │ 隐私担忧  │
                    └──────────┘                      │R²=3.9%   │
              0.525***      0.292**          -0.199*  └──────────┘
    ┌──────┐                      ┌──────────┐                      ┌──────────┐
    │感知的│     ┌──────────┐     │ 心里     │                      │信息披露  │
    │机制  │0.626│ 交互公平 │0.471│ 舒适感   │                      │行为      │
    │有效性│───►│R²=39.2%  │────►│R²=44.7%  │                      │R²=10.5%  │
    └──────┘     └──────────┘     └──────────┘        -0.184*       └──────────┘
              0.6582***                                0.523***          0.340***
                    ┌──────────┐     ┌──────────┐    ┌──────────┐
                    │ 程序公平 │     │控制变量  │    │信息披露  │
                    │R²=33.9%  │     │信誉      │    │意愿      │
                    └──────────┘     │信任倾向  │    │R²=48.2%  │
                                     └──────────┘    └──────────┘
```

图 7-5　个性化隐私政策协商机制结果

注：* 表示 $p<0.05$，** 表示 $p<0.01$，*** 表示 $p<0.001$，虚线表示不显著。

为了进一步验证本章所提出的解决方案的有效性，接下来我们分析问卷选做部分的样本数据。如前所述，为了避免受试者疲劳，我们将问卷分为必答题和选答题两个部分。选答题部分包括测量感知易用性、感知有用性和使用意愿的李克特 7 级量表题项，以及对主动推荐隐私政策协商应用的看法。为了进一步检验我们所提出方案的有效性，将其与目前广泛使用的隐私保护措施，即传统的隐私政策进行比较。具体来说，我们采用 T 检验对 App3 和 App1 进行了比较。52 名使用 App1 受试者以及 64 名使用 App3 的受试者完成了选做题。App1 和 App3 的感知易用性得分均值分别为 4.58 和 5.00，两者无显著差异（$p = 0.108$）。App1 的感知有用性和使用意愿的得分均值分别为 4.06 和 4.1，App3 的得分均值分别为 5.44 和 5.16。T 检验结果显示，App3 的感知有用性和使用意愿的均值都显著高于 App1（$p<0.001$）。

为了探究受试者对信息敏感度的感知是否会因使用的隐私保护方法而发生改变，本章使用 T 检验比较了实验前与实验后的个人信息敏感度打分，结果如表 7-17 所示，使用 App1 后受试者感知的信息敏感度没有变化，但使用 App3 后，受试者对姓名、地址、电话号码、家庭月收入感知的敏感度显著低于使用 App3 之前的感知信息敏感度。

总的来说，我们提出的解决方案是有用的，易于使用，消费者愿意采纳，还可以降低消费者对个人信息感知的敏感度。

表 7-17　App1、App3 使用前后个人信息的敏感度感知

	App1			App3		
	均值		p 值	均值		p 值
	实验前	实验后		实验前	实验后	
名字	4.1（112）	4.1（45）	0.922	4.4（111）	3.9（60）	0.018*
性别	3.0（112）	3.0（45）	0.921	2.9（111）	3.0（60）	0.511
职业	4.0（112）	3.6（45）	0.083	3.8（111）	3.4（40）	0.262
地址	5.4（112）	5.5（45）	0.722	5.2（111）	4.7（55）	0.031*
邮箱	4.0（112）	4.4（45）	0.060	4.2（111）	3.9（33）	0.299
婚姻状况	4.2（112）	4.1（45）	0.668	3.9（111）	3.3（38）	0.089
电话号码	5.2（112）	5.5（44）	0.124	5.5（111）	5.0（59）	0.017*
身份证号	6.2（112）	6.4（44）	0.291	5.9（111）	5.6（21）	0.273
个人债务类型	5.5（112）	5.5（44）	0.893	4.8（111）	4.5（26）	0.538
个人债务额	5.8（112）	5.6（44）	0.220	5.3（111）	4.6（27）	0.080
家庭月收入	5.5（112）	5.4（44）	0.606	5.1（111）	4.2（32）	0.003**
个人月支出	5.4（112）	5.4（44）	1.000	4.9（111）	4.2（32）	0.062

注：括号内为参加人数。

问卷的选做部分还包含一些开放式问题，以了解受试者对其使用的隐私保护方法的态度和看法。鉴于前面的数据分析结果显示了主动推荐隐私政策协商方法相较其他两种方法具有一定的优势，因此我们聚焦受试者对该方法的评论。如我们所预料的一样，相比传统的隐私政策，受试者会花费更多时间来使用我们所提出的方法（见表 7-9），因此第一个开放式问题为："在本次体验中，通过勾选几个简单的问题，来了解您的个性化偏好，您是否愿意花时间这么做，并愿意与服务商进行协商？为什么？"几乎所有的受试者都表示愿意花时间这样做，因为："这是必要的，因为隐私对我们的生活有着重要的影响""它容易使用，协商过程简单""这是一种互惠互利的方式，协商过程非常人性化，我喜欢它""这有助于保护个人隐私，让我感觉更舒适安心""它所提供的隐私保护足以说服我这样做""我认为这是值得的，因为它考虑了我的隐私"。

总之，要求受试者评价主动推荐的隐私政策协商方法，大多数受试者给出了非常积极的评价，例如："这个方法很新颖，值得推广，我期待它的出现""这种方法值得采纳，因为它尊重我们的隐私""新方法很完美，它从消费者的角度尊重隐私""它很方便、有必要且人性化，非常好！"当被问及是否希望网上银行或手机银行提供这种新方法时，几乎所有的受试者都希望银行能采用本书提出的主动推荐的隐私政策协商方法，原因是："在当今大数据环境下，该方法可以更好地保护个人隐私""可以增加消费者的隐私保护安全感""可以满足我的隐私需求""不仅可以作为隐私保护的典范，还可以引导消费者关注他们的隐私""这种方法更多地考虑消费者的权益，让我对个人信息有更多的自主权"。

第五节　研究结论与启示

一　研究结果与讨论

本章为企业平衡消费者的信息隐私保护和数据收集使用提供了管理洞察。消费者数据的收集使用经常与隐私保护相冲突，但这些数据对企业很有价值。本书从理论上假设公平驱动的隐私政策方法有助于实现这种平衡，避免隐私侵犯的同时保持消费者的信任。本章从公平理论的视角识别了隐私保护的两个关键的公平提供特征，即协商特征和主动推荐特征，并采用实地实验，检验了这些隐私保护技术特征对用户隐私担忧和信息披露行为的影响作用。实证结果表示，仅有协商特征的隐私保护方法，类似于现有的隐私权限请求，并不能减少消费者的隐私担忧，也无法显著提高消费者的信息披露意愿。更有趣的是，单一的协商特征对消费者的实际信息披露行为具有显著的负向作用。可能的原因是消费者已经习惯了在不知道隐私政策内容的情况下直接选择同意它。在实验中，受试者不得不披露他们的个人信息来使用手机银行服务，在App1（隐私政策应用）中，受试者已经习惯当手机银行向其请求个人信息时，他们就披露个人信息。App2中的协商特征让受试者清晰地意识到他们必须提供哪些个人信息，个人信息将如何被使用，以及谁可以访问这些个人信息，从而提高了信息透明度。然而，信息透明度不仅仅是公平信号，它也可能成为一种警告，增加人们对隐私的担忧（Knijnenburg et al.，2012）。Gu 等（2017）也表明，在移动应用下载阶段显著地展示隐私权限请求，使得消费者更加担心隐私损失，因为这种做法警告了消费者注意那些过度索权的隐私侵犯应用。因此，协商特征具有双重性，一方面有助于提高信息透明度，另一方面使隐私问题变得明确（Karwatzki et al.，2017）。于是 App2 的受试者在被要求披露其个人信息时可能会犹豫不决，这也可能是 App2 协商成功率低的原因之一。换句话说，虽然协商特征通过提高信息透明度增强了消费者的隐私意识，但协商特征也减少了企业从消费者那里获得的个人信息，这对企业来说不是一个理想的结果。因此，单一协商特征无法解决隐私保护和数据收集之间的权衡问题。本章主动考虑企业对数据收集的需求，而已有的相关研究主要聚焦消费者的隐私需求。

依据公平理论，将分配公平融入隐私政策协商特征中，可能会引发消费者更低水平的隐私担忧，促进其更高水平的个人信息披露意愿。因此，本章提出了一种新的设计，以解决消费者的隐私保护和数据收集之间的权衡问题，使企业能够根据消费者的隐私偏好，主动向他们推荐个性化的隐私政策，企业将基于推荐的隐私政策和消费者的隐私偏好与每名消费者进行协商，为他们提供程序公平、交互公平和分配公平。

为避免控制悖论（Brandimarte et al.，2013），我们的解决方案不仅提供对信息收集的协商，还包括对信息使用目的和第三方访问的协商。为了提高企业隐私实践的透明度，用简洁易懂的方式显示隐私相关的信息，并且消费者能非常容易地修改推荐的隐私政策设置。这缓解了消费者和企业之间的信息不对称，使消费者可以做出更有意义的隐私决策。

实验结果证实了本书提出的主动推荐的隐私政策协商设计不仅能够缓解消费者的隐私担忧，还能增强他们的信息披露意愿和实际披露行为。事后分析进一步肯定了，该设计能显著增强消费者对程序公平、交互公平和分配公平的感知，使他们相信企业重视并尊重他们的隐私，于是增加了他们在使用该移动应用时的心理舒适感，使得消费者与企业分享个人信息时感到更安心。所以我们提出的设计不但能为消费者提供更好的隐私保护，同时使得消费者自愿披露企业所需的个人信息。

Acquisti 等（2017）提出，使人们的行为与他们表达的偏好保持一致，是实施隐私助推的理想结果。这也正是我们提出该解决方案的动机之一。具体来说，本章提出的解决方案使企业能够根据消费者的异质隐私偏好主动向其推荐个性化的隐私政策，消费者和企业可以平等地协商隐私政策，最后企业根据协商结果提供相应的服务，满足消费者的隐私需求。因此，本章的解决方案不仅提高了消费者的心理舒适感，也为消费者提供了客观实际的好处。

二 可行性分析

本章还从受试者的协商行为、协商成功率、感知易用性、感知有用性、使用意愿和在每种方法上花费的时间等方面，对我们所提出方法的可行性展开分析。

为了了解消费者是真的进行了协商还是仅被动接受了默认的隐私政策，本书收集了 App2 和 App3 的受试者协商行为数据。如表7-9 所示，受试者在 App2 和 App3 中的平均协商次数分别为 2.13 和 1.46，App2 中的 80 名受试者和 App3 中的 79 名受试者调整了默认隐私设置，并且 App2 和 App3 中分别有 69 名和 78 名受试者的协商结果与默认隐私设置不同。这说明，大多数受试者参与了实际的协商，而不是被动地接受默认设置。当隐私实践信息以一种简单易懂的方式展示给消费者，消费者似乎乐意表达其隐私偏好，并且当隐私沟通变得方便时，他们也乐意与企业沟通自己的隐私偏好。

虽然 App1 的协商成功率最高，但这可能是因为消费者长期习惯了接受隐私政策。这种解释得到实验数据的肯定，即 112 名受试者中只有 19 人点击了隐私政策的链接，这意味着大多数受试者根本没有关注隐私政策。相比之下，App2 请求相同的个人信息和使用目的，但成功率要比 App1 低得多。这表明如果能以简洁易懂的方式展示隐私政策的内容，相当一部分消费者可能会拒绝隐私政策。加入了主动推荐特征（App3）后，协商成功率被显著地提升，也促进了企业与消费者的交互协商。这与本书的预期一致，即主动推荐特征不仅提供了分配公平，还通过提供个性化的隐私政策和促进消费者与企业之间的交互来减少消费者的认知负担。最后还有一点值得注意,实验中将隐私吝啬者、隐私实用主义者和隐私淡漠者的隐私妥协水平分别设置为85%、50%和20%。由于隐私妥协水平代表了愿意提供某种个人信息的消费者比例,如果通过减少个人信息请求来提高隐私妥协水平,则可以进一步提高App3的协商成功率。例如,若将隐私吝啬者的隐私政策下限改为只需提供手机号(这在中国足以满足注册手机银行的要求),则更多的受试者可能会在App3的协商中获得成功。在实践中,企业可以根据自己的需要设置隐私妥协水平。

鉴于我们所提出解决方案(App3)的有效性,我们将App3与目前应用得最为广泛的传统隐私政策(App1)进行比较。如前所述,我们所提方案的感知易用性与同意/拒绝隐私政策没有显著差异($p=0.108$)。我们采用的简单技术设计使得没有任何技术基础的消费者也能轻松操作。并且,我们提供了默认推荐设置,如果消费者不愿对评估异质隐私偏好的问题进行评分或不想进行协商,可以简单地点击按钮而无须任何延迟,这与点击同意或不同意隐私政策一样简单。受试者对我们所提出方案的感知有用性和使用意愿显著高于传统的隐私政策($p<0.001$),这表明受试者认为本书提出的设计方法对保护隐私是有用的,并且愿意采纳它,如果手机银行能提供我们提出的主动推荐方案,消费者会使用更多的手机银行服务,这再次肯定了我们所提出方案的有效性。

平均每名受试者在隐私政策上仅花费16.54秒,而在App3中的解决方案上花费较多时间,即118.8秒。实际上,使用App3的受试者只需简单地单击按钮即可继续而没有任何延迟,分析结果也显示了App3与App1之间的感知易用性没有显著差异,这暗示了受试者愿意在App3上花费更多时间做出更有意识的隐私决策,这类似于详尽可能性模型中的中心路径与外围路径(Petty and Cacioppo, 1986)。本章提出的解决方案既可以作为一种信号,也可以作为一种说服尝试。当只提供隐私政策时,受试者可能会去思考隐私政策,但仅关注其表面特征如隐私政策的存在(外围路径),而对其内容没有太多关注。相反,本章提出的解决方案可能会提高受试者思考隐私相关信息的动机和能力,并进行更深层次的信息处理,即更专注于解决方案提供的具体内容。这会驱动认知反应（更高水平的公平感知），从而鼓励更高水平的信息披露意愿和实际披露行为（中心路径）。鉴于本章的解决方案需要用户花费的时间更多，因此它更适合于需要与消费者建立长期关系并涉及敏感个人信息的应用，例如网上银行、医疗保健信息系统和相关应用，消费者会更愿意在这些情境下投入更多的时间。

在实际应用中，消费者的异质隐私偏好可以通过除明确提问之外的其他方式获得，相比我们所提出的方法，还有更先进的利用人工智能的方法来评估消费者的偏好，例如机器学习技术和预测方法（Das et al., 2018；Lin et al., 2014；Liu et al., 2016；Smullen et al., 2020；Wijesekera et al., 2017）。然而，开发设计评估算法超出了本书的范围。预测消费者的隐私偏好不可避免地需要消费者披露他们的个人信息，企业可以通过选择合适的方式来预测消费者的隐私偏好，从而实现主动推荐特征。

企业可能会联想到 P3P（Platform of Privacy Preferences）中的协商模块，由于过程复杂而放弃使用（EPIC and Junkbusters, 2000）。虽然本章的解决方案包含协商特征，但它与 P3P 的不同之处在于我们的协商特征是由服务商提供的，这正好与 P3P 的批评者观点一致，他们认为服务（协商）中访问个人数据应该由服务商根据自己的规则来执行。还有学者表达了对删除 P3P 版本 1 中的协商功能的担忧，并强调了协商的必要性（Kwon et al., 2011）。协商支持消费者和企业之间的沟通，也让消费者能够控制他们的信息披露。如果没有协商功能，P3P 版本 1 就成为一个不完备的具有国际效力的工具，处理协商功能被认为是一条正确的道路（Grimm and Rossnagel, 2000）。

采纳本书提出的设计方案可能会改变企业决策隐私政策的方式，但这值得企业认真考虑。有一些企业会努力保护客户的个人信息隐私，即使这会增加成本和改变服务流程（互联网法治研究中心，2016）。本书提出的解决方案不是取代而是作为传统隐私政策的一种补充。传统的隐私政策或许已经足够应对不需要披露敏感个人信息的在线交易，然而，对于需要提供敏感个人信息并要与消费者保持长期关系的移动应用和在线平台来说，应尝试将协商特征与主动推荐特征融入隐私政策方法，以平衡数据收集和隐私保护之间的矛盾。

三 理论贡献

本章的理论贡献主要体现在以下三个方面。

第一，首次将公平理论应用于新的隐私保护方法设计。识别了两个隐私保护特征——协商特征和主动推荐特征——为消费者提供交互公平和分配公平。研究结果表明，单一的协商特征被关注隐私的消费者视为一种警告信号，对其信息披露行为没有促进作用。这并不是企业想要的结果，将企业置于消费者隐私保护的被动位置。当协商特征与主动推荐特征同时存在时，则同时体现了程序公平、交互公平和分配公平，将企业置于积极考虑消费者隐私需求的地位，缓解消费者的隐私担忧，增强了他们披露个人信息的意愿，这与仅反映一两种公平的方法不同。本书有助于公平理论的拓展，通过展示隐私保护特征如何减少消费者的隐私担忧并促进他们披露个人信息的意愿和实际行为，将公平理论的应用拓展到了隐私解决方案的设计。

第二，提出的信息技术解决方案可以有效地平衡企业对消费者的隐私保护和数据收集之间的矛盾。实证研究（实地试验与调查研究）结果一致表明本书提出的设计方案（通过服务代理主动向不同隐私类别的消费者推荐个性化的隐私政策，允许消费者与企业进行交互）通过增强消费者的感知公平来提高其心理舒适感，使消费者相信企业尊重他们的信息隐私。相应的，消费者更有隐私意识并且更愿意向企业提供个人信息。本章证明了我们提出的设计方案如何利用公平理论实现消费者隐私保护与数据收集之间的权衡，它既允许企业从消费者数据中获取最大价值，同时又在隐私保护中提供一定程度的公平，以防止隐私侵犯并维持与消费者之间的信任关系。笔者希望这一启示将激发一个新的研究方向，探索一系列融入协商特征与主动推荐特征的隐私保护技术设计。这样消费者可以体验到额外的公平感，增加他们的舒适感。这一系列研究对已有隐私保护研究将是非常有价值的补充。

第三，将信息技术设计与实地实验研究相结合。现有隐私相关文献主要集中在解释和预测上，仅有少量研究聚焦于规范的设计研究。有学者呼吁开展更多的设计和实践研究，聚焦于设计信息技术产品以保护和控制消费者的信息隐私（Bélanger and Crossler, 2011; Pavlou, 2011）。

这一呼吁主要被计算机科学家响应（而不是 IS 领域的学者）。然而，计算机科学文献中关于隐私的大多数研究都脱离了实际的消费者，鲜有研究既包含隐私设计，又使用潜在的消费者对所提出的隐私设计进行评估。因此，Bélanger 和 Crossler（2011）呼吁多学科交叉的研究。为了响应这一呼吁，首先，本书基于社会学理论公平理论和信息系统理论，识别了影响消费者的隐私关注和信息披露意愿的隐私保护技术特征；其次，应用数学、设计科学和计算机科学方法提出了一种信息技术设计，并在移动商务环境中实施，通过实地实验评估其有效性和影响效果。这结合了信息系统（IS）、计算机科学和社会科学的策略，本书试图发展多学科交叉以解决隐私保护与数据收集之间的权衡。

四　管理启示

本章对企业、信息系统开发人员、用户（或消费者）、政策制定者和社会都有一定的启示。正如 DataSift 首席执行官 Tim Barker 所说，那些积极尊重和保护消费者数据的企业将成为赢家（Nunns，2015）。企业从消费者数据中获取价值的同时，还必须向消费者提供一定程度的公平感知，与消费者建立信任关系。本章建议企业将隐私保护原则从被动——如单方面发布隐私政策或向所有消费者显示统一的隐私权限——改为主动向不同类别的消费者推荐个性化的隐私政策，特别是在隐私问题比较重要、消费者隐私担忧比较突出的情境中。本书的解决方案不仅鼓励消费者披露更多的个人敏感信息，还帮助企业减少隐私事件，与客户建立信任。本章的研究结果对收集个人敏感信息的企业很有价值，因为这些企业会发现将协商特征和主动推荐特征融入隐私策略设计是有用的。对于从消费者那里获取个人敏感信息的传统（实体）零售商，如果在实体店中能有一个接口使得客户协商和个性化设置他们的隐私政策，那么本章的方法也可以推广到传统的商业模式中。希望本书可以鼓励企业将隐私投资作为增值服务和获取竞争优势的来源，而不是被动遵守隐私法律法规。

本书为企业和信息系统开发者提供了实践指导，以开发有效的技术解决方案来平衡隐私保护和数据收集之间的冲突，即使是在屏幕较小的移动商务环境中。基于在隐私政策中加入协商和主动推荐特征，可以同时实现程序公平、交互公平和分配公平的理论理解上，信息系统开发者可以将客观技术与消费者的主观偏好相结合来设计有效的隐私政策解决方案。具体来说，在设计和开发隐私政策时，信息系统开发者应全面考虑消费者的异质隐私偏好和个人心理因素，从而鼓励消费者披露其个人信息。

本书呼吁政策制定者在企业不会过度收集消费者的个人信息的前提下，给予企业更多的空间来设计隐私策略。企业通常会提供多种类型的服务，而他们不得不对所有的服务都设计统一的隐私政策来收集个人信息。其实不同的服务需要不同的个人信息，如果企业可以为不同的服务和个人信息请求设计不同的隐私政策集合，那么可以促进企业在隐私保护方案上有更多的创新，以平衡消费者的隐私保护和数据收集之间的矛盾。

为了构建一个健康的隐私环境，企业必须为消费者提供有用的且易于使用的隐私保护机制，而消费者也必须积极采用一些适当的隐私保护技术加强对隐私政策的理解，以此来保护自己的信息隐私，例如本书提出的信息技术解决方案。该方案可以让消费者在披露个人信息时感知更多的公平，一方面，消费者认为自己是制定隐私政策的决策者；另一方面，企业主动关心并尊重消费者的信息隐私，这形成一种倒逼机制，促使企业规范处理消费者的个人信息，推动更有效的隐私保护，以此形成一个良性循环来促进社会的健康发展。推动隐私保护还对个人隐私意识、组织诚信等社会发展的方方面面带来深远的影响。

五　未来的研究方向

（1）提出的解决方案没有充分考虑协商过程中的隐私冲突问题。本章只是根据已有的实证研究提出了一些非技术性的措施。为了解决隐私协商冲突，未来的研究应该关注能有效解决隐私政策协商冲突的技术和非技术解决方案；

（2）未来的研究可以进一步扩展本章的设计方案，在协商过程中提出其他的策略帮助消费者管理隐私设置，这超出了本书的研究范围；

（3）协商过程中利用品牌声誉和奖励来鼓励受试者进行隐私妥协。而那些非常担忧自己隐私的消费者可能同样关心企业存储数据的安全级别，因此关于信息安全投资或安全程序的信息对这些消费者可能更有说服力。未来可以将信息安全和信息隐私进行融合，这将是一个有趣的研究方向；

（4）本章提出的方法适用于高度敏感的情境。人们可能不会与无须维持长期关系的临时移动应用或在线平台进行协商。因此未来的研究可以扩展本章所提出的解决方案，使其适用于其他情境。

第八章　隐私反馈的设计及其对信息披露决策的调节作用[*]

第七章提出的隐私保护方法使用户与服务商就隐私偏好与隐私政策达成一致，但在使用移动服务的过程中，服务商是否真实地执行双方达成的隐私政策，用户无法获知。为了进一步体现企业对待用户隐私信息的公平性，提升用户的公平感知，本章基于前面章节（第三章至第六章）的研究结论，同时考虑移动商务环境特征，设计一种双向的隐私反馈，使用户可以适时地洞悉企业如何对待其个人信息，企业也能够及时了解用户对隐私保护的动态需求。并使用新的情境和新的隐私度量，探索本章设计的隐私反馈对个人信息披露决策模型的调节作用。

第一节　问题引入

信息隐私是现代消费者关注的一个突出问题（Smith et al.，2011），尤其是考虑到潜在数据滥用或数据泄露的相关成本。仅在 2020 年上半年，全球有 360 亿条数据记录遭泄露（Risk Based Security，2020），而在中国，超过 80% 的 App 用户遭遇了信息泄露和隐私侵犯（中国消费者协会，2018）。为了应对这种戏剧化的趋势，世界各地的用户越来越多地试图通过隐藏个人信息来保护自己的隐私。然而，这种隐私保护行为阻碍了企业对用户数据的收集以及通过用户数据盈利。因此，企业需要寻求有效的措施来鼓励用户披露个人信息。

---

[*] 本章主要内容发表于 *Decision Support Systems*，2022，55（3）。

有一种措施涉及透明度：当服务商主动向用户告知他们的隐私实践时，例如通过隐私政策，用户会更愿意披露个人信息（Wang and Wu，2014）。然而，通过隐私政策告知隐私实践，存在两个问题：第一，隐私政策通常出现在用户使用信息系统之前，因此用户无法知道披露个人信息之后企业的隐私实践；第二，隐私政策的有效性尚存争议，很少有用户阅读或理解它们（Liu，2014；Felt et al.，2012），导致用户在没有充分了解企业提供的隐私水平的情况下接受隐私政策。因此，隐私政策可能不会真正加强对用户隐私的保护，有必要采取新的措施告知用户企业的隐私实践信息。

隐私反馈是在用户使用服务时向其提供有关企业隐私实践的信息（Acquisti et al.，2017），该措施可能会缓解用户的隐私担忧并提高其信息披露意愿（Wang and Wu，2014；Hsieh et al.，2007；Iachello et al.，2005）。然而，隐私反馈尚未被应用于现实的移动应用中，需要评估隐私反馈对信息披露的实际影响。与隐私政策一样，如果提供了隐私反馈（其功能介绍见下文），但没被用户阅读，则它无法发挥真正的作用。为了确定隐私反馈的实际效果，有必要对关注隐私反馈和不关注隐私反馈的用户加以区分，这种偏好可以通过用户选择是否接收隐私反馈来体现。

本章研究的第一个理论视角是公平理论，它涉及决策制定和资源分配环境中的公平感（Greenberg，1987）。已有研究中，公平理论被用于研究隐私干预对用户行为的影响（Xu et al.，2009；Zhao et al.，2012）（相关文献总结见表8-1），尚未有研究运用公平理论指导设计新的隐私保护措施。由于该理论与理解隐私保护措施相关，因此本书将公平理论作为隐私反馈措施的设计框架。考虑到公平与隐私信念（Culnan，1995；Ashworth and Free，2006）以及信息披露行为（Xu et al.，2009）相关，因此本章将感知的公平作为影响隐私决策与信息披露意愿的核心信念。

本章研究的第二个理论视角即情境化理论，遵循"情境作为调节变量"的方法，进一步开发了研究模型（Nissenbaum，2015）。把情境调节变量纳入已知的隐私相关理论，使人们对信念和行为之间关系的理解更具情境敏感性，进而丰富这些理论。虽然已有文献（Smith et al.，1996；Bellman et al.，2004；Milberg et al.，1995）发现情境可以调节和隐私相关的关系的显著性以及强弱，但是目前尚未从理论上对诸如隐私反馈和隐私选择这样的情境特征的调节作用展开全面的探究。隐私保护措通常作为自变量出现，这些因素作为调节变量将如何影响用户的决策过程尚不清楚，本章旨在解决这一问题。

基于上述两个理论视角和已有研究，本章提出了信息披露意愿前置影响因素的研究模型。为了扩展公平理论，影响信息披露的其他重要变量也被纳入研究模型。具体来说，除了感知的公平和感知的隐私这两个核心变量和中介变量，该研究模型还引入了两种个体层面的影响因素：信任倾向（可能直接或间接影响公平感知和行为的性格属性）和隐私侵犯经历（它可能影响隐私相关的态度和行为）（Smith et al., 1996; Ozdemir et al., 2017; Li et al., 2019）。

表8-1　2006—2021年在信息系统领域（IS）期刊上发表的以公平为理论视角的隐私相关实证研究文献

作者（年份）	主题	公平	信息披露	自变量到因变量（*代表显著，L代表边缘显著）：n-1：直接作用；n-2：间接作用（如果存在）	主要理论
Choi et al. (2016)	隐私泄露后的服务补救	是 (D) / (P) / (I)	否	DV：事后口碑，事后转换的可能性 n-1：感知违约*，被侵犯的感觉* n-2：程序公平^L，分配公平*，交互公平^L	公平理论，心理契约
Son & Kim (2008)	信息隐私保护对策	是 (D) / (P) / (I)	是	DV：信息提供，私人行动，公共行动 n-1：隐私担忧^L，感知的公平*，社会福利*	公平理论
Wirtz & Lwin (2009)	不同应对行为	是 (D) / (P) / (I)	是	DV：以促进为中心的行为和以预防为中心的行为 n-1：信任*，隐私担忧* n-2：分配公平*，程序公平^L，交互公平*	调节定向理论，社会公平理论
Xu et al. (2009)	隐私计算	是（间接）	是	DV：披露个人信息的意愿 n-1：隐私收益*，隐私风险* n-2：补偿^L，行业监管*，政府监管^L	隐私计算，公平理论

续表

作者 （年份）	主题	公平	信息披露	自变量到因变量 （*代表显著，L代表边缘显著）： n-1：直接作用；n-2：间接作用 （如果存在）	主要理论
Zhao et al. （2012）	披露位置相关的信息	是 （间接）	是	DV：披露位置信息的意愿 n-1：个性化*，连通性*，隐私担忧* n-2：激励*，互动*，隐私控制*，隐私政策*	隐私计算，公平理论
Zhou et al. （2016）	基于位置服务的隐私担忧和持续使用	是 （D）/ （P）/ （I）	否	DV：持续使用 n-1：满意度*，隐私担忧*，沉浸* n-2：分配公平*，程序公平*，交互公平*	公平理论

注：每篇论文都是从 EBSCO BSP 和 Science Direct 下载的，表中仅列出实证研究论文。

有必要对隐私相关问题展开系统的研究，以指导隐私保护措施的设计，提高用户的公平感和信息披露意愿。本章试图解决以下3个研究问题：

（1）影响用户信息披露决策的与隐私以及公平相关的因素有哪些？感知的隐私、感知的公平和个人属性（例如信任倾向、隐私侵犯经历）在多大程度上驱动用户的信息披露决策？

（2）隐私反馈和隐私选择在这些决策过程中起到怎样的调节作用？

（3）旨在提升用户公平感知的措施（例如隐私反馈）能否增加其披露个人信息的意愿？

为了检验提出的研究模型，本章采用实验室实验的方法，通过提供/不提供隐私反馈和隐私选择来操作两个情境调节变量。隐私反馈实验组体现了公平理论的应用，同时还会给予（或不给予）受试者获取隐私反馈的选择。考虑到移动商务在中国的流行程度，以及学术界对该情境下隐私反馈研究的不足，本章选择中国移动商务作为实验情境。

本章的贡献主要体现在以下四个方面：

第一，探究并检验了隐私保护措施（隐私反馈和隐私选择）对信息披露决策的调节作用，目前鲜有相关的研究工作，本书为情境调节变量研究（例如，行业、网站属性、请求者属性、数据种类、数据量、披露激励）（Bansal et al., 2016；Anderson and Agarwal, 2011；Miltgen and Smith, 2019；Zimmer et al., 2010；Karwatzki et al., 2017），提供了有益的补充。通过将隐私保护措施作为情境调节变量，扩展了 IS 领域中单一情境化理论的视角（Hong et al., 2014）。

第二，认识到感知的公平对用户信息披露决策的重要作用（Son and Kim, 2008），本书设计了一种隐私反馈方案，从理论上将其功能与公平的三个维度（程序公平、信息公平和交互公平）进行关联，探究隐私反馈如何通过调节决策过程中变量之间的关系来影响信息披露决策。公平理论为已有隐私保护措施的有效性提供了理论参考（Xu et al., 2009；Zhao et al., 2012），但尚未有研究将其应用于设计新的隐私保护措施，或通过严谨的实证研究方法来检验其对信息披露决策的影响作用。本书响应了对设计研究的呼吁，旨在为用户提供更好的隐私保护（Bélanger and Crossler, 2011；Pavlou, 2011；Al-Natour et al., 2020；Bélanger and Xu, 2015），同时帮助企业促进用户的个人信息披露。

第三，考虑了受试者是否会选择访问并阅读隐私反馈。目前，已有研究验证隐私政策相关的隐私保护措施的有效性时，没有考虑用户很少阅读隐私政策这一事实，对隐私保护措施有效性的研究通常忽略了用户对这些措施是否有兴趣，以及这些兴趣如何影响隐私技术特征的有效性。本书采用详尽可能性模型（elaboration likelihood model）的中心路径和边缘路径的概念（Petty and Cacioppo, 1986）解释研究结果：当用户缺乏隐私选择时，他们可能会关注表面肤浅的特征，例如隐私反馈（边缘线索）的存在与否，这会引起短暂的行为改变。但是，当用户必须选择是否访问隐私反馈时，他们更有动机去关注反馈的具体内容，从而表现出比较稳定的行为变化（中心路径）。

第四，采用新的情境（中国移动商务）和新的变量即感知的隐私（而不是隐私担忧）来测量信息隐私，复制了已有的研究结果。进一步证实了已有的研究结论，例如，公平与信息隐私之间的关系，信息隐私与信息披露之间的关系，以及隐私侵犯经历与信息隐私之间的关系。鉴于 IS 领域中缺乏复制研究，因此这个贡献值得一提。

第二节 模型构建和研究假设

一 模型构建

我们的研究模型旨在解释个体披露个人信息的意愿（如图8-1）。隐私研究（感知的隐私）和公平理论（感知的公平）中的关键变量，已被证实为影响信息披露意愿的关键因素，在研究模型中作为影响信息披露意愿的重要信念和中介变量。隐私决策者的内在因素（例如信任倾向和隐私侵犯经历）作为个体层面的影响因素，对决策过程至关重要。依据情境化理论和"情境作为调节变量"方法，决策者的外在情境因素（例如隐私反馈和隐私选择）作为研究模型的调节变量。

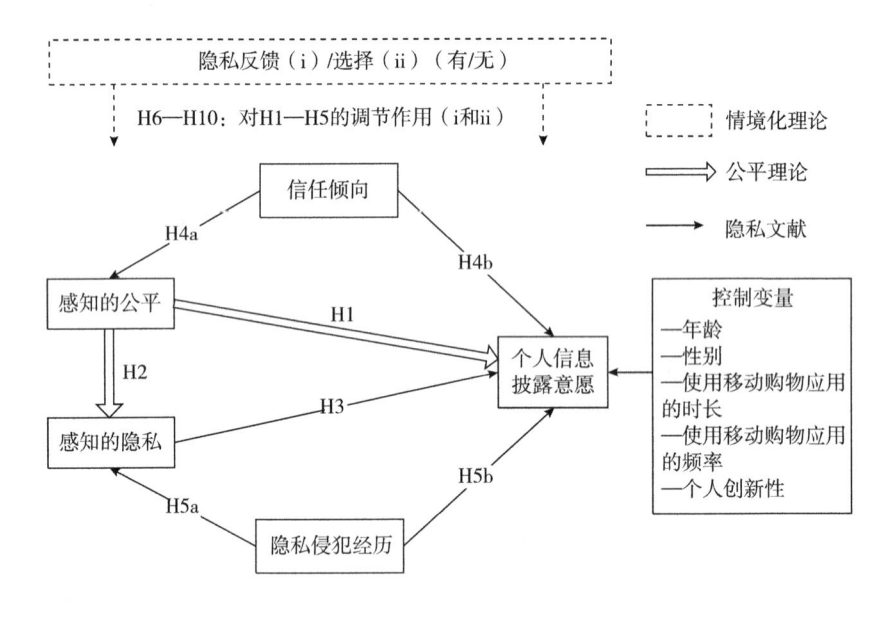

图8-1 本章研究模型

二 研究假设

1. 感知的公平与个人信息披露意愿

消费者对企业公平处理其个人信息的感知可以促使他们披露个人信息，即使他们感知到隐私威胁（Culnan and Armstrong，1999）。公平关系到隐私行为中对公正和透明度的需求，因此，如果服务商提高其隐私实践的透明度，用户可能会更愿意向他们提供个人信息。

H8-1：感知的公平正向影响个人信息披露意愿。

2. 感知的公平与感知的隐私

感知的公平反映了三种公平维度（程序公平、信息公平和交互公平）的总体评估，可以产生一种积极的心理状态（Sternberg and Sternberg，2011）。本书将感知的公平定义为能影响对总体隐私状况进行自我评估的一种心理状态。用户对组织隐私实践的信心和信任程度显著影响这种自我评估的隐私感知（Dinev et al.，2013），所以公司可以通过创造一个公平的环境来缓解用户的担忧（Zhao et al.，2012；Zhou，2016；Wirtz and Lwin，2009；Krasnova et al.，2010）。本章使用感知的隐私而不是隐私担忧作为衡量隐私的变量，通过提出以下假设来复制研究已有文献中公平与隐私之间的关系。

H8-2：感知的公平正向影响感知的隐私。

3. 感知的隐私与个人信息披露意愿

当用户缺少隐私感时，他们可能会拒绝提供个人信息，并将隐藏信息作为保护个人信息的手段。当用户认为自己的隐私得到了更好的保护时，他们会更愿意披露个人信息（Frye and Dornisch，2010）。如果用户拥有足够的隐私，他们会披露个人信息以获取更多的服务。为了复制已有的研究（Ozdemir et al.，2017；Bansal et al.，2016；Gruzd and Hernández-García，2018；Wang and Midha，2012；Jiang et al.，2013；Bansal and Gefen，2010），我们检验信息隐私（通过感知的隐私来测量）与信息披露之间的关系，据此提出如下假设：

H8-3：感知的隐私正向影响个人信息披露意愿。

4. 信任倾向

本书将信任倾向作为个体层面的前置影响因素。已有研究（Hui et al.，2007）指出，隐私倾向与隐私决策过程相关（Culnan and Bies，2003），并且能够直接或间接地影响公平感知和后续行为（Bianchi and Brockner，2012；Colquitt et al.，2007）。作为一种性格属性，信任倾向被定义为一种稳定的个人特征，反映了对他人可信度的一般预期，影响个人信任他人的可能性（Mayer et al.，1995）。信任倾向水平高的人们相信大多数人是公正且善意的（Chughtai and Buckley，2008），即使在不确定的情况下，也认为自己会受到他人的公平对待（Smith et al.，1983）。信任倾向水平高的人比信任倾向水平低的人秉持更积极的公平感知，即使他们收到相同的公平信息（Bianchi and Brockner，2012）。更愿意信任他人的人们，更有可能感知到公平，以肯定自己秉持的积极期望。

此外，信任倾向可以减少不确定性，鼓励在线参与行为（Pavlou and Gefen，2004），因此，信任倾向水平更高的人更愿意向他人披露个人信息，也包括陌生人（Tait and Jeske，2015；Werff et al.，2017）。信任倾向还可以有效地预测消费者在网络购物情境中的信任（Pavlou and Gefen，2004），而信任是信息披露意愿的重要预测变量（Bansal et al.，2016；Li，2014）。

H8-4a：信任倾向正向影响感知的公平

H8-4b：信任倾向正向影响个人信息披露意愿。

5. 隐私侵犯经历

本书将隐私侵犯经历作为个体层面的另外一个前置影响因素，因为它对隐私决策过程具有显著的影响（Bansal et al.，2016；Gu et al.，2017）。人们倾向于借鉴过去的经历来评估新的信息（Petty et al.，1983）。如果一个人过去遭受过隐私侵犯，他（或她）可能更担心信息隐私（Smith et al.，2011）。已有文献一致认为，过去的经历在很大程度上影响隐私担忧（Smith et al.，1996；Ozdemir et al.，2017；Li et al.，2019；Hong et al.，2021），尤其是在移动环境中（Bélanger and Crossler，2019；Degirmenci，2020），并且对未来的期望基于过去的经历会驱动行为（George et al.，2018）。先前对网络广告的负面经历可能会导致人们在未来避免网络广告（Cho and Cheon，2004），负面的在线隐私经历会对患者在癌症在线社区中共享信息的意愿产生负向影响（Frost et al.，2014）。同样的，社交网站中也出现了隐私侵犯经历与信息披露意愿之间的负向关系（George et al.，2018）。本书旨在通过验证以下假设，来复制以往文献的研究结果，建立隐私侵犯经历与信息隐私以及信息披露之间的关系。

H8-5a：隐私侵犯经历负向影响感知的隐私

H8-5b：隐私侵犯经历负向影响个人信息披露意愿。

6. 情境调节变量：隐私反馈和隐私选择

情境包含"围绕在个体周围的刺激和现象，存在于个体的外在环境中"（Muthen and Muthen，2003）。情境可以根据四种解释进行分类：作为一个技术系统或平台，作为一种商业模式或商业实践，作为一个部门或行业，作为一个社会领域（Nissenbaum，2015）。隐私反馈属于情境的第一种解释，即作为技术系统或平台。

本章使用情境化理论（Nissenbaum，2015）来解释情境的调节作用。根据单一情境化理论，将情境因素作为核心变量的前置因素或相关关系的调节变量。隐私保护措施通常作为信息披露的前置因素，但本章提出向用户提供与不提供隐私反馈能为用户创造不同的隐私情境，可能影响他们的隐私决策过程。因此，可以探究几个解释变量（感知的公平、感知的隐私）之间的关系与情境因素的交互作用。考虑到先前文献中关于隐私保护措施有效性的结论不一致，可以通过本章来提高模型的解释力（Hong et al.，2014）。具体来说，本章将隐私反馈和隐私选择作为调节整个研究模型关系的情境因素（即 H8-6—H8-10 的调节作用）。

隐私反馈为用户提供了企业隐私实践的有关信息，隐私选择则赋予用户对隐私保护方法的控制权（Wang and Wu，2014；Gu et al.，2017）。通知和选择是公平信息原则（Fair Information Principles，FIP）（Chang et al.，2018）的两个维度，旨在增强用户的信息隐私。因此，我们提出隐私反馈和选择的调节作用也遵循类似的模式，即增强研究模型中的积极关系，缓解消极关系（例如隐私侵犯经历和感知的隐私之间的关系）。接下来将阐述隐私反馈的假设论据，隐私选择的假设论据也源于同样的逻辑。

隐私反馈作为服务商的诚实和对用户隐私尊重的信号，能满足用户的隐私需求。只要服务商通过隐私反馈向用户告知其数据实践信息，用户可能会觉得该服务商是值得信赖的。此外，隐私反馈能促进交互，用户能够向服务商表达自己的隐私偏好，这表明服务商关注用户的需求，并愿意付出努力来满足用户的需求。因此，隐私反馈的存在会让用户感觉更舒心，并且更愿意通过披露个人信息来回应服务商。

H8-6：提供（i）隐私反馈和（ii）隐私选择增强了感知的公平与信息披露意愿之间的关系。

H8-7：提供（i）隐私反馈和（ii）隐私选择增强了感知的公平与感知的隐私之间的关系。

当用户感知到能够控制服务商所收集的个人信息时，他们更有可能提供个人信息。隐私反馈为用户提供了这种控制，因为它告知用户服务商收集其个人信息的目的以及这些信息与谁共享，这明示了外部代理对用户个人信息的访问限度。通过隐私反馈，用户还可以作出更有意识的隐私决策，因此他们对隐私的感知会对个人信息披露意愿发挥更重要的促进作用。由此，在提供隐私反馈的情况下，隐私感知更强的用户会更愿意披露其个人信息。

H8-8：提供（i）隐私反馈和（ii）隐私选择增强了感知的隐私与信息披露意愿之间的关系。

认为他人通常是值得信任的这种信念，也会引发一种相似的信念，即认为组织用于制定和实施决策的方法是公平的（Bianchi and Brockner，2012）。因此，具有更高信任倾向的人可能更倾向于认为，提供隐私反馈表明服务商为了创造更公平的隐私环境而付出努力。因此，提供隐私反馈会促进拥有更高水平信任倾向的用户披露更多的个人信息。

H8-9：提供（i）隐私反馈和（ii）隐私选择增强了信任倾向与（a）感知的公平、（b）信息披露意愿之间的关系。

曾经遭受过隐私侵犯的用户可能更担心自己的信息隐私，因此更有动机去思考与隐私相关的信息，以作出有意识的隐私决策（Gu et al.，2017）。隐私反馈为用户提供了充足的隐私实践信息，以及对个人信息使用的详细解释，满足他们的隐私需求。根据这些隐私相关的信息，用户可以重新考虑他们的隐私决策，并相应地调整隐私设置，从而可能缓解隐私侵犯经历的负面影响。

H8-10：提供（i）隐私反馈和（ii）隐私选择减弱了隐私侵犯经历对（a）感知的隐私、（b）信息披露意愿的作用。

7. 控制变量

其他因素可能影响信息披露意愿。为了体现本书的理论重点，将这些因素作为控制变量，以排除它们可能产生的解释力。具体来说，本书的控制变量包括年龄、性别、使用移动商务应用的时长和次数以及个人创新性。

第三节 研究方法

一 隐私反馈设计

为了体现公平，本章基于公平理论，试图从理论上将隐私反馈功能与程序公平、信息公平和交互公平关联起来。为了提高程序公平（Metzger，2004），隐私反馈应包括有关信息收集和使用的详细说明。为了保证信息公平（Ashworth and Free，2006），隐私反馈必须充分告知用户隐私实践信息。为了实现交互公平（Bies and Moag，1986），隐私反馈应该提供沟通渠道，使用户能够表达自己的想法、疑虑和隐私偏好，从而帮助服务商了解用户的隐私需求。隐私反馈的功能设计思路如下：

大多数服务商试图通过发布隐私政策来建立程序公平，这种方法通过在请求用户披露个人信息之前向用户提供隐私实践信息，以体现信息的透明度（Xu et al.，2009；Zhao et al.，2012）。然而，隐私政策冗长且缺乏有意义的选择功能，导致很少有用户阅读这些政策（Liu，2014）。并且用户无法了解他们的个人信息在披露之后会被如何处理，于是在用户使用服务的过程中，程序公平无法持续存在。因此，隐私反馈将在用户使用服务的过程中，为其提供个人信息处理的可操作信息。

为了提供信息公平，隐私反馈必须向用户提供足够的且对他们来说很重要的信息。隐私政策通常至少包括收集和处理的个人信息种类、数据处理的必要性以及数据是否会与第三方共享（Liu，2014）。因此，本章的隐私反馈也应包含以上三种反馈信息。

当用户得到服务商的回应后，会感受到自己受到公平的对待（Zhao et al.，2012）。促进交互对于创建社区和建立关系也至关重要（Dholakia et al.，2004）。隐私反馈应通过隐私设置和客户服务等方式，支持用户和服务商之间的双向动态的信息交换。为了体现交互公平，隐私反馈应提供服务商的隐私实践相关信息，同时使得用户能表达其隐私偏好以及任何疑惑，并且服务商给予回应，从而实现用户与服务商之间的交互。

隐私反馈的用户界面设计基于已有的信息反馈相关工作，并以设计空间（Schaub et al.，2015）为理论指导，还考虑了移动设备较小的屏幕问题。该设计空间已被广泛用于信息隐私和安全领域的研究，例如隐私增强网页浏览器技术（Xu et al., 2012a）的研究以及反钓鱼系统接口的设计（Chen et al., 2011）。因此，笔者认为该设计空间为隐私反馈的用户界面设计提供了合适的指导。

设计空间包含四个维度：时机、渠道、形式和控制。时机是指何时提供反馈，它遵循两个原则：按需提供反馈，即当用户主动寻求反馈信息时；用户意识到它的存在，但不被打扰。因此，在我们的设计中，在移动应用的主页上增加了"隐私反馈"控件，这样用户可以在他们想要隐私反馈信息时访问它。

渠道是指反馈的传递方式，例如通过主要渠道、二次渠道或公共渠道（Schaub et al., 2015）。提供隐私反馈旨在表明服务商尊重用户隐私，因此我们使用设计空间中的主要渠道，由服务商在用户使用服务时提供隐私反馈。

形式是指交互模式，例如视觉、听觉或机器可读的通知；视觉形式是最常见的，例如文本、图像和图标。隐私反馈应结合文本和图像两种形式。移动设备较小的屏幕促使我们使用多层级的方法来显示反馈信息（Schaub et al., 2015）。借鉴当前的移动应用设计，我们采用四个层级。首先将收集到的信息分为四类：设备信息、个人信息、交易信息和其他信息。第一层级显示这四种信息类别以及每个类别所更新的反馈信息量[图8-2(a)]。第二层级通过饼图[图8-2(b)]展示了每种类别中的每条信息被访问的情况，例如访问者以及访问的频率（Balebako et al., 2013；Liccardi et al., 2014）。用户若想知道某个访问者访问其个人信息的原因，可以点击饼图的相应区域，进入第三层级，该层级总结了信息访问目的以及每种目的涉及的访问频率[图8-2(c)]。如果用户希望获得更多的详细信息，可以单击具体的访问目的，从而获得关于该目的的所有访问时间和具体用途[图8-2(d)]。

控制是指提供隐私选择或隐私控制选项。隐私控制选项使信息具有可操作性，并使用户能够表达同意和隐私偏好（Patil et al., 2015；Patil et al., 2014；Schaub et al., 2015）。因此，在隐私反馈用户界面的第一层级包含了隐私偏好设置和我的客服选项[图8-2(a)]，这允许用户和服务商之间进行双向、动态的信息交换。单击隐私设置按钮会显示一个可以表达隐私偏好的用户界面[图8-3(a)]。为了操作方便，用户通过切换开关来设置他们的隐私偏好。此外，还可以点击客服控件进入客户服务界面[图 8-3(b)]，在这里用户可以表达隐私需求并向服务商给出建议，进而服务商可以更好地了解用户的隐私需求，并提供适当的回应，表明对用户隐私的尊重。

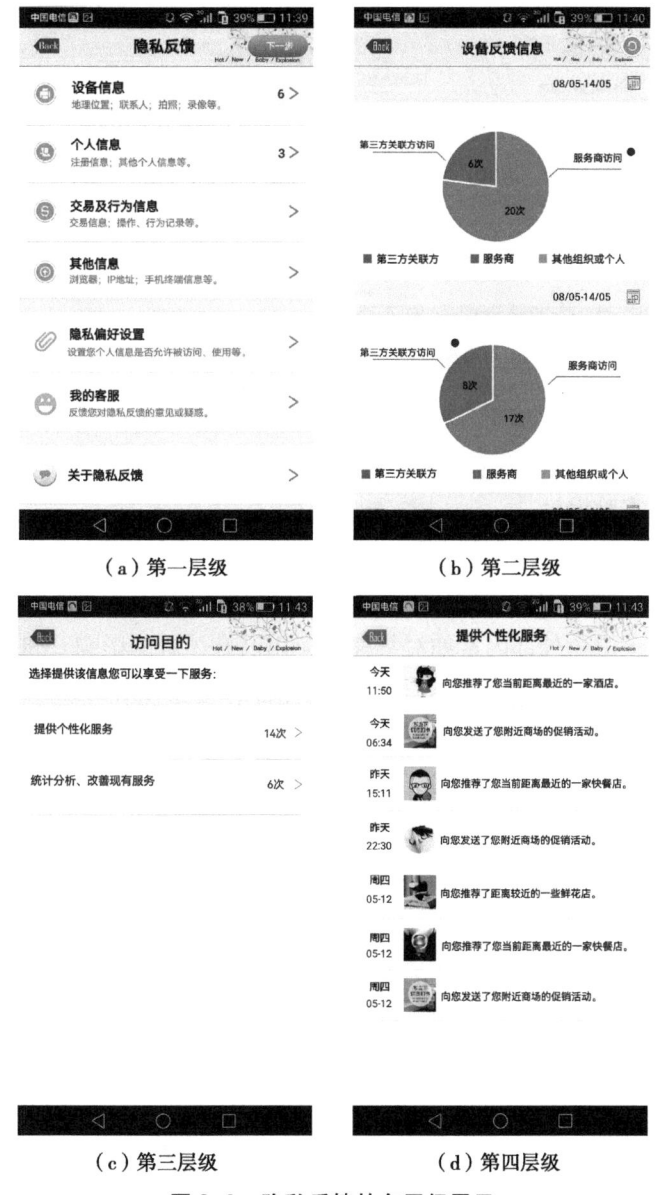

（a）第一层级　　　　　（b）第二层级

（c）第三层级　　　　　（d）第四层级

图 8-2　隐私反馈的多层级展示

（a）隐私设置界面　　　　（b）客户服务界面

图 8-3　隐私设置和客户服务界面截图

二　实验设计

本书采用基于插图的实验方法，实验设计了三组插图描绘移动商务应用场景，并虚构了一款名为 YouH 的移动商务应用，选择虚构的移动应用是为了避免外部因素如对某移动应用已有了解的影响。和已有研究类似，利用这些场景模拟了移动应用所包含的功能（Anderson and Agarwal，2011）。通过两组实验插图分别操纵移动应用中不提供与提供隐私反馈［如图 8-4(a)］，第三组实验插图通过向受试者提供查看或不查看隐私反馈界面这两种明确的选择，来操纵隐私选择变量［如图 8-4(b)］。

三　问卷设计

量表采用国内外已有的成熟量表，并适当调整措辞以适用于本书。包含人口统计特征变量、与实验情景无关的研究变量以及反映每组实验情景的研究变量。与已有文献类似（Son and Kim，2008），本书将感知的公平作为二阶变量，由三个一阶变量（程序公平、信息公平和交互公平）作为其反映型指标。所有题项及其来源见表 8-2。由于原始题项是英文，我们使用还原翻译将其译成中文。

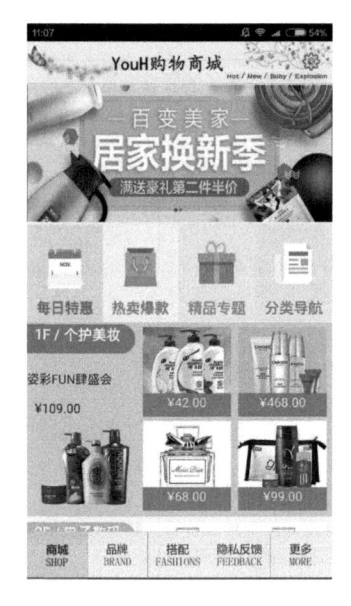

第八章　隐私反馈的设计及其对信息披露决策的调节作用 | 207

（a）首页（包含隐私反馈）　　　　（b）隐私选择页面

图 8-4　YouH 首页和隐私选择页面

表 8-2　　　　　　　　测量题项（李克特 7 级量表）

第一部分：实验开始之前测量的研究变量		
变量	题项	来源
隐私侵犯经历（PE）	您遇到过您的个人信息在没有您授权的情况下被其他公司使用的情况吗 您觉得自己是被公司侵犯了个人隐私信息的受害者吗 您听过或阅读过关于个人信息被滥用的消息吗	Xu et al.，2011a
信任倾向（TP）*	我觉得人们通常是值得信赖的 我觉得人们通常是可靠的	Hui et al.，2007
个人创新性（PI）	我喜欢尝试新的信息技术 如果我听说了一种新的信息技术，我会想办法尝试它 在我的同龄人中，我通常第一个尝试新的信息技术	Xu et al.，2009

续表

第二部分：与实验场景相关并在实验之后测量的研究变量

变量	题项	来源
信息公平 （XJ）	YouH 服务商对我个人信息情况的反馈比较坦诚 YouH 服务商详细地说明了我已提供的个人信息情况 YouH 服务商对我个人信息使用的说明是合理的 YouH 服务商及时地反馈了我已提供的个人信息情况	Colquitt，2001
交互公平 （HJ）	YouH 服务商对我个人信息情况的反馈会考虑到我的需求 YouH 服务商在与我互动时，能够切身考虑我的需求 YouH 服务商在与我的互动中，体现了对我的尊重	Fu et al.，2015
程序公平 （PJ）	YouH 服务商收集我敏感个人信息前，在征求我同意上作出了较大的努力 YouH 服务商在清晰地说明我个人信息使用情况上作出了较大的努力 YouH 服务商在允许我更改我的隐私偏好设置上作出了较大的努力 YouH 服务商在允许我反馈我的意见或疑惑上作出了较大的努力	Son & Kim，2008； Fu et al.，2015
感知的隐私 （PP）	在使用 YouH 时，我觉得我拥有足够的隐私 在使用 YouH 时，我对我所拥有的隐私感到舒适 在使用 YouH 时，我认为我的隐私得到了保护	Dinev et al.，2013
披露意愿 （SD）	我可能向 YouH 提供真实的个人信息 我打算向 YouH 提供真实的个人信息 我愿意向 YouH 提供真实的个人信息 我会向 YouH 提供真实的个人信息	Malhotra et al.，2004

注：为了测量信任倾向（TP），我们采用了 Hui 等（2007）使用的两题项量表，其变量定义与本书中信任倾向的定义完全匹配（Mayer et al.，1995）。

完成实验设计后，我们邀请了10名 IS 领域的专家和研究生进行面对面访谈，以检验问卷题项的表达是否清晰，并根据访谈的反馈对问卷稍作修改。接下来，我们邀请80名研究生和本科生进行前测，确定了测量题项的清晰度，验证了实验过程和实验说明的简洁性，从而确保整个实验能够得到有效的执行。

四 实验过程与任务

首先，实验开始的前一周，受试者提供了人口统计特征的数据，并回答了与实验情景无关的研究变量的测量题项，例如信任倾向、隐私侵犯经历和个人创新性。在主实验中，为了确保一个可控的环境，所有受试者都被邀请到实验室完成实验。为了确保每名受试者都处于相同的外部环境，实验室内没有其他人，只有一些椅子和桌子，受试者可以在不被他人打扰的情况下完成不同的实验任务。为了尽可能地减少偏差，受试者被要求独立完成实验，不与其他受试者有任何交流，也不能通过他们的手机获取额外的信息。为了确保体验的真实性，受试者使用自己的手机安装了YouH。所有的插图都以相同的顺序出现在YouH中，受试者被要求仔细阅读文字说明。实验还提供了YouH的介绍信息，包括主要功能和收集的个人信息。

其次，受试者被随机分配到三组实验中的任意一组：不提供隐私反馈、提供隐私反馈、提供隐私选择。实验步骤具体如下：首先，受试者看到了YouH的主页[如图8-4(a)]，紧接着，看到注册页面和登录页面请求受试者提供电话号码、电子邮箱和密码。尽管受试者不需要披露这些个人信息，但要求他们做好提供这些信息的心理准备，以在实验最后测量他们披露此类个人信息的意愿。他们还会看到一系列的弹框，通知受试者会收集他们的地理位置和手机通讯录信息，这类似于移动应用中广泛使用的通知和同意。

再次，被分配到提供隐私反馈组的受试者，被要求点击主页上的"隐私反馈"控件，以浏览隐私反馈功能的每个页面；对于分配到不提供隐私反馈组的受试者则跳过此步骤。对于提供隐私选择组，没有直接向受试者提供隐私反馈，而是提供一个选择页面[图8-4(b)]，让受试者决定是否浏览隐私反馈页面。弹出的对话框给受试者提供两种选择：（1）单击页面右下角的"隐私反馈"控件以访问隐私反馈页面，或（2）单击页面右上角的"下一步"按钮，跳过隐私反馈页面，直接进入实验的下一步，即购物交易环节。此时，受试者会看到购买虚拟商品的订单确认页面以及使用"兼职"个性化服务的个人信息请求列表，即使用该服务需要提供的个人信息,例如性别、出生日期、兴趣、地址和教育背景。

最后,受试者需要基于自己的真实体验,填写一份测量感知的公平、感知的隐私、信息披露意愿以及操作检查的问卷。此外,作为最后一个控制项,我们还查看了每名受试者完成实验所花费的时间,所有受试者花费的时间基本相同(即15分钟左右),从而确保每名受试者按照我们的预期完成了实验。

五 数据收集

2019年7月至11月,我们在中国高校校园通过张贴公告来招募受试者。招募中提供了有关本书的背景信息,但没有透露具体的实验组信息。为了鼓励受试者的参与,我们向受试者提供了合适的金钱奖励和礼品。最终共招募了486名受试者,每组包含162名受试者,其中48.2%为男性,51.8%为女性,人口统计信息见表8-3。

表8-3　　　　　　　　　样本人口统计特征

变量	类别	人/比例(%)	变量	类别	人/比例(%)
性别	男	239(48.2)	使用移动商务应用的时长	1年以下	11(2.3)
	女	247(51.8)		1—2(含)年	40(8.2)
年龄	<18岁	3(0.6)		2—3(含)年	81(16.7)
	18—21岁	161(33.2)		3—4(含)年	110(22.6)
	22—25岁	263(54.1)		4—5(含)年	123(25.3)
	26—30岁	54(11.1)		5年以上	121(24.9)
	31—40岁	5(1.0)	最近一个月使用移动商务应用的次数	从未	15(3.1)
教育水平	高中	3(0.6)		1—3次	198(40.7)
	大专	3(0.6)		4—6次	152(31.3)
	本科	223(45.9)		7—10次	64(13.2)
	硕士	246(50.6)		10次以上	57(11.7)
	博士	11(2.3)			

根据曼-惠特尼(Mann-Whitney)检验,受试者的性别、年龄和教育水平在三组实验中没有显著差异。方差分析(ANOVA)显示,三组

受试者在使用移动商务应用的时长和次数、隐私侵犯经历、信任倾向和个人创新性上也没有显著差异。因此，实验的随机分配是有效的。

第四节 数据分析结果

一 信度与效度检验

本书使用结构方程模型-偏最小二乘法（Structural Equation Model-Partial Least Squares，SEM-PLS）和 SmartPLS3.0 分析数据。通过检验收敛效度和判别效度来评估测量模型。为了检验测量模型的信度，我们查看了每个题项的载荷，除了个人创新性的一道题项为 0.61 和隐私侵犯经历的一道题项为 0.66，其余载荷均超过 0.7（见表 8-4）。由于这两个题项只在一组实验（共三个实验组）中低于阈值，且超过了最小建议值 0.60（Chin et al.，1997），因此决定保留它们。总的来说，数据分析结果表明了较好的信度。此外，各因子的复合信度大于 0.70，平均方差抽取（Average Variance Extracted，AVE）超过 0.50，表明测量模型具有较好的收敛效度。通过比较各变量 AVE 值的平方根和变量之间的相关系数的大小，进一步检验判别效度，检验结果见表 8-5 至表 8-7，各因子 AVE 值的平方根均大于相应的相关系数，表明量表具有较好的判别效度。

表 8-4　　　　　　　　　收敛效度分析

变量	测度题项	标准载荷		
		不提供隐私反馈的"YouH"	提供隐私反馈的"YouH"	提供隐私选择的"YouH"
信息公平	XJ1	0.716	0.849	0.770
	XJ2	0.838	0.826	0.885
	XJ3	0.838	0.802	0.845
	XJ4	0.817	0.786	0.851
交互公平	HJ1	0.806	0.780	0.899
	HJ2	0.863	0.800	0.926
	HJ3	0.843	0.715	0.867

续表

变量	测度题项	标准载荷		
		不提供隐私反馈的"YouH"	提供隐私反馈的"YouH"	提供隐私选择的"YouH"
程序公平	PJ1	0.753	0.778	0.878
	PJ2	0.856	0.728	0.902
	PJ3	0.837	0.844	0.876
	PJ4	0.817	0.728	0.859
感知的隐私	PP1	0.804	0.783	0.918
	PP2	0.855	0.865	0.918
	PP3	0.862	0.824	0.922
披露意愿	SD1	0.853	0.763	0.907
	SD2	0.896	0.821	0.924
	SD3	0.866	0.854	0.908
	SD4	0.831	0.862	0.910
隐私侵犯经历	PE1	0.747	0.815	0.875
	PE2	0.803	0.978	0.865
	PE3	0.813	0.800	0.667
信任倾向	TP1	0.924	0.983	0.954
	TP2	0.965	0.916	0.948
个人创新性	PI1	0.909	0.921	0.932
	PI1	0.916	0.970	0.928
	PI3	0.779	0.610	0.736

表 8-5　　判别效度分析：不提供隐私反馈的"YouH"

	CR	AVE	XJ	HJ	PJ	PP	SD	PE	TP	PI
XJ	0.88	0.65	**0.80**							
HJ	0.88	0.70	0.53	**0.84**						
PJ	0.89	0.67	0.47	0.55	**0.82**					
PP	0.88	0.71	0.45	0.30	0.40	**0.84**				
SD	0.92	0.74	0.37	0.17	0.18	0.36	**0.86**			
PE	0.83	0.62	0.05	0.08	0.10	-0.20	-0.11	**0.79**		

续表

	CR	AVE	XJ	HJ	PJ	PP	SD	PE	TP	PI
TP	0.94	0.89	-0.06	-0.04	0.05	0.05	-0.09	-0.10	**0.94**	
PI	0.90	0.76	0.03	-0.05	-0.05	0.02	-0.06	0.01	0.09	**0.87**

表 8-6　　判别效度分析：提供隐私反馈的"YouH"

	CR	AVE	XJ	HJ	PJ	PP	SD	PE	TP	PI
XJ	0.89	0.67	**0.82**							
HJ	0.81	0.59	0.50	**0.77**						
PJ	0.85	0.59	0.42	0.45	**0.80**					
PP	0.86	0.68	0.58	0.47	0.45	**0.83**				
SD	0.90	0.68	0.45	0.37	0.37	0.61	**0.83**			
PE	0.90	0.75	-0.01	0.03	-0.01	0.01	0.01	**0.87**		
TP	0.95	0.90	0.03	0.03	0.10	0.05	0.23	-0.04	**0.95**	
PI	0.87	0.70	0.16	0.03	-0.10	0.03	0.19	0.19	0.07	**0.84**

表 8-7　　判别效度分析：提供隐私选择的"YouH"

	CR	AVE	XJ	HJ	PJ	PP	SD	PE	TP	PI
XJ	0.90	0.70	**0.84**							
HJ	0.93	0.81	0.73	**0.90**						
PJ	0.93	0.77	0.76	0.82	**0.88**					
PP	0.94	0.84	0.55	0.62	0.62	**0.92**				
SD	0.95	0.83	0.56	0.53	0.57	0.68	**0.91**			
PE	0.85	0.65	-0.16	-0.12	-0.09	-0.24	-0.16	**0.81**		
TP	0.95	0.90	0.23	0.20	0.26	0.32	0.21	-0.11	**0.95**	
PI	0.90	0.76	0.22	0.16	0.11	0.10	0.01	0.01	0.36	**0.87**

本书采用了多种方法检验共同方法偏差问题，具体结果如下：在 Harman 单因素检验中，三个实验组中，第一个主成分的方差贡献率分别为 22.06%、18.67% 和 30.19%，表明样本数据的共同方法方差并不严重。并且没有任何一个因素可以解释方差的 50% 以上（Podsakoff et al., 2003）。在偏相关分析（Pavlou and Dimoka, 2006; Podsakoff and

Organ, 1986) 中, 将因子分析中具有最高解释方差的变量添加为额外的自变量, 没有显著改变因变量被解释的方差。我们还采取了一些措施以减少默认偏差, 例如, 问卷中的题项顺序是随机的, 以避免受试者发现潜在结构模式来影响他们的作答; 我们还向受试者承诺问卷作答采用匿名形式, 并要求他们如实填写, 以减少社会期望偏差的可能性 (Podsakoff et al., 2003)。

二 结构模型检验

为了验证假设 H8-1—H8-5, 合并三组实验的数据进行分析, 采用 SmartPLS3.0 中的 PLS 算法, bootstrapping 参数设置为 5000 个样本、无符号更改和路径加权方案。感知的公平为包含三个一阶变量 (程序公平、交互公平和信息公平) 的二阶变量, 模型检验结果见图 8-5。

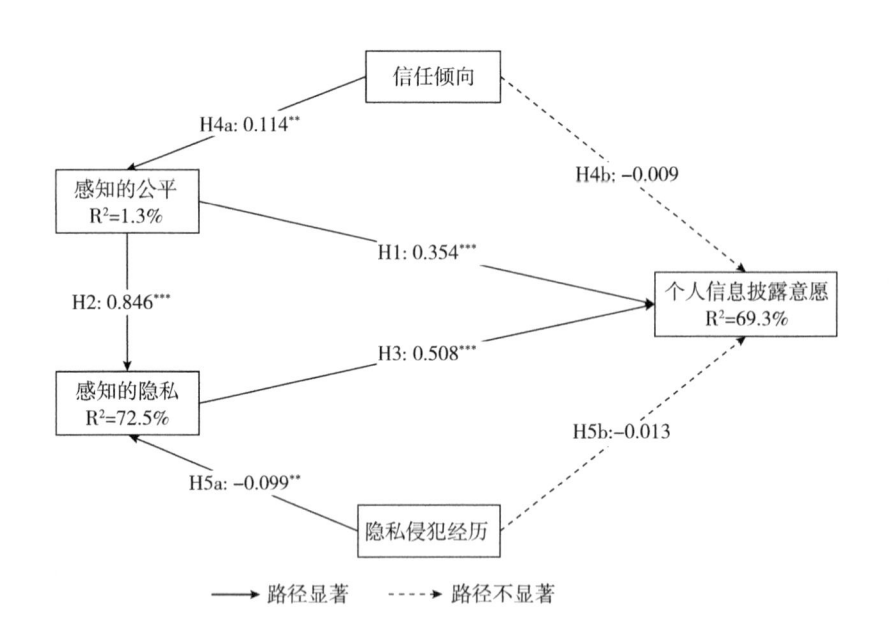

图 8-5 总样本模型分析结果

注: *表示 $p<0.05$, **表示 $p<0.01$, ***表示 $p<0.001$。

由于控制变量对信息披露意愿的影响均不显著, 因此在后续的分析中将其删除。该研究模型对信息披露意愿 ($R^2=0.693$) 和感知的隐私

($R^2 = 0.725$) 具有较高的解释力度。与感知的公平相比，感知的隐私对信息披露意愿的影响最大，感知的隐私同时受到感知的公平和隐私侵犯经历的显著影响。信任倾向正向影响感知的公平。总体而言，分析结果支持 H8-1、H8-2、H8-3、H8-4a 和 H8-5a。

三 隐私反馈的调节作用检验

为了检验隐私反馈的调节作用，本章采用 SmartPLS3.0 中的 MGA（Multiple Group Analysis，多群组分析）和 bootstrapping 比较了前两组实验的数据，即提供隐私反馈和不提供隐私反馈，详见表 8-8。

表 8-8　　　　　　　　　MGA 分析结果

假设	标准化路径系数			隐私反馈		隐私选择	
	不提供隐私反馈 n=162	提供隐私反馈 n=162	提供隐私选择 n=138	差异-p 值	是否显著	差异-p 值	是否显著
H8-6：感知的公平→个人信息披露意愿	0.196*	0.185*	0.268**	0.540	否	0.740	否
H8-7：感知的公平→感知的隐私	0.503***	0.640***	0.526***	0.058	是	0.098	否
H8-8：感知的隐私→个人信息披露意愿	0.261*	0.477***	0.499***	0.068	否	0.571	否
H8-9a：信任倾向→感知的公平	-0.020	0.060	0.364***	0.250	否	0.004	是
H8-9b：信任倾向→个人信息披露意愿	-0.103	0.180**	0.043	0.004	是	0.105	否
H8-10a：隐私经历→感知的隐私	-0.247**	0.001	-0.159*	0.012	是	0.049	是
H8-10b：隐私经历→个人信息披露意愿	-0.098	-0.017	0.039	0.252	否	0.683	否

注：*表示 p<0.05，**表示 p<0.01，***表示 p<0.001，0.05<p<0.06 表示边缘显著。

由表 8-8 可知，无论是否提供隐私反馈，感知的公平对信息披露意愿均产生显著的正向影响，该正向影响并没有因为提供隐私反馈而被显著增强，因此拒绝 H8-6（i）。无论是否提供隐私反馈，感知的公平都会促进信息披露意愿，但提供隐私反馈能够略微（$p=0.058$）增强感知的公平与感知的隐私之间显著的强关系（H8-7），因为提供隐私反馈后，公平的影响变得更加显著，H8-7（i）得到部分支持。无论是否提供隐私反馈，感知的隐私和信息披露意愿之间的关系非常显著。虽然提供了隐私反馈后，这两者之间的关系变得更强，但与不提供隐私反馈的实验组相比，其路径系数的差异并不显著，因此拒绝 H8-8（i）。分析结果肯定了用户感知的隐私对信息披露意愿的重要作用，无论是否提供隐私反馈都如此。在两组实验中，信任倾向对感知的公平的影响均不显著，H8-9a（i）没有得到支持。提供了隐私反馈时，信任倾向对信息披露意愿具有显著的正向影响，然而不提供隐私反馈时这种影响变得不显著，这说明提供隐私反馈促使信任倾向水平更高的用户更愿意披露个人信息，因此 H8-9b（i）得到了支持。隐私侵犯经历对感知的隐私的负向影响，在不提供隐私反馈时显著，但在提供隐私反馈后负向影响变得不显著，这表明提供隐私反馈可以缓解隐私侵犯经历给用户造成的负面影响，因此 H8-10a（i）得到部分支持。隐私侵犯经历对信息披露意愿的影响在两组实验中均不显著，这表示隐私侵犯经历对信息披露意愿没有显著的直接影响，但在不提供隐私反馈的情况下，它会通过感知的隐私对信息披露意愿产生间接影响。

为了进一步了解参与者对隐私反馈的态度和看法，我们还邀请了 30 位受试者参与实验后访谈，绝大多数受试者都对本书提出的隐私反馈给予了积极的评价，并呼吁推广隐私反馈的实际应用，例如：

"它很新颖，可以直观地反映我的个人信息被访问的情况，让我知道该如何调整我的隐私设置"。

"我感受到服务商对我的尊重，这给了我更好的用户体验"。

"如果这种方法能够被推广，它将增强人们的隐私意识，人们会更加注意保护自己的隐私信息"。

这些访谈者采用李克特 7 级量表，对使用该隐私反馈的意愿进行了打分（Kim et al.，2007），平均分为 5.69 分，表明他们愿意使用本书提出的隐私反馈方法。

四 隐私选择的调节作用检验

通过区分没有访问隐私反馈的受试者和想要阅读隐私反馈的受试者，本书采用隐私选择实验组来分析隐私反馈的实际影响和效果。在提供隐私选择的实验组中，162 名受试者中有 138 人选择访问并阅读隐私反馈，我们将这 138 份数据与提供隐私反馈实验组的 162 份数据进行比较，以探究隐私选择的影响作用（见表 8-8，"提供隐私选择"组 vs "提供隐私反馈"组）。结果表明，隐私选择的增加影响了一些关系的显著性。具体来说，提供隐私选择使信任倾向对信息披露意愿的直接影响［H8-9b（ii）］变得不显著，但信任倾向对感知公平的影响从不显著变得显著，支持 H8-9a（ii）。当用户拥有隐私选择时，其信任倾向并不直接影响他们的信息披露意愿，而是通过感知的公平间接影响其信息披露意愿。提供隐私选择还使隐私侵犯经历对感知的隐私的负向作用变得显著，支持 H8-10a（ii）。

第五节 研究结论与启示

一 研究结果与讨论

本章检验了感知的隐私、感知的公平、信任倾向和隐私侵犯经历对信息披露意愿的影响，还考虑了隐私反馈和隐私选择这两个情境因素的调节作用。具体分析如下：

（1）感知的公平与感知的隐私对信息披露意愿都产生显著的影响，且二者对信息披露意愿的解释力度达到 69.3%，其中感知的隐私发挥的作用最大，这肯定了感知的隐私是信息披露意愿的关键因素，无论是否提供隐私反馈都是如此。与本领域的大多数研究（将隐私担忧作为衡量信息隐私的变量）不同，本章使用感知隐私的概念聚焦用户对信息隐私的总体态度。与现有关于隐私担忧和信息披露意愿的研究结论相比（例如文献 Ozdemir et al., 2017；Bansal et al., 2016；Miltgen and Smith, 2019；Gruzd and Hernández-García, 2018；Wang and Midha, 2012；Jiang et al., 2013；Bansal and Gefen, 2010），本章发现感知的隐私对信息披露意愿的影响是积极的，并且影响更大，证实了信息隐私是促进信息披露意愿的关键因素。由于该变量还未被广泛研究，因此，该结论很有意义。

用户隐私侵犯经历和感知的公平对感知隐私的解释力度高达72.5%，其中感知的公平发挥的作用更大，无论是否提供隐私反馈都是如此。与现有研究感知公平的各个维度（分配公平、程序公平和交互公平）与隐私担忧之间关系的工作（Zhou，2016；Wirtz and Lwin，2009；Krasnova et al.，2010）不同，本书将感知的公平作为一个二阶变量，它包含三个一阶变量，即程序公平、交互公平和信息公平。已有研究中，公平的某些维度对隐私担忧没有显著影响［例如程序公平（Wirtz and Lwin，2009）或分配公平、交互公平（Krasnova et al.，2010）］，但在本书中，不但感知公平的三个维度都显著影响感知的隐私，而且感知的公平对信息隐私的作用比对隐私担忧的作用更大，这证实了感知的公平的确是影响感知的隐私的关键因素。

有趣的是，已有文献指出隐私侵犯经历对隐私担忧具有较强的负向影响（Bansal et al.，2016；Hong et al.，2021），但本书却发现隐私侵犯经历对感知隐私的负向影响较弱。也就是说，与其他变量相比，隐私侵犯经历并不是影响（感知）隐私的关键因素。这可能是因为感知的隐私并不单指隐私的消极方面，而是针对隐私的总体态度，包括消极和积极两个方面。

（2）关于隐私反馈的调节作用，在不提供隐私反馈的情况下，用户感知的隐私和感知的公平对信息披露意愿具有显著的正向影响，解释力度仅27.9%。而在提供隐私反馈的情况下，除了感知的公平和感知的隐私，用户的信任倾向对其信息披露意愿的促进作用变得显著，并且对信息披露意愿的解释力度达46.5%。因此，隐私反馈增加了信息披露意愿的解释力度，特别是当信任倾向更高的用户获得隐私反馈时，比没有提供隐私反馈时更愿意提供个人信息。

本章还发现，增加隐私反馈后，用户感知的公平对感知的隐私发挥更大的积极影响，而且是显著影响感知隐私的唯一因素，解释力达41%。这说明，感知的公平对用户感知的隐私起着至关重要的决定作用，并且其重要性随着隐私反馈的提供而增加。因此，隐私反馈能使那些感知到更多公平的用户觉得自己拥有了更多的隐私。

关于感知的隐私的前置影响因素，我们发现了一些有趣的结论。在没有提供隐私反馈的情况下，用户的隐私侵犯经历对感知的隐私具有显著的负向影响，但这种消极影响随着隐私反馈的出现发生了改变。尽管遭遇过隐私侵犯的用户更担心他们的隐私，总体上感知到更少的信息隐私，但提供隐私反馈会缓解这个问题。

总之，研究结果证实了隐私反馈的有效性。隐私反馈可以增强用户的公平感知，即使用户经历过隐私侵犯事件，向其提供隐私反馈也能让他们心里感觉更舒适安心。隐私反馈在保护隐私的同时，还能促进用户披露个人信息，尤其是对具有高水平信任倾向的用户。

从更广泛的视角来分析，我们可以将研究结论推广到一般的隐私保护措施。如果隐私保护措施能够充分增强用户的公平感，那么信任倾向等因素对信息披露意愿的积极作用会被增强，而与隐私侵犯经历相关因素的消极影响会被减弱。研究结论强调了在移动商务环境中为用户提供有效的隐私保护措施（例如隐私反馈）的必要性。

（3）隐私选择实验组进一步阐释了用户是否真的想要或真的需要隐私反馈。令人惊讶的是，绝大多数受试者选择阅读隐私反馈，这表明用户对隐私反馈的内容感兴趣。通过比较提供隐私选择和不提供隐私选择这两组实验，我们发现，当用户没有选择时，提供隐私反馈能促进信任倾向对信息披露意愿的直接影响，但向用户提供隐私选择后，这种直接作用被感知的公平所中介。这一发现与详尽可能性模型中的核心和边缘路径类似（Petty and Cacioppo，1986），隐私反馈作为一种信号和说服信息，当受试者没有被问及是否想要获得隐私反馈，他们可能没有动机去思考和隐私相关的问题，他们仅采用肤浅的信息处理方式，关注表象特征，例如隐私反馈的存在或吸引力（边缘线索），而不去关注反馈的内容本身，由此他们的行为可能发生变化（例如信息披露意愿），但这种改变很可能只是暂时的，会随着时间的推移而消退其至还原（边缘路径）。但是，如果受试者被问及是否愿意访问隐私反馈，他们会有更强的动机去思考隐私相关的信息，并对信息进行深度加工处理，更关注反馈的内容本身（论据质量），由此产生的认知反应（更多的公平感知）会驱使行为变化（更愿意披露个人信息），这将更能抵抗行为变化的消退或还原（核心路径）。

当不提供隐私选择时，受试者的隐私侵犯经历对感知隐私的影响不显著，但提供隐私选择后，这种影响变为负向显著。也就是说，用户负面的隐私经历越多，其感知到的隐私越少，如果用户能够选择是否访问隐私反馈，这会增加他们思考隐私相关信息的动机，从而对隐私问题进行更深入的思考，那些遭受过更多隐私侵犯的用户可能会想起更多的负面经历，这会减少他们所感知的信息隐私。

综上所述，为用户提供隐私选择会提高他们深入思考与隐私相关信息的动机，包括隐私反馈的内容和先前的隐私经历，促使他们做出有意识的隐私决策。此外，当被问及是否愿意获得隐私反馈时（隐私选择），信任倾向更高的用户通常拥有更高的公平感知，从而更愿意披露个人信息。这些发现证实了已有文献中的一些结论（Wang and Wu，2014）：如果服务商主动保护用户的隐私，比如告知用户他们的隐私实践信息，用户则更愿意披露个人信息。当然，对于用户而言，总会面临企业不遵守所承诺的隐私规定的风险，但是这种风险会因隐私事件对企业造成的不良后果而被减小，倘若真的发生这种不公平的隐私事件，并且用户通过网络进行散播，将导致其他用户对该企业丧失信任，企业将遭到声誉和经济的双重损失。

二 理论贡献

本章对现有隐私和公平相关的研究作出以下贡献。

第一，将隐私反馈和隐私选择作为两个情境因素，并探究了它们的调节作用。向组织披露个人信息作为因变量研究的文献中，很少关注调节变量的作用，仅有两篇文献提供了具有显著调节作用的研究（Bansal et al., 2016; Miltgen and Smith, 2019）。因此，很有必要对情境因素进行更深入的探究。目前为止，仅有少量的情境调节变量得到了研究，例如行业、网站属性、信息请求者属性、数据类型、数据量和披露激励（Bansal et al., 2016; Anderson and Agarwal, 2011; Miltgen and Smith, 2019; Zimmer et al., 2010; Karwatzki et al., 2017）。尚未有研究将隐私保护措施作为情境调节变量来探究它的调节作用。通过提供隐私反馈实验组和提供隐私选择实验组来体现隐私保护措施，本章证实了它们对研究模型中的一些关系具有显著的调节作用。此外，通过对信息披露意愿的影响因素进行因果建模，本章对这些因素的动态关系以及隐私反馈和隐私选择的调节作用，提供了初步的理论与实证洞察。当提供隐私反馈时，用户感知的公平对感知的隐私的影响更大，因此感知的公平发挥的作用取决于是否存在有效的隐私保护措施。即使研究模型中有一些变量之间的关系是显著的，它们的重要程度也会随着是否提供隐私保护而发生改变，信任倾向和隐私侵犯经历等个体属性发挥的作用也取决于是否提供有效的隐私保护措施，同时还受是否提供隐私选择的影响。

第二，本书是最早将公平理论应用于设计隐私保护措施（即隐私反馈）的研究之一，以提升用户对数字服务的公平感知。一般来说，IS领域的隐私相关文献主要涉及解释和预测研究，鲜有研究涉及解决方案的设计。为了响应对隐私保护方法设计研究的呼吁（Bélanger and Crossler，2016；Pavlou，2011；Al-Natour et al.，2020；Bélanger and Xu，2015），本书从理论上将隐私反馈与三种类型的公平（程序公平、信息公平和交互公平）关联起来，同时基于已有的相关研究与隐私通知的设计空间，设计了能同时提供三种公平的隐私反馈。研究结果表明公平理论可以被应用于隐私保护方法的设计，本书扩展了公平理论的应用范围，缩小了理论与技术开发之间的差距，同时也为隐私保护方法的设计提供了新的视角。

第三，我们通过向用户提供隐私选择，即让用户选择是否访问隐私反馈来检验其实际的效果。已有的实验研究主要通过控制隐私保护措施是否存在（Xu et al.，2009；Hui et al.，2007；Xu et al.，2012c）或操作其特征的高水平与低水平（Gu et al.，2017）来检验隐私保护措施的有效性，但它们没有明确阐述用户对这些措施的实际兴趣。本书承认用户很少阅读隐私内容，并且与详尽可能性模型（ELM）一致，当用户无法选择是否阅读隐私反馈时，他们主要关注隐私反馈的存在或者它的吸引力等表面特征；但是，当用户必须明确地选择是否阅读隐私反馈时，他们会更愿意关注反馈的具体内容，然后做出更谨慎的隐私决策。研究结果强调了有必要在现实环境中检验隐私保护措施的有效性。

第四，本书使用新的变量来测量信息隐私（即感知的隐私），并使用新的背景（中国移动商务）复制了在以往研究中已经检验过的一些变量关系。已有隐私相关的研究主要将隐私担忧作为信息隐私的核心构念，并研究其前置因素和导致的行为结果。本书使用感知的隐私而不是隐私担忧来探索用户信息披露意愿的影响因素，这样能够测量用户对信息隐私的总体态度，而不是只关注信息隐私消极的一面（担忧）。本书的复制工作发现了一些有趣的结论，证实了 IS 领域中验证研究的益处。具体而言，本书将感知的隐私而不是隐私担忧作为测量信息的隐私变量，肯定了信息隐私是信息披露意愿的关键因素，感知的公平是感知的隐私的关键驱动因素。此外，与先前研究隐私担忧的文献不同，本书中隐私侵犯经历并不是影响信息隐私的主要因素。通过复制研究，我们不仅响应了 IS 领域中对复制研究的呼吁（Brendel et al.，2023），还提高了已有隐私相关研究的鲁棒性（例如公平与信息隐私之间的关系，信息隐私与信息披露之间的关系），同时为未来的研究提供了新的方向，尤其是隐私侵犯经历对隐私相关决策的影响。

总之，从公平的视角探究隐私保护方法的隐私启示非常重要。目前还没有足够的研究来解释技术方法如何影响信息隐私。本书为学者提供了一种检验隐私保护方法有效性的概念工具。

三　管理启示

本书对电子商务行业的相关人员，如系统开发员、服务商、隐私倡导者和政府立法者提供了管理启示。对于承受消费者隐私保护巨大压力的系统开发员而言，本书强调了增加用户对隐私实践了解的重要性，并建议使用新的方法来鼓励用户披露个人信息，这就要求服务商关注用户的隐私感知，采取一些措施来增强用户的公平感知，例如向用户提供有关数据收集和使用的详细信息，或使用能够促使用户表达隐私偏好的沟通渠道。具体来说，本书鼓励服务商关注用户公平感知的提升，向用户提供隐私反馈和隐私选择功能，以此提高用户对公平环境的感知，从而提升用户的隐私感知。对于目前将有限的精力用在隐私政策和基于隐私权限方法的应用开发人员来说，该建议可以被当作一个有趣的尝试来考虑。

隐私倡导者和政府立法者可以鼓励服务商向用户提供更多的隐私反馈，提高隐私实践的透明度，并促进用户更深入地考虑与隐私相关的信息，做出有意识的隐私决策。服务商应该承担更多的隐私保护责任，而不是通过发布难以阅读的隐私政策或弹出隐私通知以获得用户同意等方式给用户增加负担。为用户提供访问隐私反馈的选择会让他们的角色从被动的接受者转变为主动的监管者，同时使服务商更值得信任。从长远来看，这样的结果会有利于提高企业的声誉，帮助企业获得更多的用户数据，为用户和企业带来双赢的结果。总体而言，我们的研究结论鼓励企业将隐私保护视为获得竞争优势的方法，而不是一种负担，从而在隐私保护方面投入更多的努力，这也将促进整个电子商务行业的健康发展。

四 未来的研究方向

（1）仅在移动商务应用的情境下验证了所提出的隐私保护方法的有效性，并且实验设计使用一种具体的应用，这可能会限制结论的普适性。我们考虑到一种方法通常无法适用于所有隐私相关的情境，后续研究可以设计其他的隐私反馈特征，并验证它们在其他应用和情境下的有效性；

（2）本章的样本为学生，虽然他们能代表中国移动商务用户总体的一大部分，但进一步的研究应该包括更多样的样本人群；

（3）本章采用实验室实验来验证隐私保护措施，这种研究方法既有优点也有缺点，受试者与假设情景的交互可能无法代表人们在现实世界的真实体验，实地实验将有助于进一步证实本章的发现；

（4）我们研究的调节变量并不全面，后续研究可以考虑其他潜在的调节变量，例如政府法律法规、行业规范或其他隐私保护措施；

（5）研究模型中的信任倾向采用文献（Hui et al.，2007）中的两题项量表进行测量，虽然我们相信这不会对研究结果产生太大影响，但在未来的研究中可以使用更多的题项进行测量，以提高结果的鲁棒性。

第九章　全书总结和研究展望

第一节　背景重述

大数据背景下,用户数据已成为企业公认的金矿,对数据的收集与分析对于企业的生存与发展至关重要。然而这种前所未有的对大量用户数据的收集与使用,引发了严重的隐私问题。近几年频频发生的隐私事件,已将隐私问题推到风口浪尖,用户对个人信息隐私倍感担忧,对企业缺乏信任,严重阻碍了移动商务的健康发展。

隐私保护已成为全球企业与学术界高度关注的热点问题。企业认为在用户的隐私保护与数据收集之间存在矛盾,因此很多企业对待用户信息隐私保护比较被动。从长远来看,如果隐私保护不当,将会引发隐私侵犯,导致企业遭受经济与名誉的双重损失。因此妥善的隐私保护对于企业高质量的发展必不可少。于是,企业如何在用户隐私保护与数据收集之间进行平衡,就成为一个亟待解决的问题。

用户的公平感知已被学术界公认能在隐私保护中扮演举足轻重的角色。如果企业向用户提供的隐私保护措施能引发其公平感知,让用户感知到企业对待其个人信息的公平性,则能降低用户的隐私担忧,提高其披露个人信息的意愿,这不但满足了大数据背景下移动商务企业收集用户数据的需求,同时也保护了用户的隐私。因此,基于公平感知的隐私保护机制或许为企业解决用户隐私保护与数据收集之间的矛盾,提供了一个新的思路。

已有相关研究主要从隐私保护行为、隐私保护措施的实证研究以及隐私保护技术方法研究三个方面展开。隐私保护行为研究主要聚焦个人信息披露意愿，缺乏真实与虚假信息披露的影响因素研究，隐私保护实证研究与技术方法研究虽然较多，但两者之间相结合的研究却较少，以至在本领域的顶级期刊上有专家强烈呼吁研究人员开展此类研究。

本书正是在这样的背景下，围绕移动商务用户的公平感知，将实证研究与技术方法研究相结合，对隐私保护机制展开了一系列研究。

第二节 研究成果

本书将实证研究与技术方法研究相结合，构建适用于移动商务环境的基于用户公平感知的隐私保护机制，解决大数据背景下，移动商务企业收集用户数据与隐私保护之间的矛盾，为企业设计能满足用户需求的隐私保护机制提供可靠的理论指导和有效的技术方法。研究结论将鼓励企业把隐私保护看作一种竞争优势，愿意在用户隐私保护上投入更多的资源，推动移动商务行业健康发展。目前该研究已经取得了较好的研究成果，主要表现在以下几个方面。

（1）论文成果发表方面：课题组已在 UT Dallas 24 商学院顶尖期刊 *Information Systems Research*，信息系统领域国际顶级权威期刊 *Decision Support Systems*，以及国内重要 CSSCI 学术期刊《科研管理》《管理科学》《现代情报》正式发表与课题直接相关的科研论文 5 篇（这些论文均以笔者为第一作者，且唯一标注国家社会科学基金资助）。

（2）人才培养方面：依托本课题研究，积极推进创新团队建设，形成了一支校级青年创新团队"用户行为与隐私保护研究"，另外培养了 5 名学术型硕士研究生。

（3）专利成果方面：基于课题研究成果，已获得 1 项软件著作权，目前正在申请 1 项国家发明专利。

（4）政府咨询报告方面：2021 年 11 月工信部开展的"524"信息通信服务感知提升行动，要求企业在 App 中提供个人信息保护"双清单"，这正是本课题研究的创新成果之一。因此，笔者基于这些研究成果，已撰写一份建议报告《进一步深化 App 个人信息保护"双清单"的若干建议》，提交给相关政府部门。

第三节　主要工作

本书以提升移动商务用户的公平感知作为出发点，针对移动商务环境特征，将实证研究与技术方法相结合，从隐私保护行为、隐私保护技术特征与隐私保护方法研究三个方面，研究基于移动商务用户公平感知的隐私保护机制。

一　隐私保护行为研究

（工作1）首先，理解用户披露个人信息的本质，基于沟通隐私管理理论的整体框架，将用户信息披露决策的过程划分为认知因素、认知权衡和披露决策3个阶段，认知因素包括感知的拥有、感知的监视、隐私价值倾向和隐私政策感知的有效性，认知权衡包括隐私风险、隐私控制；聚焦移动用户的认知体验，从移动用户隐私悖论的视角出发，构建移动用户个人信息披露决策3阶段模型；以移动商务为研究背景，将信任和具体情景下的隐私担忧视作两种不同的态度，评估了两者对用户信息披露意愿的相互作用。实证研究结果表明，用户信息披露决策的认知因素对认知权衡有显著的影响，进而形成用户披露信息的积极态度和消极态度，即信任和隐私担忧，最终信任发挥关键的作用，连同权衡结果共同影响个人信息披露决策，即信息披露意愿。本工作对移动服务商和移动商务应用开发商有针对性地采取措施以获取用户更多的个人信息具有一定的指导意义。该项工作的主体内容对应于本书的第三章。

（工作2）接着，将个人信息披露进一步细分为拒绝披露个人信息与披露虚假个人信息两种隐私保护行为，基于公平理论，以刺激—机体—响应理论（S-O-R）模型为框架，从认知与情感双重维度，构建了移动商务用户隐私保护行为意愿的影响机理模型。实证研究结果表明，移动商务用户感知公平的三个维度（程序公平、分配公平、交互公平）及其交互作用对感知价值与喜欢发挥着重要的积极作用，并且用户对产品服务认知层面的感知价值与情感层面的喜欢是降低其拒绝提供个人信息与披露虚假个人信息这两种隐私保护行为意愿的关键因素。研究结论为移动商务企业在保护用户隐私的同时获取更多真实的个人信息提供理论指导与管理洞察。该项工作的主体内容对应于本书的第四章。

二 隐私保护技术特征研究

（工作3）隐私反馈作为一种体现用户公平感知的隐私保护技术，本工作基于信号传递理论及已有文献，聚焦隐私反馈应具备的技术特征，从隐私反馈的内容与形式双重视角，构建了隐私反馈的技术特征及其交互作用对移动商务用户隐私保护行为的影响机理模型。实证研究结果表明：隐私反馈的内容（信息质量）与形式（简洁性、可视性）均对用户隐私担忧产生显著影响，且信息质量与可视性对隐私担忧的影响存在显著的负向交互作用。进一步的，隐私担忧还通过用户深层次心理状态"心理舒适感"对用户隐私保护行为产生显著影响。研究结论有助于移动服务商更好地理解用户的隐私保护行为，并为其设计有效的隐私反馈，从而获取更多的用户个人信息，进而为推动移动商务健康有序发展提供一些理论指导。该项工作的主体内容对应于本书的第五章。

（工作4）进一步从用户对个人信息披露细粒度控制的视角，以隐私设置和权限请求设置这两种隐私保护技术为例，深入探究有效的隐私保护技术应具备的技术特征。具体来说，本书提出了隐私设置的可操作性与权限请求设置的有效性两种技术特征，以隐私担忧为中介变量，构建了隐私设置的可操作性和权限请求设置的有效性及其交互作用对移动商务用户隐私保护行为（拒绝提供信息、提供虚假信息）的影响机理模型。实证研究结果表明，隐私设置的可操作性和权限请求设置的有效性对用户的隐私担忧和隐私保护行为均产生显著的直接负向影响，并通过隐私担忧间接负向影响用户的隐私保护行为；同时，隐私设置的可操作性和权限请求设置的有效性对用户隐私保护行为具有显著的正向交互作用。研究为移动商务企业从技术特征视角加强当前的隐私保护实践，获得用户更多真实的个人信息提供指导。该项工作的主体内容对应于本书的第六章。

三 隐私保护技术方法研究

（工作5）基于公平理论，将公平提供与关键的隐私保护技术特征相关联，并概念化这些技术特征对隐私担忧和信息披露行为的影响。据此提出了一种信息技术解决方案来平衡企业对消费者的数据收集和隐私保护之间的矛盾。我们以手机银行应用为情境，实现了一种理论驱动的信息技术解决方法原型系统，称之为主动推荐隐私政策协商应用，它使客户服务代理与消费者进行互动并主动向消费者推荐个性化的隐私政策。我们采用实地实验，将该解决方法与两个常规应用进行比较，即隐私政策应用（仅发布不具备协商特征和主动推荐特征的隐私政策）和隐私政策协商应用（提供仅融合了协商特征的隐私政策）。实验结果表明，我们提出的主动推荐隐私政策协商应用缓解了消费者的隐私担忧，增加了他们的信息披露意愿和实际披露行为。事后分析证实了这些发现，我们设计的解决方法提高了消费者感知的程序公平、交互公平和分配公平，并使他们在披露个人信息时感到舒适。同样，企业也能够从消费者那里收集额外的个人信息，从而形成一个隐私友好的良性循环。该项工作的主体内容对应于本书的第七章。

（工作6）基于公平理论与已有研究，通过隐私反馈功能与三个公平维度（即程序公平、信息公平和交互公平）之间的理论联系，设计了一种双向的隐私反馈，使用户可以适时地洞悉企业如何对待其个人信息，企业也能够及时了解用户对隐私保护的动态需求。并通过实验室实验，探索了本书设计的隐私反馈对个人信息披露决策过程的调节作用，还通过区分选择（或不选择）接收隐私反馈的用户来检验隐私反馈的实际效果。研究结果证实了感知的公平对感知的隐私发挥关键的影响作用，而感知的隐私显著影响信息披露意愿。向用户提供隐私反馈能增强感知的公平对感知的隐私的积极影响以及信任倾向对信息披露意愿的积极影响，并缓解了隐私侵犯经历对感知的隐私的消极影响。此外，提供隐私选择可以帮助用户作出更有意义的隐私决策。该项工作的主体内容对应于本书的第八章。

第四节　研究创新与特色

本书的创新和特色之处主要体现在：

（1）从用户公平感知的视角构建隐私保护机制具有新颖性。虽然有学者注意到公平感知对隐私保护的重要作用，但当前的研究中，隐私保护技术方法的设计较少考虑用户的公平感知，从提升用户公平感知的视角探索相应的隐私保护机制的研究则十分缺乏；另一方面，公平是一个多维的概念，鲜有隐私保护机制考虑从多个维度较为全面地体现移动服务商对待移动商务用户个人信息的公平性。因此，本书将公平理论应用于隐私保护行为、隐私保护技术特征以及隐私保护技术方法的探索，从全面提升用户公平感知的视角构建适用于移动商务环境的基于用户公平感知的隐私保护机制，以解决大数据背景下，移动商务企业收集用户信息与隐私保护之间的矛盾，是一个符合管理实践需求和社会要求的创新性选题。

（2）采用技术方法与实证研究相结合的研究范式是本书的研究特色。正如研究现状评述中已经提及，当前隐私保护相关的技术方法研究与实证研究之间结合不够紧密。而本书在技术方法（隐私政策协商算法与隐私反馈技术）研究中，都将依据问卷调查、情景实验等实证研究结果开展研究；再运用数学建模、设计科学、模糊集方法、信息泛化技术、软件工程等技术理论与方法，设计相应的算法与技术，并构建实验平台；最后采用行为实验的方法，以潜在的用户为实验对象，检验本书所构建的隐私保护机制的有效性，分析该机制如何以及为什么影响用户的隐私保护行为。将技术方法研究与实证研究相结合，是本书在研究方法上的一大特色。

第五节　研究展望

大数据时代，个人隐私保护已成为全球企业与学术界高度关注的热点问题。获取用户的数据从而为他们提供高质量的产品和服务是大数据时代取得商业成功的关键。通过分享数据而获得更好的服务也是用户的权益。社会经济的发展与价值创造是建立在数据流动上，因此，隐私保护不是将个人信息"锁起来"，而是需要在保护好用户隐私的基础上，鼓励数据流动。于是，如何在用户数据的收集使用与隐私保护之间取得平衡便成为当代需要解决的关键难点问题。需要探索符合多方利益的方法来保护数据隐私。

然而，本书触及个人用户隐私保护的冰山一角。《中华人民共和国国民经济和社会发展第十四个五年规划》以及《"十四五"数字经济发展规划》都明确提出：要营造良好的数字生态，加强个人隐私的数据保护。数字经济时代的个人信息保护将成为关注焦点，因此仍有待学者进行大量的研究工作。作为后续计划，我们将面向国家重大战略需求和经济主战场，持续聚焦解决平衡用户数据的收集使用与隐私保护的关键理论、关键方法、关键技术，帮助用户作出更好的隐私决策，为企业提供隐私保护技术解决方案，为政府部门科学决策提供有价值的参考。

参考文献

中文文献

陈雄强、罗锦艺、孙心仪、许典燕:《手机 App 权限索取风险评估与改进策略》,《中阿科技论坛(中英文)》2021 年第 2 期。

程慧平、闻心玥、苏超:《社交媒体用户隐私披露意愿影响因素模型及实证研究》,《图书情报工作》2020 年第 16 期。

程慧平、郑雨霏、闻心玥:《基于扎根理论的社交媒体用户隐私设置意愿影响因素研究》,《现代情报》2021 年第 10 期。

池毛毛、王俊晶、王伟军:《突发重大疫情下基层政府信任对公民信息不披露意愿的影响机制研究》,《情报学报》2021 年第 6 期。

邓朝华、洪紫映:《在线医疗健康服务医患信任影响因素实证研究》,《管理科学》2017 年第 1 期。

郭海玲、马红雨、许泽辉:《社会化媒体用户信息披露意愿影响模型构建与实证——以微信用户为例》,《图书情报工作》2019 年第 15 期。

郭宇、段其姗、王晰巍:《移动学习用户隐私信息披露行为实证研究》,《现代情报》2018 年第 4 期。

侯芳、胡兵:《基于因子和聚类分析方法的游客低碳旅游感知价值研究》,《生态经济》2013 年第 4 期。

兰晓霞:《移动社交网络信息披露意愿的实证研究——基于隐私计算与信任的视角》,《现代情报》2017 年第 4 期。

李昂、赵志杰:《基于信号传递理论的在线评论有用性影响因素研究》,《现代情报》2019 年第 10 期。

李辰颖、刘红霞、陈盈：《CEO声誉是否有助于企业吸收投资？——基于信号传递理论的实证研究》，《现代管理科学》2014年第7期。

李纲、王丹丹：《社交网站用户个人信息披露意愿影响因素研究——以新浪微博为例》，《情报资料工作》2015年第1期。

李海丹、洪紫怡、朱侯：《隐私计算与公平理论视角下用户隐私披露行为机制研究》，《图书情报知识》2016年第6期。

李贺、余璐、许一明、解梦凡：《解释水平理论视角下的社交网络隐私悖论研究》，《情报学报》2018年第1期。

李凯、黄敬尧、王晓文：《LBS用户信息公开意愿影响因素分析——基于交换理论的实证研究》，《情报学报》2016年第1期。

李琪、王璐瑶、乔志林：《隐私计算与社会资本对移动社交用户自我披露意愿的影响研究——基于微信与微博的比较分析》，《情报杂志》2018年第5期。

李延晖、梁丽婷、刘百灵：《移动社交用户的隐私信念与信息披露意愿的实证研究》，《情报理论与实践》2016年第6期。

李泽睿、田宇琛、张伟哲、刘洋：《中国移动应用隐私政策研究》，《网络空间安全》2020年第6期。

梁晓丹、李颖灏、刘芳：《在线隐私政策对消费者提供个人信息意愿的影响机制研究——信息敏感度的调节作用》，《管理评论》2018年第11期。

林家宝、鲁耀斌、卢云帆：《移动商务环境下消费者信任动态演变研究》，《管理科学》2011年第6期。

林家宝、鲁耀斌、张金隆：《基于TAM的移动证券消费者信任实证研究》，《管理科学》2009年第5期。

林家宝、鲁耀斌、章淑婷：《网上至移动环境下的信任转移模型及其实证研究》，《南开管理评论》2010年第3期。

刘百灵、董景丽：《基于CPM理论的移动商务用户信息披露意愿影响因素研究》，《信息资源管理学报》2022年第1期。

刘百灵、孙文静：《隐私管理技术特征对移动用户信息披露意愿的影响》，《系统管理学报》2020年第6期。

刘百灵、夏惠敏、李延晖：《技术特征视角下隐私反馈对移动商务用户行为意愿的影响——以心理舒适感为中介》，《管理评论》2018年第12期。

刘百灵、夏惠敏、李延晖：《移动购物用户信息披露意愿影响因素的实证研究：基于公平理论和理性行为理论视角》，《情报理论与实践》2017年第5期。

刘百灵、夏惠敏：《隐私反馈技术特征对用户隐私保护行为影响研究》，《科研管理》2020年第11期。

刘百灵、徐伟、夏惠敏：《应用特征与个体特质双重视角下移动购物持续使用意愿研究》，《管理科学》2018年第2期。

刘百灵、徐阳、吴旋：《人格特征对信息披露的影响——以情感为中介》，《现代情报》2021年第2期。

刘百灵、杨世龙、李延晖：《隐私偏好设置与隐私反馈对移动商务用户行为意愿影响及交互作用的实证研究》，《中国管理科学》2018年第8期。

刘鸿莹、张春龙、曲靖野、张向先：《隐私疲劳视角下智能穿戴设备用户隐私信息保护行为的影响因素研究》，《情报科学》2022年第7期。

刘洋、李琪、殷猛：《网络购物节氛围对消费者冲动购物行为的刺激作用》，《商业研究》2018年第7期。

聂勇浩、罗景月：《感知有用性、信任与社交网站用户的个人信息披露意愿》，《图书情报知识》2013年第5期。

彭丽徽、李贺、张艳丰、洪闯：《用户隐私安全对移动社交媒体倦怠行为的影响因素研究——基于隐私计算理论的CAC研究范式》，《情报科学》2018年第9期。

齐昆鹏、李真真：《中国公众隐私关注及影响因素研究》，《科学与社会》2018年第2期。

任卓异、姜凌、方艳丽：《隐私保护自我效能对App用户信息披露意愿的影响》，《企业经济》2021年第4期。

沈洪洲、汤雪婷、周莹：《我国移动社会化媒体隐私保护功能的可用性研究》，《图书情报工作》2017年第4期。

沈旺、高雪倩、代旺、杨博全：《基于解释水平理论与调节定向理论的社交网络隐私悖论研究》,《情报科学》2020 年第 8 期。

师斌、李凯、严建援:《基于隐私视角的 LBS 用户使用意向研究》,《科研管理》2018 年第 4 期。

孙霄凌、程阳、朱庆华:《社会化搜索中用户隐私披露行为意向的影响因素研究》,《情报杂志》2017 年第 10 期。

田喜洲、谢晋宇:《组织支持感对员工工作行为的影响:心理资本中介作用的实证研究》,《南开管理评论》2010 年第 1 期。

王洪伟、周曼、何绍义:《影响个人在线提供隐私信息意愿的实证研究》,《系统工程理论与实践》2012 年第 10 期。

王乐、王璐瑶、孙早:《隐私侵犯经历对网络用户自我披露的影响机制》,《系统工程理论与实践》2020 年第 1 期。

王小燕:《隐私协议、隐私印章对网络银行顾客信任及使用意向影响研究》,《预测》2012 年第 1 期。

王瑜超、孙永强:《服务和互惠规范对于在线医疗社区用户自我表露意愿的影响研究》,《情报科学》2018 年第 5 期。

王瑜超:《在线医疗社区用户健康隐私信息披露意愿的影响因素研究》,《信息资源管理学报》2018 年第 1 期。

吴茜、姚乐野:《互联网用户隐私披露行为影响因素研究》,《现代情报》2022 年第 6 期。

相甍甍、王晰巍、贾若男、王雷:《移动商务中消费者个人隐私信息披露风险评价体系》,《图书情报工作》2018 年第 18 期。

谢刚、冯缨、田红云、李文鹓:《信息生态视角下移动网络隐私问题及防治措施》,《情报理论与实践》2015 年第 8 期。

谢珍、杨九龙:《智慧图书馆视域下的用户隐私披露意愿》,《图书馆论坛》2020 年第 9 期。

薛可、何佳、余明阳:《社会化媒体中隐私悖论的影响因素研究》,《当代传播》2016 年第 1 期。

杨姝、王刊良、王渊、李蒙翔:《声誉、隐私协议及信用图章对隐私信任和行为意图的影响研究》,《管理评论》2009 年第 3 期。

袁向玲、牛静:《社交媒体隐私政策与用户自我表露的实证研究:一个被调节的中介模型》,《信息资源管理学报》2021 年第 1 期。

臧国全、韩梦馨、张凯亮：《说服知识管理视角下的个人信息披露意愿影响因素研究》，《情报理论与实践》2021 年第 9 期。

张星、陈星、侯德林：《在线健康信息披露意愿的影响因素研究：一个集成计划行为理论与隐私计算的模型》，《情报资料工作》2016 年第 1 期。

张玥、孙霄凌、陆佳莹、朱庆华：《基于隐私计算理论的移动社交用户信息披露意愿实证研究——以微信为例》，《图书与情报》2018 年第 3 期。

张玥、王坚、朱庆华：《医疗问诊 App 隐私政策的认知影响因素框架模型研究——基于扎根理论方法》，《情报理论与实践》2019 年第 6 期。

赵萌、邱菀华：《基于相对熵的三参数区间值模糊集多属性决策方法》，《统计与决策》2012 年第 6 期。

赵占波、张钧安、徐惠群：《基于公平理论探讨服务补救质量影响的实证研究——来自中国电信服务行业的证据》，《南开管理评论》2009 年第 3 期。

郑称德、刘秀、杨雪：《感知价值和个人特质对用户移动购物采纳意图的影响研究》，《管理学报》2012 年第 10 期。

钟越、付迪阳：《Android 应用程序隐私权限安全研究》，《信息安全研究》2021 年第 3 期。

朱光、李凤景、卞淑莹：《隐私关注驱动的智慧医疗使用意愿研究》，《图书馆论坛》2022 年第 6 期。

朱光、李凤景、颜燚：《悖论消解作用下的移动医疗隐私披露行为研究》，《情报理论与实践》2022 年第 8 期。

朱侯、李佳纯：《社交媒体用户隐私设置行为实证研究——以微信平台为例》，《现代情报》2020 年第 3 期。

朱侯、刘嘉颖：《共享时代用户在线披露个人信息的隐私计算模式研究》，《图书与情报》2019 年第 2 期。

朱侯：《社交媒体用户隐私关注的心理机制研究》，《图书情报知识》2016 年第 2 期。

朱侯、张明鑫：《移动 App 用户隐私信息设置行为影响因素及其组态效应研究》，《情报科学》2021 年第 7 期。

朱其权、龙立荣:《互动公平研究评述》,《管理评论》2012 年第 4 期。

外文文献

Ababneh, K. I. and Al-Waqfi, M. A., "The Role of Privacy Invasion and Fairness in Understanding Job Applicant Reactions to Potentially Inappropriate/Discriminatory Interview Questions." *Personnel Review*, 2016, 45 (2): 392-418.

Ackerman, M. S., Cranor, L. F., and Reagle, J., "Privacy in E-commerce: Examining User Scenarios and Privacy Preferences." In Proceedings of the 1st ACM Conference on Electronic Commerce, Denver, Colorado, Nov. 1999, 3-5, 1-8.

Acquisti, A., Adjerid, I., Balebako, R. H., et al., "Nudges for Privacy and Security: Understanding and Assisting Users' Choices Online." *ACM Computing Surveys*, 2017, 50 (3): Article 44, 41 pages.

Ainsworth, J. and Foster, J., "Comfort in Brick and Mortar Shopping Experiences: Examining Antecedents and Consequences of Comfortable Retail Experiences." *Journal of Retailing and Consumer Services*, 2017, 35: 27-35.

Aljaafreh, A., "Examining Users' Willingness to Post Sensitive Personal Data on Social Media." *International Journal of Advanced Computer Science and Applications*, 2020, 11 (12): 451-458.

Al-Jabri, I. M., Eid M. I., and Abed, A., "The Willingness to Disclose Personal Information." *Information & Computer Security*, 2020, 28 (2): 161-181.

Almuhimedi, H., Schaub, F., Sadeh, N., et al., "Your Location Has Been Shared 5, 398 Times! A Field Study on Mobile App Privacy Nudging." In Proceedings of the Conference on Human Factors in Computing Systems (CHI' 15), Seoul, Republic of Korea, 2015, 787-796.

Al-Natour, S., Cavusoglu, H., Benbasat, I., and Aleem, U., "An Empirical Investigation of the Antecedents and Consequences of Privacy Uncertainty in the Context of Mobile Apps." *Information Systems Research*,

2020, 31 (4): 1037-1063.

Alshurideh, M. T., Al Kurdi, B., and Salloum, S. A., "The Moderation Effect of Gender on Accepting Electronic Payment Technology: a Study on United Arab Emirates Consumers." *Review of International Business and Strategy*, 2021, 31 (3): 375-396.

Anderson, C. L. and Agarwal, R., "The Digitization of Healthcare: Boundary Risks, Emotion, and Consumer Willingness to Disclose Personal Health Information." *Information Systems Research*, 2011, 22 (3): 469-490.

Ashworth, L. and Free, C., "Marketing Dataveillance and Digital Privacy: Using Theories of Justice to Understand Consumers' Online Privacy Concerns." *Journal of Business Ethics*, 2006, 67 (2): 107-123.

Awad, N. F., and Krishnan, M. S., "The Personalization Privacy Paradox: An Empirical Evaluation of Information Transparency and the Willingness to be Profiled Online for Personalization." *MIS Quarterly*, 2006, 30 (1): 13-28.

Balebako, R., Jung, J., Lu, W., et al., "Little Brothers Watching You: Raising Awareness of Data Leaks on Smartphones." In Proceedings of the Ninth Symposium on Usable Privacy and Security (SOUPS' 13), Newcastle, UK, Jul. 2013, 24-26.

Bansal, G. and Zahedi, F. M., "Trust Violation and Repair: the Information Privacy Perspective." *Decision Support Systems*, 2015, 71: 62-77.

Bansal, G., Zahedi, F. M., and Gefen, D., "Do context and Personality Matter? Trust and Privacy Concerns in Disclosing Private Information Online." *Information & Management*, 2016, 53 (1): 1-21.

Bansal, G., Zahedi, F. M., and Gefen, D., "The Impact of Personal Dispositions on Information Sensitivity, Privacy Concern and Trust in Disclosing Health Information Online." *Decision Support Systems*, 2010, 49 (2): 138-150.

Bansal, G., Zahedi, F. M., and Gefen, D., "The Role of Privacy

Assurance Mechanisms in Building Trust and the Moderating Role of Privacy Concern." *European Journal of Information Systems*, 2015, 24 (6): 624–644.

Bao, Y., Wang, X., and Deng, D., "Applying Modified TAM to Privacy Setting Tools on SNS." IEEE Sixth International Conference on Networking, Architecture, and Storage. Dalian, China, Jul. 2011, 28 – 30, 40–44.

Barclay, L. J., Skarlicki, D. P., and Pugh, S. D., "Exploring the Role of Emotions in Injustice Perceptions and Retaliation." *Journal of Applied Psychology*, 2005, 90 (4): 629–643.

Barnes, S. B., "A privacy Paradox: Social Networking in the United States." *First Monday*, 2006, 11 (9): 10.5210/FM.V11I9.1394.

Battaglia, F., Busato, F., and Manganiello, M., "A Cross Platform Analysis of the Equity Crowdfunding Italian Context: The Role of Intellectual Capital." *Electronic Commerce Research*, 2022, 22: 649–689.

Bélanger, F., and Crossler, R. E., "Dealing With Digital Traces: Understanding Protective Behaviors on Mobile Devices." *Journal of Strategic Information Systems*, 2019, 28 (1): 34–49.

Bélanger, F., and Crossler, R. E., "Privacy in the Digital Age: a Review of Information Privacy Research in Information Systems." *MIS Quarterly*, 2011, 35 (4): 1017–1042.

Belanger, F., and Xu, H., "The Role of Information Systems Research in Shaping the Future of Information Privacy." *Information Systems Journal*, 2015, 25 (6): 573–578.

Bellman, S., Johnson, E. J., Kobrin, S. J., et al., "International Differences in Information Privacy Concerns: a Global Survey of Consumers." *The Information Society*, 2004, 20 (5): 313–324.

Benson, V., Saridakis, G., and Tennakoon, H., "Information Disclosure of Social Media Users." *Information Technology & People*, 2015, 28 (3): 426–441.

Bianchi, E. C., and Brockner, J., "In the Eyes of the Beholder?

The Role of Dispositional Trust in Judgments of Procedural and Interactional Fairness." *Organizational Behavior & Human Decision Processes*, 2012, 118 (1): 46-59.

Bies, R. J., and Moag, J. S., "Interactional Justice: Communication Criteria of Fairness." *Research on Negotiation in Organizations*, 1986, 1: 43-55.

Bies, R. J., "Privacy and Procedural Justice in Organizations." *Social Justice Research*, 1993, 6 (1): 69-86.

Blau, P. M., "Exchange and Power in Social Life." New York: Wiley, 1964.

Brandimarte, L., Acquisti, A., and Loewenstein, G., "Misplaced Confidences: Privacy and the Control Paradox." *Social Psychological and Personality Science*, 2013, 4 (3): 340-347.

Brendel, A. B., Diederich, S., and Niederman, F., "An immodest Proposal-going "All in" on Replication Research in Information Systems." *European Journal of Information Systems*, 2023, 32 (2): 277-286.

Brockner, J. and Wiesenfeld, B. M., "An Integrative Framework for Explaining Reactions to Decisions: Interactive Effects of Outcomes and Procedures." *Psychological Bulletin*, 1996, 120 (2): 189-208.

Capistrano, E. P. S. and Chen, J. V., "Information Privacy Policies: the Effects of Policy Characteristics and Online Experience." *Computer Standards & Interfaces*, 2015, 42: 24-31.

Carte, A, T. and Russell, C. J., "In Pursuit of Moderation: Nine Common Errors and Their Solutions." *MIS Quarterly*, 2003, 27 (3): 479-501.

Caughlin, J. P., Golish, T. D., Olson, L. N., et al., "Intrafamily Secrets in Various Family Configurations: A Communication Boundary Management Perspective." *Communication Studies*, 2000, 51 (2): 116-134.

Chai, S., Bagchi-Sen, S., Morrell, C., et al., "Internet and Online Information Privacy: an Exploratory Study of Preteens and Early Teens." *IEEE Transactions on Professional Communication*, 2009, 52

(2): 167-182.

Chang, C. and Heo, J., "Visiting Theories That Predict College Students' Self-Disclosure on Facebook." *Computers in Human Behavior*, 2014, 30: 79-86.

Chang, L. and Chen, J. V., "Aligning Principal and Agent's Incentives: A Principal-Agent Perspective of Social Networking Sites." *Expert Systems With Applications*, 2014, 41 (6): 3091-3104.

Chang, S., Chih, W., Liou, D., et al., "The Influence of Web Aesthetics on Customers' PAD." *Computers in Human Behavior*, 2014, 36: 168-178.

Chang, Y., Wong, S. F., and Lee, H., "Understanding Perceived Privacy: a Privacy Boundary Management Model." Proceedings of the Nineteenth Pacific Asia Conference on Information Systems, Singapore, Jul. 2015, 6-9.

Chang, Y., Wong, S. F., Libaque-Saenz, C. F., et al., "The Role of Privacy Policy on Consumers' Perceived Privacy." *Government Information Quarterly*, 2018, 35 (3): 445-459.

Chebat, J. C. and Slusarczyk, W., "How Emotions Mediate the Effects of Perceived Justice on Loyalty in Service Recovery Situations: an Empirical Study." *Journal of Business Research*, 2005, 58 (5): 664-673.

Chellappa, R. K. and Sin, R. G., "Personalization Versus Privacy: an Empirical Examination of the Online Consumer's Dilemma." *Information Technology and Management*, 2005, 6 (2): 181-202.

Cheng, X., Hou, T., and Mou, J., "Investigating Perceived Risks and Benefits of Information Privacy Disclosure in IT-enabled Ride-sharing." *Information & Management*, 2021, 58 (6): 103450.

Chen, L., Baird, A., and Straub, D., "A Linguistic Signaling Model of Social Support Exchange in Online Health Communities." *Decision Support Systems*, 2020, 130: 113233.

Chen, S. M., and Tan, J. M., "Handling Multicriteria Fuzzy Decision-Making Problems Based on Vague Set Theory." *Fuzzy Sets and Systems*, 1994, 67 (2): 163-172.

Chen, S., Shao, B., and Zhi, K., "Predictors of Chinese Users' Location Disclosure Behavior: an Empirical Study on WeChat." *Information*, 2018, 9: Article 219, 13pages.

Chen, Y. H. and Barnes, S., "Initial Trust and Online Buyer Behaviour." *Industrial Management & Data Systems*, 2007, 107 (1): 21-36.

Chen, Y., Lu, Y., Wang, B., et al., "How do Product Recommendations Affect Impulse Buying? An Empirical Study on WeChat Social Commerce." *Information & Management*, 2019, 56 (2): 236-248.

Chen, Y., Zahedi, F. M., and Abbasi, A., "Interface Design Elements for Anti-Phishing Systems." International Conference on Design Science Research in Information Systems, Berlin, Heidelberg, May. 2011, 5-6, 253-265.

Chen, Y., Zhou, S., Jin, W., et al., "Investigating the Determinants of Medical Crowdfunding Performance: a Signaling theory Perspective." *Internet Research*, 2023, 33 (4): 1134-1156.

Cheung, C., Fang, C. C., and Wang, Y. C., "Consumer Behavior and Mobile Payment: An Empirical Study of the Restaurant Industry." *Journal of China Tourism Research*, 2021, 18 (4): 735-755.

Cheung, C., Lee, Z. W., and Chan, T. K. H., "Self-disclosure in Social Networking Sites: The Role of Perceived Cost, Perceived Benefits and Social Influence." *Internet Research*, 2015, 25 (2): 279-299.

Cheung, C. M., Xiao, B. S., and Liu, I. L., "Do Actions Speak Louder Than Voices? The Signaling Role of Social Information Cues in Influencing Consumer Purchase Decisions." *Decision Support Systems*, 2014, 65: 50-58.

Chin, D. N., "Information Filtering, Expertise and Cognitive Load." In International Conference on Foundations of Augmented Cognition, Beijing, China, Jul. 2007, 22-27, 75-83.

Chin, W. W., Gopal, A., and Salisbury, W. D., "Advancing the

Theory of Adaptive Structuration: the Development of a Scale to Measure Faithfulness of Appropriation." *Information Systems Research*, 1997, 8 (4): 342-367.

Chin, W. W., Marcolin, B. L., and Newsted, P. R., "A Partial Least Squares Latent Variable Modeling Approach for Measuring Interaction Effects Results from a Monte Carlo Simulation Study and an Electronic-mail Emotion/Adoption Study." *Information Systems Research*, 2003, 14 (2): 189-217.

Cho, C. H., and Cheon, H. J., "Why do People Avoid Advertising on the Internet?" *Journal of Advertising*, 2004, 33 (4): 89-97.

Cho, V., Cheng, T. C. E., and Lai, W. M. J., "The Role of Perceived User-interface Design in Continued Usage Intention of Self-paced E-learning Tools." *Computers & Education*, 2009, 53 (2): 216-227.

Choi, B. C. and Land, L., "The Effects of General Privacy Concerns and Transactional Privacy Concerns on Facebook Apps Usage." *Information & Management*, 2016, 53 (7): 868-877.

Choi, B. C., Kim, S. S., and Jiang, Z., "Influence of firm's Recovery Endeavors Upon Privacy Breach on Online Customer Behavior." *Journal of Management Information Systems*, 2016, 33 (3): 904-933.

Choi, H. C., Ko, M. S., Medlin, D., et al., "The Effect of Intrinsic and Extrinsic Quality Cues of Digital Video Games on Sales: An Empirical Investigation." *Decision Support Systems*, 2018, 106: 86-96.

Chuah, S. H. W., Rauschnabel, P. A., Krey, N., et al., "Wearable Technologies: the Role of Usefulness and Visibility in Smartwatch Adoption." *Computers in Human Behavior*, 2016, 65: 276-284.

Chughtai, A. A. and Buckley, F., "Work Engagement and its Relationship With State and Trait Trust: a Conceptual Analysis." *Journal of Behavioral and Applied Management*, 2008, 10 (1): 47-71.

Chung, K., Chen, C., Tsai, H., et al., "Social Media Privacy Management Strategies: A SEM Analysis of User Privacy Behaviors." *Computer Communications*, 2021, 174: 122-130.

Cohen, B. D. and Dean, T. J., "Information Asymmetry and Investor Valuation of IPOs: Top Management Team Legitimacy as a Capital Market Signal." *Strategic Management Journal*, 2005, 26 (7): 683-690.

Colquitt, J. A., Conlon, D. E., Wesson, M. J., et al., "Justice at the Millennium: a Meta-Analytic Review of 25 Years of Organizational Justice Research." *Journal of Applied Psychology*, 2001, 86 (3): 425-445.

Colquitt, J. A., "On the Dimensionality of Organizational Justice: a Construct Validation of a Measure." *Journal of Applied Psychology*, 2001, 86 (3): 386-400.

Colquitt, J. A., Scott, B. A., and Lepine, J. A., "Trust, Trustworthiness, and Trust Propensity: a Meta-Analytic Test of Their Unique Relationships With Risk Taking and Job Performance." *Journal of Applied Psychology*, 2007, 92 (4): 909-927.

Connelly, B. L., Certo, S. T., and Reutzel C. R., "Signaling Theory: a Review and Assessment." *Journal of Management*, 2011, 37 (1): 39-67.

Crossler, R. E. and Bélanger, F., "Why Would I Use Location-Protective Settings on My Smartphone? Motivating Protective Behaviors and the Existence of the Privacy Knowledge-Belief Gap." *Information Systems Research*, 2019, 30 (3): 995-1006.

Culnan, M. J. and Armstrong, P. K., "Information Privacy Concerns, Procedural Fairness, and Impersonal Trust: an Empirical Investigation." *Organization Science*, 1999, 10 (1): 104-115.

Culnan, M. J. and Bies, R. J., "Consumer Privacy: Balancing Economic and Justice Considerations." *Journal of Social Issues*, 2003, 59 (2): 323-342.

Culnan, M. J., "Consumer Awareness of Name Removal Procedures: Implications for Direct Marketing." *Journal of Direct Marketing*, 1995, 9 (2): 10-19.

Cutshall, R., Changchit, C., and Chuchuen, C., "An Examination of Factors Influencing Social Commerce Adoption." *Journal of Computer

Information Systems, 2022, 62 (4): 822-836.

Das, A., Degeling, M., Smullen, D., et al., "Personalized Privacy Assistants for the Internet of Things: Providing Users With Notice and Choice." *IEEE Pervasive Computing*, 2018, 17 (3): 35-46.

Davis, F. D., "Perceived Usefulness, Perceived Ease of Use, and User Acceptance of Information Technology." *MIS Quarterly*, 1989, 13 (3): 319-340.

Degirmenci, K., "Mobile Users' Information Privacy Concerns and the Role of App Permission Requests." *International Journal of Information Management*, 2020, 50: 261-272.

Desimpelaere, L., Hudders, L., and Sompel D. V., "Children's Perceptions of Fairness in a Data Disclosure Context: The Effect of a Reward on the Relationship Between Privacy Literacy and Disclosure Behavior." *Telematics and Informatics*, 2021, 61, 101602.

Desimpelaere, L., Hudders, L., and Van de Sompel, D., "Knowledge as a Strategy for Privacy Protection: How a Privacy Literacy Training Affects Children's Online Disclosure Behavior." *Computers in Human Behavior*, 2020, 110: 106382.

Dholakia, U. M., Bagozzi, R. P, and Pearo, L. K., "A Social Influence Model of Consumer Participation in Network and Small-Group-Based Virtual Communities." *International Journal of Research in Marketing*, 2004, 21 (3): 241-263.

Dinev, T. and Hart, P., "An Extended Privacy Calculus Model for E-commerce Transactions." *Information Systems Research*, 2006, 17 (1): 61-80.

Dinev, T., McConnell, A. R., and Smith, H. J., "Research Commentary—Informing Privacy Research Through Information Systems, Psychology, and Behavioral Economics: Thinking Outside the 'APCO' Box." *Information Systems Research*, 2015, 26 (4): 639-655.

Dinev, T., Xu, H., Smith, J. H., et al., "Information Privacy and Correlates: an Empirical Attempt to Bridge and Distinguish Privacy-Related Concepts." *European Journal of Information Systems*, 2013, 22 (3): 295-316.

Dogruel, L., Joeckel, S., and Henke, J., "Disclosing Personal Information in mHealth Apps: Testing the role of Privacy Attitudes, App Habits, and Social Norm Cues." *Social Science Computer Review*, 2023, 41 (5): 1791-1810.

Duan, S. X. and Deng, H., "Hybrid Analysis for Understanding Contact Tracing Apps Adoption." *Industrial Management & Data Systems*, 2021, 121 (7): 1599-1616.

Dwork, C., "Differential Privacy: A Survey of Results." In International Conference on Theory and Applications of Models of Computation, Xi'an, China, Apr. 2008, 25-29, 1-19.

EPIC (Electronic Privacy Information Center) and Junkbusters, "An Assessment of P3P and Internet Privacy", https://archive.epic.org/reports/prettypoorprivacy.html, 2000.

Ermakova, T., Baumann, A., Fabian, B., et al., "Privacy Policies and Users' Trust: Does Readability Matter?" Twentieth Americas Conference on Information Systems. Savannah, USA, Aug. 2014, 7-9.

Esmaeilzadeh, P., "An empirical Evaluation of Factors Influencing Patients' Reactions to the Implementation of Health Information Exchanges (HIEs)." *International Journal of Human-Computer Interation*, 2018, 35 (13): 1135-1146.

Esmaeilzadeh, P., "The Effect of the Privacy Policy of Health Information Exchange (HIE) on Patients' Information Disclosure Intention." *Computers & Security*, 2020, 95: 101819.

Esmaeilzadeh, P., "The Impacts of the Perceived Transparency of Privacy Policies and Trust in Providers for Building Trust in Health Information Exchange: Empirical Study." *JMIR Medical Informatics*, 2019, 7 (4): e14050.

Fang, B., Fu, X., Liu, S., et al., "Post-Purchase Warranty and Knowledge Monetization: Evidence from a Paid-Knowledge Platform." *In-*

formation & Management, 2021, 58 (3): 103446.

Fang, S. W., Rajamanthri, D., and Husain, M., "Facebook Privacy Management Simplified." *Twelfth International Conference on Information Technology – New Generations. Las Vegas*, USA, Apr. 2015, 13 – 15, 719-720.

Felt, A. P., Ha, E., Egelman, S., et al., "Android Permissions: User Attention, Comprehension, and Behavior." In Proceedings of the Eighth Symposium on Usable Privacy and Security-SOUPS' 12, Washington, USA, Jul. 2012, 11-13, 1-14.

Feng, C., Cheng, Z., and Huang, L., "An Investigation Into Patient Privacy Disclosure in Online Medical Platforms." *IEEE Access*, 2019, 7: 29085-29095.

Fernandes, T. and Pereira, N., "Revisiting the Privacy Calculus: Why are Consumers (Really) Willing to Disclose Personal Data Online?" *Telematics and Informatics*, 2021, 65: 101717.

Floh, A. and Madlberger, M., "The Role of Atmospheric Cues in Online Impulse-Buying Behavior." *Electronic Commerce Research and Applications*, 2013, 12 (6): 425-439.

Folger, R., Bies and R. J., "Managerial Responsibilities and Procedural Justice." *Employee Responsibilities & Rights Journal*, 1989, 2 (2): 79-90.

Folger, R., "Rethinking Equity Theory." Justice in Social Relations. Springer, Boston, MA, 1986, 145-162.

Fox, G., Clohessy, T., Werff, L. V., et al., "Exploring the Competing Influences of Privacy Concerns and Positive Beliefs on Citizen Acceptance of Contact Tracing Mobile Applications." *Computers in Human Behavior*, 2021, 121: 106806.

Fox, G., Lynn, T., and Rosati, P., "Enhancing Consumer Perceptions of Privacy and Trust: a GDPR Label Perspective." *Information Technology & People*, 2022, 35 (8): 181-204.

Fox, G., Van Der Werff, L. V, and Rosati, P., et al., "Examining the Determinants of Acceptance and Use of Mobile Contact Tracing Applications in Brazil: An Extended Privacy Calculus Perspective." *Journal of the Association for Information Science and Technology*, 2022, 73 (7): 944-967.

Frost, J., Vermeulen, I. E., and Beekers, N., "Anonymity Versus Privacy: Selective Information Sharing in Online Cancer Communities." *Journal of Medical Internet Research*, 2014, 16 (5): e126.

Frye, N. E. and Dornisch, M. M., "When is Trust Not Enough? The Role of Perceived Privacy of Communication Tools in Comfort With Self-Disclosure." *Computers in Human Behavior*, 2010, 26 (5): 1120-1127.

Fu, J. R., Ju, P. H., and Hsu, C. W., "Understanding Why Consumers Engage in Electronic Word-of-Mouth Communication: Perspectives from Theory of Planned Behavior and Justice Theory." *Electronic Commerce Research and Applications*, 2015, 14 (6): 616-630.

Gefen, D., "E-commerce: the Role of Familiarity and Trust." *Omega*, 2000, 28 (6): 725-737.

Gemalto. "Data Breaches Compromised 3.3 Billion Records in the First Half of 2018", https://www.thalesgroup.com/en/markets/digital-identity-and-security/press-release/data-breaches-compromised-3-3-billion-records-in-first-half-of-2018, 2018.

George, A., Aseda, M., Adolph, A., et al., "Examining Self-Disclosure on Social Networking Sites: a Flow Theory and Privacy Perspective." *Behavioral Sciences*, 2018, 8 (6): 58-74.

Gerlach, J., Widjaja, T., and Buxmann, P., "Handle With Care: How Online Social Network Providers' Privacy Policies Impact Users' Information Sharing Behavior." *The Journal of Strategic Information Systems*, 2015, 24 (1): 33-43.

Ghazinour, K., Razavi, A. H., and Barker, K., "A Model for Privacy Compromisation Value." *Procedia Computer Science*, 2014, 37: 143-152.

Gilliland, S. W., "The Perceived Fairness of Selection Systems: An

Organizational Justice Perspective." *Academy of Management Review*, 1993, 18 (4): 694-734.

Goel, S. and Chengalur-Smith, I. N., "Metrics for Characterizing the Form of Security Policies." *The Journal of Strategic Information Systems*, 2010, 19 (4): 281-295.

Goh, Z. H., Hichang, C. H. O., and Pengxiang, L. I., "Regulation of Interpersonal Boundaries and its Effect on Self-Disclosure in Social Networking Sites." 2018 International Conference on Advanced Technologies for Communications (ATC), Ho Chi Minh City, Vietnam, Oct. 2018, 18-20, 305-309.

Gong, X., Zhang, K. Z., Chen, C., et al., "What Drives Self-Disclosure in Mobile Payment Applications? The Effect of Privacy Assurance Approaches, Network Externality, and Technology Complementarity." *Information Technology & People*, 2019, 33 (4): 1174-1213.

Gopal, R. D., Hidaji, H., Patterson, R. A., et al., "How Much to Share With Third Parties? Users Privacy Concerns and Website Dilemmas." *MIS Quarterly*, 2018, 42 (1): 143-164.

Gratch, J. and Marsella, S., "A Domain-Independent Framework for Modeling Emotion." *Cognitive Systems Research*, 2004, 5 (4): 269-306.

Greenberg, J., "A Taxonomy of Organizational Justice Theories." *Academy of Management Review*, 1987, 12 (1): 9-22.

Gregory, C. K., Meade, A. W., and Thompson, L. F., "Understanding Internet Recruitment Via Signaling Theory and the Elaboration Likelihood Model." *Computers in Human Behavior*, 2013, 29 (5): 1949-1959.

Grimm, R. and Rossnagel, A., "Can P3P Help to Protect Privacy Worldwide?" Proceedings of the 2000 ACM Workshops on Multimedia, Los Angeles, CA, USA. Oct30-Nov. 3, 2000, 157-160.

Gruzd, A. and Hernández-García, á., "Privacy Concerns and Self-Disclosure in Private and Public Uses of Social Media." *Cyberpsychology, Behavior, and Social Networking*, 2018, 21 (7): 418-428.

Gu, J., Xu, Y., Xu, H., et al., "Interaction Effects of Contextual Cues on Privacy Concerns: The Case of Android Applications." Forty-Eighth Hawaii International Conference on System Sciences, Kauai, HI, USA, Jan. 2015, 5-8, 3498-3507.

Gu, J., Xu, Y., Xu, H., et al., "Privacy Concerns for Mobile App Download: An Elaboration Likelihood Model Perspective." *Decision Support Systems*, 2017, 94: 19-28.

Gutierrez, A., O'Leary, S., Rana, N. P., et al., "Using Privacy Calculus Theory to Explore Entrepreneurial Directions in Mobile Location—Based Advertising: Identifying Intrusiveness as the Critical Risk Factor." *Computers in Human Behavior*, 2019, 95: 295-306.

Habib, A., Alsmadi, D., and Prybutok, V. R., "Factors That Determine Residents' Acceptance of Smart City Technologies." *Behaviour & Information Technology*, 2020, 39 (6): 610-623.

Hair, J. F., Risher, J. J., Sarstedt, M., et al., "When to Use and How to Report the Results of PLS-SEM." *European Business Review*, 2019, 31 (1): 2-24.

Hann, I. H., Hui, K. L., Lee, S. Y. T., et al., "Overcoming Online Information Privacy Concerns: An Information-Processing Theory Approach." *Journal of Management Information Systems*, 2007, 24 (2), 13-42.

Harborth, D. and Pape, S., "Investigating Privacy Concerns Related to Mobile Augmented Reality Apps-A Vignette Based Online Experiment." *Computers in Human Behavior*, 2021, 122, 106833.

Hazarika, B. B, Gerlach, J., and Cunningham, L., "The Role of Service Recovery in Online Privacy Violation." *International Journal of E-Business Research*, 2018, 14 (4): 1-27.

Hess, T. J. and Basoglu, K. A., "Online Business Reporting: A Signaling Theory Perspective." *Journal of Information Systems*, 2014, 28 (2): 67-101.

Holmvall, C. M., and Sidhu, J., "Predicting Customer Service Employees' Job Satisfaction and Turnover Intentions: The Roles of Customer Interactional Injustice and Interdependent Self-Construal." *Social Justice Research*, 2007, 20 (4): 479-496.

Hong, W., Chan, F. K., and Thong, J. Y., "Drivers and Inhibitors of Internet Privacy Concern: a Multidimensional Development Theory Perspective." *Journal of Business Ethics*, 2021, 168 (3): 539-564.

Hong, W., Chan, F. K. Y., Thong, J. Y. L., et al., "A framework and Guidelines for Context-Specific Theorizing in Information Systems Research." *Information Systems Research*, 2014, 25 (1): 111-136.

House, T. W., "Consumer Data Privacy in a Networked World: A Framework for Protecting Privacy and Promoting Innovation in the Global Digital Economy." *Journal of Privacy and Confidentiality*, 2012, 4 (2) 1: 95-142.

Hsieh, G., Tang, K. P., Low, W. Y., et al., "Field deployment of IMBuddy: A Study of Privacy Control and Feedback Mechanisms for Contextual IM." Proceedings of the 9th International Conference on Ubiquitous Computing, Berlin, Heidelberg, Sept. 2007, 16-19, 91-108.

Huang, S. and Chang, Y., "Cross-Border E-commerce: Consumers' Intention to Shop on Foreign Websites." *Internet Research*, 2019, 29 (6): 1256-1279.

Hui, K. L., Teo, H. H., and Lee, S. Y. T., "The Value of Privacy Assurance: an Exploratory Field Experiment." *MIS Quarterly*, 2007, 31 (1): 19-33.

Iachello, G., Smith, I., Consolovo, S., et al., "Developing Privacy Guidelines for Social Location Disclosure Applications and Services." In Proceedings of the 2005 Symposium on Usable Privacy and Security, Pittsburgh, USA, Jul. 2005, 6-8, 65-76.

Im, G. and Rai, A., "Knowledge Sharing Ambidexterity in Long-Term Interorganizational Relationships." *Management Science*, 2008, 54 (7): 1281-1296.

Ioannou, A., Tussyadiah, I., and Lu, Y., "Privacy Concerns and

Disclosure of Biometric and Behavioral Data for Travel." *International Journal of Information Management*, 2020, 54: 102122.

Jiang, X., Goh, T. T., and Liu, M., "On Students' Willingness to Use Online Learning: a Privacy Calculus Theory Approach." *Frontiers in Psychology*, 2022, 13: 880261.

Jiang, Z., Heng, C. S., and Choi, B. C., "Privacy Concerns and Privacy-Protective Behavior in Synchronous Online Social Interactions." *Information Systems Research*, 2013, 24 (3): 579-595.

Johnson, V. L., Woolridge, R. W., Wang, W., et al., "The Impact of Perceived Privacy, Accuracy and Security on the Adoption of Mobile Self-Checkout Systems." *Journal of Innovation Economics Management*, 2020, 31 (1): 221-247.

Joinson, A. N., Reips, U. D., Buchanan, T., et al., "Privacy, Trust, and Self-Disclosure Online." *Human-Computer Interaction*, 2010, 25 (1): 1-24.

Kanani, R. and Glavee-Geo, R., "Breaking the Uncertainty Barrier in Social Commerce: The Relevance of Seller and Customer-Based Signals." *Electronic Commerce Research and Applications*, 2021, 48: 101059.

Karwatzki, S., Dytynko, O., Trenz, M., et al., "Beyond the Personalization-Privacy Paradox: Privacy Valuation, Transparency Features, and Service Personalization." *Journal of Management Information Systems*, 2017, 34 (2): 369-400.

Kaupins, G. and Johnson, M., "Readability and Content Comparisons of Business News Website Privacy Policies." *International Journal of Business Research and Information Technology*, 2014, 1 (1): 30-44.

Kaushik, K., Jain, N. K., and Singh, A. K., "Antecedents and Outcomes of Information Privacy Concerns: Role of Subjective Norm and Social Presence." *Electronic Commerce Research and Applications*, 2018, 32: 57-68.

Kehr, F., Kowatsch, T., Wentzel, D, et al., "Blissfully Ignorant: The Effects of General Privacy Concerns, General Institutional Trust, and Affect in the Privacy Calculus." *Information Systems Journal*, 2015, 25 (6): 607-635.

Keith, M. J., BABB, J., Lowry, P. B., et al., "The role of Mobile-Computing Self-Efficacy in Consumer Information Disclosure." *Information Systems Journal*, 2015, 25 (6): 637-667.

Keith, M. J., Thompson, S. C., Hale, J. et al., "Information Disclosure on Mobile Devices: Re-Examining Privacy Calculus With Actual User Behavior." *International Journal of Human-Computer Studies*, 2013, 71 (12): 1163-1173.

Kennedy-Lightsey, C. D. and Frisby, B. N., "Parental Privacy Invasion, Family Communication Patterns, and Perceived Ownership of Private Information." *Communication Reports*, 2016, 29 (2): 75-86.

Kim, D. J., Ferrin, D. L., and Rao, H. R., "A Trust-Based Consumer Decision-Making Model in Electronic Commerce: The Role of Trust, Perceived Risk, and Their Antecedents." *Decision Support Systems*, 2008, 44 (2): 544-564.

Kim, H. W., Chan, H. C., and Gupta, S., "Value-Based Adoption of Mobile Internet: An Empirical Investigation." *Decision Support Systems*, 2007, 43 (1): 111-126.

Kim, M. S. and Kim, S., "Factors Influencing Willingness to Provide Personal Information for Personalized Recommendations." *Computers in Human Behavior*, 2018, 88: 143-152.

Kisekka, V., Bagchi-Sen, S., and Rao, H. R., "Extent of Private Information Disclosure on Online Social Networks: An Exploration of Facebook Mobile Phone Users." *Computers in Human Behavior*, 2013, 29 (6): 2722-2729.

Klumpe, J., Koch, O. F., and Benlian, A., "How Pull vs. Push Information Delivery and Social Proof Affect Information Disclosure in location Based Services." *Electronic Markets*, 2020, 30 (3): 569-586.

Knijnenburg, B., Kobsa, A., and Saldamli, G., "Privacy in Mobile Personalized Systems: the Effect of Disclosure Justifications." In Proceedings of the SOUPS 2012 Workshop on Usable Privacy & Security for Mobile Devices, Washington, USA, Jul. 11-13, 2012.

Kock, N. and Lynn, G. S., "Lateral Collinearity and Misleading Results in Variance-Based SEM: an Illustration and Recommendations." *Journal of the Association for Information Systems*, 2012, 13 (7): 546-580.

Koh, B., Raghunathan, S., and Nault, B. R., "An Empirical Examination of Voluntary Profiling: Privacy and Quid Pro Quo." *Decision Support Systems*, 2020, 132: 113285.

Kokolakis, S., "Privacy Attitudes and Privacy Behaviour: a Review of Current Research on the Privacy Paradox Phenomenon." *Computers & Security*, 2017, 64: 122-134.

Koohikamali, M., Gerhart, N., and Mousavizadeh, M., "Location Disclosure on LB-SNAs: The Role of Incentives on Sharing Behavior." *Decision Support Systems*, 2015, 71: 78-87.

Krasnova, H., Kolesnikova, E., and Guenther, O., "Leveraging Trust and Privacy Concerns in Online Social Networks: An Empirical Study." *Eighteenth European Conference on Information Systems, Pretoria, South Africa*, Jun. 2010, 7-9.

Kumaraguru, P., and Cranor, L. F. "Privacy Indexes: a Survey of Westin's Studies.", Institute for Software Research International Technical Report, Carnegie Mellon University, Pittsburgh, 2005.

Kunz, M. M., Bretschneider, U., Erler, M., et al., "An Empirical Investigation of Signaling in Reward-Based Crowdfunding." *Electronic Commerce Research*, 2017, 17 (3): 425-461.

Kwon, O. A., "A Pervasive P3P-Based Negotiation Mechanism for Privacy-Aware Pervasive E-commerce." *Decision Support Systems*, 2010, 50 (1): 213-221.

Lankton, N. K., McKnight, D. H., and Tripp, J. F., "Understanding the Antecedents and Outcomes of Facebook Privacy Behaviors: an Integrated Model." *IEEE Transactions on Engineering Management*, 2019, 67 (3): 697-711.

Lan, R., and Fan, J. L., "TOPSIS Decision - Making Method on Three Parameters Interval-Valued Fuzzy Sets." *Systems Engineering-Theory & Practice*, 2009, 29 (5): 129-136.

Liao, C., Liu, C. C., and Chen, K., "Examining the Impact of Privacy, Trust and Risk Perceptions Beyond Monetary Transactions: an Integrated Model." *Electronic Commerce Research & Applications*, 2011, 10 (6): 702-715.

Liccardi, I., Pato, J., Weitzner, D. J., et al., "No Technical Understanding Required: Helping Users Make Informed Choices About Access to Their Personal Data." In Proceedings of the 11th International Conference on Mobile and Ubiquitous Systems: Computing, Networking and Services, London, UK, Dec. 2014, 2-5, 140-150.

Li, H., Fang, Y., Wang, Y., et al., "Are all Signals Equal? Investigating the Differential Effects of Online Signals on the Sales Performance Of E-marketplace Sellers." *Information Technology & People*, 2015, 28 (3): 699-723.

Li, H., Luo, X., Zhang, J., et al., "Resolving the Privacy Paradox: Toward a Cognitive Appraisal and Emotion Approach to Online Privacy Behaviors." *Information & Management*, 2017, 54 (8): 1012-1022.

Li, H., Sarathy, R., and Xu, H., "The Role of Affect and Cognition on Online Consumers' Decision to Disclose Personal Information to Unfamiliar Online Vendors." *Decision Support Systems*, 2011, 51 (3): 434-445.

Li, J., Tang, J., Jiang, L., et al., "Economic Success of Physicians in the Online Consultation Market: a Signaling Theory Perspective." *International Journal of Electronic Commerce*, 2019, 23 (2): 244-271.

Li, K., Cheng, L., and Teng, C., "Voluntary Sharing and Mandatory Provision: Private Information Disclosure on Social Networking Sites." *Information Processing and Management*, 2020, 57 (1): 102128.

Li, M., Dong, Z. Y., and Chen, X., "Factors Influencing Consumption Experience of Mobile Commerce: A Study From Experiential

View." *Internet Research*, 2012, 22 (2): 120-141.

Li, Y., "A Multi-Level Model of Individual Information Privacy Beliefs." *Electronic Commerce Research and Applications*, 2014, 13 (1): 32-44.

Li, Y. and Kobsa, A., "Context and Privacy Concerns in Friend Request Decisions." *Journal of the Association for Information Science and Technology*, 2020, 71 (6): 632-643.

Lima, J. "Lying Consumers Could Destroy Big Data", https://techmonitor.ai/technology/data/lying-consumers-could-destroy-big-data-4597794, 2015.

Lin, J., Liu, B., Sadeh, N., et al., "Modeling Users' Mobile App Privacy Preferences: Restoring Usability in a Sea of Permission Settings." In 10th Symposium On Usable Privacy and Security, Berkeley, USA. Jul. 2014, 9-11, 199-212.

Lin, S. and Armstrong, D. J., "Beyond Information: the Role of Territory in Privacy Management Behavior on Social Networking Sites." *Journal of the Association for Information Systems*, 2019, 20 (4): 434-475.

Lin, T., "Valuing Intrinsic and Instrumental Preferences for Privacy.", *Marketing Science*, 2022, 41 (4): 663-681.

Lipford, H. R., Besmer, A., and Watson, J., "Understanding Privacy Settings in Facebook With an Audience View." Proceedings of the 1st Conference on Usability, Psychology, and Security (UPSEC). San Francisco, CA, USA. Apr. 2008, 14.

Li, P., Cho, H., and Goh, Z. H., "Unpacking the Process of Privacy Management and Self-Disclosure from the Perspectives of Regulatory Focus and Privacy Calculus." *Telematics and Informatics*, 2019, 41: 114-125.

Liu, B., Andersen, M. S., Schaub, F., et al., "Follow My Recommendations: A Personalized Privacy Assistant for Mobile App Permissions." In Twelfth Symposium on Usable Privacy and Security, Denver, CO, USA. Jun. 2016, 22-24, 27-41.

Liu, B., Pavlou, P. A., and Cheng, X., "Achieving a Balance Between Privacy Protection and Data Collection: a Field Experimental Examination of a Theory-Driven Information Technology Solution." *Information Systems Research*, 2022, 33 (1): 203-223.

Liu, C., Lwin, M., and Ang, R., "Parents' Role in Teens' Personal Photo Sharing: A Moderated Mediation Model Incorporating Privacy Concern and Network Size." *Makara Human Behavior Studies in Asia*, 2019, 23 (2): 145-151.

Liu, F., Lai, K., Wu, J., et al., "How Electronic Word of Mouth Matters in Peer-to-Peer Accommodation: the Role of Price and Responsiveness." *International Journal of Electronic Commerce*, 2022, 26 (2): 174-199.

Liu, F., Xiao, B., Lim, E. T., et al., "The Art of Appeal in Electronic Commerce: Understanding the Impact of Product and Website Quality on Online Purchases" *Internet Research*, 2017, 27 (4): 752-771.

Liu, P., Li, M., Dai, D., et al., "The Effects of Social Commerce Environmental Characteristics on Customers' Purchase Intentions: The Chain Mediating Effect of Customer-to-Customer Interaction and Customer-Perceived Value." Electronic Commerce Research and Applications, 2021, 48: 101073.

Liu, X., Guo, X., Wu, H., et al., "The Impact of Individual and Organizational Reputation on Physicians' Appointments Online." *International Journal of Electronic Commerce*, 2016, 20 (4): 551-577.

Liu, Y., Li, H., and Hu, F., "Website Attributes in Urging Online Impulse Purchase: An Empirical Investigation on Consumer Perceptions." *Decision Support Systems*, 2013, 55 (3): 829-837.

Liu, Y., "User Control of Personal Information Concerning Mobile-App: Notice and Consent?" *Computer Law & Security Review*, 2014, 30 (5): 521-529.

Liu, Z. and Wang, X., "How to Regulate Individuals' Privacy Boundaries on Social Network Sites: A Cross-Cultural Comparison." *Information & Management, 2018, 55 (8): 1005-1023.

Liu, Z., Min, Q., Zhai, Q., et al., "Self-Disclosure in Chinese Micro-Blogging: A Social Exchange Theory Perspective." *Information & Management*, 2016, 53 (1): 53-63.

Liu, Z., Wang, X., Li, X., et al., "Protecting Privacy on Mobile Apps: A Principal-Agent Perspective." ACM Transactions on Computer-Human Interaction (TOCHI), 29 (1): Article 7, 32 pages, 2022.

Lobel, B. "Quality of Data Suffers as Consumers Are Reluctant to Disclose Personal Information.", https://smallbusiness.co.uk/quality-of-data-suffers-as-consumers-are-reluctant-to-disclose-personal-information-2485411/, 2015.

Lyons, V., Werff, L. V., Lynn, T., "Ethics as Pacemaker: Regulating the Heart of the Privacy-Trust Relationship: A Proposed Conceptual Model." Thirty-Seventh International Conference on Information Systems, Dublin, Ireland, Dec. 2016, 11-14.

Maharaj, M. S., and Munyoka, W., "Privacy, Security, Trust, Risk and Optimism Bias in E-government Use: The case of two Southern African Development Community Countries." *South African Journal of Information Management*, 2019, 21 (1): 983.

Malhotra, N. K., Kim, S. S., and Agarwal, J., "Internet Users' Information Privacy Concerns (IUIPC): the Construct, the Scale, and a Causal Model." *Information Systems Research*, 2004, 15 (4): 336-355.

Maqableh, M., Hmoud, H. Y., and Jaradat, M., et al., "Integrating an information Systems Success Model With Perceived Privacy, Perceived Security, and Trust: The Moderating Role of Facebook Addiction." *Heliyon*, 2021, 7 (9): e07899.

Mavlanova, T., Benbunan-Fich, R., and Koufaris, M., "Signaling Theory and Information Asymmetry in Online Commerce." *Information & Management*, 2012, 49 (5): 240-247.

Ma, X., Qin, Y., Chen, Z., et al., "Perceived Ephemerality, Privacy Calculus, and the Privacy Settings of an Ephemeral Social Media

Site." *Computers in Human Behavior*, 2021, 124: 106928.

Mayer, R. C., Davis, J. H., and Schoorman, F. D., "An Integrative Model of Organizational Trust." *Academy of Management Review*, 1995, 20 (3): 709-734.

Meents, S. and Verhagen, T., "Reducing Consumer Risk in Electronic Marketplaces: The Signaling Role of Product and Seller Information." *Computers in Human Behavior*, 2018, 86: 205-217.

Mehrabian, A., and Russell, J. A., "An Approach to Environmental Psychology." Cambridge: The MIT Press, 1974.

Meier, Y., Schäwel, J., and Krämer, N. C., "The Shorter the Better? Effects of Privacy Policy Length on Online Privacy Decision-Making." *Media and Communication*, 2020, 8 (2): 291-301.

Meinert, D. B., Peterson, D. K., Criswell, J. R., et al., "Privacy Policy Statements and Consumer Willingness to Provide Personal Information." *Journal of Electronic Commerce in Organizations*, 2006, 4 (1): 1-17.

Merhi, M., Hone, K., and Tarhini, A., "A Cross-Cultural Study of the Intention to use Mobile Banking Between Lebanese and British Consumers: Extending UTAUT2 With Security, Privacy and Trust." *Technology in Society*, 2019, 59: 101151.

Metzger, M. J., "Communication Privacy Management in Electronic Commerce." *Journal of Computer-Mediated Communication*, 2007, 12 (2): 335-361.

Michaelidou, N. and Micevski, M., "Consumers' Ethical Perceptions of Social Media Analytics Practices: Risks, Benefits and Potential Outcomes." *Journal of Business Research*, 2019, 104: 576-586.

Midha, V., "Impact of Consumer Empowerment on Online Trust: An Examination Across Genders." *Decision Support Systems*, 2012, 54 (1): 198-205.

Milberg, S. J., Burke, S. J., Smith, H. J., et al., "Values, Personal Information Privacy, and Regulatory Approaches." *Communications of the ACM*, 1995, 38 (12): 65-74.

Miltgen, C. L. and Smith, H. J., "Falsifying and Withholding: Exploring Individuals' Contextual Privacy-Related Decision-Making." *Information & Management*, 2019, 56 (5): 696-717.

Mohammed, Z. A. and Tejay, G. P., "Examining the Privacy Paradox Through Individuals' Neural Disposition in E-commerce: An Exploratory Neuroimaging Study." *Computers & Security*, 2021, 104: 102201.

Montada, L., "Injustice in Harm and Loss." *Social Justice Research*, 1994, 7 (1): 5-28.

Moorman, R. H., "The Influence of Cognitive and Affective Based Job Satisfaction Measures on the Relationship Between Satisfaction and Organizational Citizenship Behavior." *Human Relations*, 1993, 46 (6): 759-776.

Morosan, C. and DeFranco, A., "Disclosing Personal Information Via Hotel Apps: A Privacy Calculus Perspective." *International Journal of Hospitality Management*, 2015, 47: 120-130.

Mouakket, S. and Sun, Y., "Investigating the Impact of Personality Traits of Social Network Sites Users on Information Disclosure in China: the Moderating Role of Gender." *Information Systems Frontiers*, 2020, 22 (6): 1305-1321.

Mousavi, R., Chen, R., Kim, D. J. et al., "Effectiveness of Privacy Assurance Mechanisms in Users' Privacy Protection on Social Networking Sites from the Perspective of Protection Motivation Theory." *Decision Support Systems*, 2020, 135, 113323.

Muthen, B. O., and Muthen, L. K., "The Comprehensive Modeling Program for Applied Researchers: User Guide.", Los Angeles, CA, 2003.

Mutimukwe, C., Kolkowska, E., and Grönlund, Å., "Information Privacy in E-service: Effect of Organizational Privacy Assurances on Individual Privacy Concerns, Perceptions, Trust and Self-Disclosure Behavior." *Government Information Quarterly*, 2020, 37 (1): 101413.

Nigam, N., Mbarek, S., and Boughanmi, A., "Impact of Intellectual Capital on the Financing of Startups With New Business Models." *Journal of Knowledge Management*, 2021, 25 (1): 227-250.

Nikkhah, H. R. and Sabherwal, R., "Information Disclosure Willingness and Mobile Cloud Computing Collaboration Apps: the Impact of Security and Assurance Mechanisms." *Information Technology & People*, 2021, 35 (7): 1855-1883.

Nikkhah, H. R., Sabherwal, R. and Sarabadani, J., "Mobile Cloud Computing Apps and Information Disclosure: the Moderating Roles of Dispositional and Behaviour-Based Traits." *Behaviour & Information Technology*, 2021, 41 (13): 2745-2761.

Nissenbaum, H., "Respect for Context as a Benchmark for Privacy Online: What it is and isn't. In: Social Dimensions of Privacy: Interdisciplinary Perspectives." Cambridge: Cambridge University Press, 2015, 278-302.

Norberg, P. A., Horne, D. R., and Horne, D. A., "The Privacy Paradox: Personal Information Disclosure Intentions versus Behaviors." *Journal of Consumer Affairs*, 2007, 41 (1): 100-126.

Nosko, A., Wood, E., Kenney, M., et al., "Examining Priming and Gender as a Means to Reduce Risk in a Social Networking Context: Can Stories Change Disclosure and Privacy Setting Use When Personal Profiles are Constructed?" *Computers in Human Behavior*, 2012, 28 (6): 2067-2074.

Nottingham, S. and Henning, J., "Feedback in Clinical Education, Part I: Characteristics of Feedback Provided by Approved Clinical Instructors." *Journal of Athletic Training*, 2014, 49 (1): 49-57.

Nunns, J. "Datasift CEO: Making Social Data Consumable", https://techmonitor.ai/technology/cloud/datasift-ceo-making-social-data-consumable-4738572, 2015.

Nyheim, P., Xu, S., Zhang, L., et al., "Predictors of Avoidance Towards Personalization of Restaurant Smartphone Advertising: a Study from the Millennials' Perspective." *Journal of Hospitality and Tourism Technology*, 2015, 6 (2): 145-159.

Osatuyi, B., Passerini, K., Ravarini, A., et al., "An Examination of Information Disclosure in Social Networking Sites." *Computers in Human Behavior*, 2018, 83: 73-86.

Ozdemir, Z. D., Smith, H. J., and Benamati, J. H., "Antecedents and Outcomes of Information Privacy Concerns in a Peer Context: An Exploratory Study." *European Journal of Information Systems*, 2017, 26 (6): 642-660.

Parboteeah, D. V., Valacich, J. S., and Wells, J. D., "The Influence of Website Characteristics on a Consumer's Urge to Buy Impulsively." *Information Systems Research*, 2009, 20 (1): 60-78.

Patil, S., Hoyle, R., Schlegel, R., et al., "Interrupt Now or Inform Later?: Comparing Immediate and Delayed Privacy Feedback." Proceedings of the 33rd Annual ACM Conference on Human Factors in Computing Systems, Seoul, Republic of Korea, Apr. 2015, 18-23, 1415-1418.

Patil, S., Schlegel, R., Kapadia, A., et al., "Reflection or action? How Feedback and Control Affect Location Sharing Decisions." Proceedings of the SIGCHI Conference on Human Factors in Computing Systems, Toronto, Canada, Apr. 26-May. 2014, 1, 101-110.

Pavlou, P. A. and Dimoka, A., "The Nature and Role of Feedback Text Comments in Online Marketplaces: Implications for Trust Building, Price Premiums, and Seller Differentiation." *Information System Research*, 2006, 17 (4): 392-414.

Pavlou, P. A. and Gefen, D., "Building Effective Online Marketplaces With Institution-Based Trust." *Information Systems Research*, 2004, 15 (1): 37-59.

Pavlou, P. A., "State of the Information Privacy Literature: Where are we Now and Where Should we go?" *MIS Quarterly*, 2011, 35 (4): 977-988.

Pee, L. G., Jiang, J., and Klein, G., "Signaling Effect of Website

Usability on Repurchase Intention." *International Journal of Information Management*, 2018, 39: 228-241.

Peng, G., Clough, P. D., Madden, A., et al., "Investigating the Usage of IoT-Based Smart Parking Services in the Borough of Westminster." *Journal of Global Information Management (JGIM)*, 2021, 29 (6): 1-19.

Pentina, I., Zhang, L., Bata, H., et al., "Exploring Privacy Paradox in Information-Sensitive Mobile App Adoption: A Cross-Cultural Comparison." *Computers in Human Behavior*, 2016 (2): 409-419.

Petronio, S., Altman, I., "Boundaries of Privacy: Dialectics of Disclosure." New York: State University of New York Press, 2002, 2-3.

Petronio, S., "Balancing the Secrets of Private Disclosures." London: Lawrence Erlbaum Associates Press, 2000, 37-46.

Petronio, S., "Communication Privacy Management Theory: What do we Know About Family Privacy Regulation?" *Journal of Family Theory & Review*, 2010, 2 (3): 175-196.

Petty, R. E. and Cacioppo, J. T., "The Elaboration Likelihood Model of Persuasion." *Advances in Experimental Social Psychology*, 1986, 19: 123-205.

Petty, R. E., Cacioppo, J. T., and Schumann, D. W., "Central and Peripheral Routes to Advertising Effectiveness: the Moderating Role of Involvement." *Journal of Consumer Research*, 1983, 10 (2): 135-146.

Phonthanukitithaworn, C. and Sellitto, C., "A Willingness to Disclose Personal Information for Monetary Reward: a Study of Fitness Tracker Users in Thailand." *SAGE Open*, 2022, 12 (2): 21582440221097399.

Pierce, J. L., Kostova, T., and Dirks, K. T., "The State of Psychological Ownership: Integrating and Extending a Century of Research." *Review of General Psychology*, 2003, 7 (1): 84-107.

Podsakoff, P. M. and Organ, D. W., "Self-Reports in Organizational Research: Problems and Prospects." *Journal of Management*, 1986, 12 (4): 531-544.

Podsakoff, P. M., MacKenzie, S. B., Lee, J. Y., et al., "Common Method Biases in Behavioral Research: a Critical Review of the Literature and Recommended Remedies." *Journal of Applied Psychology*, 2003, 88 (5): 879-903.

Poikela, M., Schmidt, R., Wechsung, I., et al., "FlashPolling Privacy: the Discrepancy of Intention and Action in Location-Based Poll Participation." Adjunct Proceedings of the 2015 ACM International Joint Conference on Pervasive and Ubiquitous Computing and Proceedings of the 2015 ACM International Symposium on Wearable Computers, Osaka, Japan, Sep. 2015, 7-11, 813-818.

Preibusch, S., "Implementing Privacy Negotiations in E-commerce." In Proceedings of the 8th Asia-Pacific Web Conference on Frontiers of WWW Research and Development (APWeb'06), *Springer*, Berlin, Jan. 2006, 16-18, 604-615

Pu, W., Li, S., Bott, G. J., et al., "To Disclose or Not to Disclose: an Evaluation of the Effects of Information Control and Social Network Transparency." Computers & Security, 2022, 112: 102509.

Ringle, C. M., Sarstedt, M., and Straub, D., "Editor's Comments: a Critical Look at the Use of PLS-SEM in MIS quarterly." *MIS Quarterly*, 2012, 36 (1): 3-14.

Riquelme, I. P, Román, S., "Is the Influence of Privacy and Security on Online Trust the Same for all type of Consumers?" *Electronic Markets*, 2014, 24 (2): 135-149.

Risk Based Security. "2020 Q3 Report: Data Breach Quickview" https://pages.riskbasedsecurity.com/en/en/2020-q3-data-breach-quickview-report-0, 2020.

Robinson, S. L. and Morrison, E. W., "When Employees Feel Betrayed: a Model of how Psychological Contract Violation Develops." *The Academy of Management Review*, 1997, 22 (1): 226-256.

Romanosky, S., Telang, R., and Acquisti, A., "Do Data Breach Disclosure Laws Reduce Identity Theft?" *Journal of Policy Analysis and*

Management, 2010, 30 (2): 256-286.

Rosen, P. A. and Sherman, P., "Hedonic information Systems: Acceptance of Social Networking Websites." In Proceedings of the 12th Americas Conference on Information Systems, Acapulco, Mexico, Aug. 2006, 4-6, 1218-1223.

Sah, Y. J. and Peng, W., "Effects of Visual and Linguistic Anthropomorphic Cues on Social Perception, Self-Awareness, and Information Disclosure in a Health Website." *Computers in Human Behavior*, 2015, 45: 392-401.

San-Martín, S. and Camarero, C., "A Cross-National Study on Online Consumer Perceptions, Trust, and Loyalty." *Journal of Organizational Computing and Electronic Commerce*, 2012, 22 (1): 64-86.

San-Martín, S. and Jimenez, N., "Curbing Electronic Shopper Perceived Opportunism and Encouraging Trust." *Industrial Management & Data Systems*, 2017, 117 (10): 2210-2226.

Schaub, F., Balebako, R., Durity, A. L., et al., "A Design Space for Effective Privacy Notices." Symposium on Usable Privacy and Security (SOUPS) 2015, Ottawa, Canada, Jul. 2015, 22-24, 365-393.

Shang, X. G. and Jiang, W. S., "A Note on Fuzzy Information Measures." *Pattern Recognition Letters*, 1997, 18 (5): 425-432.

Sharif, A., Soroya, S. H., Ahmad, S. et al., "Antecedents of Self-Disclosure on Social Networking Sites (SNSs): a Study of Facebook Users." *Sustainability*, 2021, 13 (3): 1220.

Sharma, S. and Crossler, R. E., "Disclosing too Much? Situational Factors Affecting Information Disclosure in Social Commerce Environment." *Electronic Commerce Research and Applications*, 2014, 13 (5): 305-319.

Shaw, N. and Sergueeva, K., "The non-Monetary Benefits of Mobile Commerce: Extending UTAUT2 With Perceived Value." *International Journal of Information Management*, 2019, 45: 44-55.

Shen, K. N. and Khalifa, M., "System Design Effects on Online Impulse Buying." *Internet Research*, 2012, 22 (4): 396-425.

Shibchurn, J. and Yan, X., "Information Disclosure on Social Networking Sites: An Intrinsic-Extrinsic Motivation Perspective." *Computers in Human Behavior*, 2015, 44: 103-117.

Shih, D. H., Hsu, S. F., Yen, D. C., et al., "Exploring the Individual's Behavior on Self-Disclosure Online." *International Journal of Human-Computer Interaction*, 2012, 28 (10): 627-645.

Shrestha, A. K., Vassileva, J., Joshi, S., et al., "Augmenting the Technology Acceptance Model With Trust Model for the Initial Adoption of a Blockchain - Based System" *PeerJ Computer Science*, 2021, 7 (1): e502.

Siahaan, M. N., Handayani, P. W., and Azzahro, F., "Self-Disclosure of Social Media Users in Indonesia: the Influence of Personal and Social Media Factors." *Information Technology & People*, 2021, 35 (7): 1931-1954.

Siering, M., Muntermann, J., and Rajagopalan, B., "Explaining and Predicting Online Review Helpfulness: The Role of Content and Reviewer-Related Signals." *Decision Support Systems*, 2018, 108: 1-12.

Siponen, M. and Vance, A., "Neutralization: New Insights Into the Problem of Employee Information Systems Security Policy Violations." *MIS Quarterly*, 2010, 34 (3): 487-502.

Slepchuk, A. N., Milne, G. R., and Swani, K., "Overcoming Privacy Concerns in Consumers' Use of Health Information Technologies: A Justice Framework." *Journal of Business Research*, 2022, 141: 782-793.

Smith, C. A., Organ, D. W., and Near, J. P., "Organizational Citizenship Behavior: Its Nature and Antecedents." *Journal of Applied Psychology*, 1983, 68 (4): 653-663.

Smith, H. J., Dinev, T., and Xu, H., "Information Privacy Research: an Interdisciplinary Review." *MIS Quarterly*, 2011, 35 (4): 989-1015.

Smith, H. J., Milberg, S. J., and Burke, S. J., "Information Privacy: Measuring Individuals' Concerns About Organizational Practices."

MIS Quarterly, 1996, 20 (2): 167-196.

Smullen, D., Feng, Y., Zhang, S., et al., "The Best of Both Worlds: Mitigating Trade-Offs Between Accuracy and User Burden in Capturing Mobile App Privacy Preferences." *Proceedings on Privacy Enhancing Technologies*, 2020 (1): 195-215.

Solove, D. J., "Introduction: Privacy Self-Management and the Consent Dilemma." *Harvard Law Review*, 2013, 126 (7): 1880-1903.

Song, Y., Wu, H., Ma, J., et al., "Exploring the Dynamic Influences and Interaction Effects of Signals on Backers' Investment in the Crowdfunding Market." *Information Technology & People*, 2020, 33 (2): 792-812.

Son, J. Y. and Kim, S. S., "Internet Users' Information Privacy-Protective Responses: A Taxonomy and a Nomological Model." *MIS Quarterly*, 2008, 32 (3): 503-529.

Spake, D. F., Beatty, S. E., Brockman, B. K., et al., "Consumer comfort in Service Relationships: Measurement and Importance." *Journal of Service Research*, 2003, 5 (4): 316-332.

Sparks, B. A., and McColl-Kennedy, J. R., "Justice Strategy Options for Increased Customer Satisfaction in a Services Recovery Setting." *Journal of Business Research*, 2001, 54 (3): 209-218.

Spears, J. L., "The Effects of Notice Versus Awareness: an Empirical Examination of an Online Consumer's Privacy Risk Treatment." Proceedings of the 2013 46th Hawaii International Conference on System Sciences, Wailea, HI, USA, Jan. 2013, 7-10, 3229-3238.

Spence, M., "Job Market Signaling." *The Quarterly Journal of Economics*, 1973, 87 (3): 355-374.

Squicciarini, A. C., Bertino, E., Ferrari, E., et al., "Achieving Privacy in Trust Negotiations With an Ontology-Based Approach." *IEEE Transactions on Dependable and Secure Computing*, 2006, 3 (1): 13-30.

Sternberg, R. J. and Sternberg, K., "Cognitive Psychology." *Wadsworth*, Belmont, CA, 2011, 336-337.

Stern, T. and Kumar, N., "Improving Privacy Settings Control in Online Social Networks With a Wheel Interface." *Journal of the Association for Information Science and Technology*, 2014, 65 (3): 524-538.

Suen, H., "The Effects of Employer SNS Motioning on Employee Perceived Privacy Violation, Procedural Justice, and Leave Intention", *Industrial Management & Data Systems*, 2018, 118 (6): 1153-1169.

Sun, S., Zhang, J., Zhu, Y. et al., "Exploring Users' Willingness to Disclose Personal Information in Online Healthcare Communities: The Role of Satisfaction." *Technological Forecasting and Social Change*, 2022, 178: 121596.

Sun, Y., Fang, S., and Hwang, Y., "Investigating Privacy and Information Disclosure Behavior in Social Electronic Commerce." *Sustainability*, 2019, 11 (12): 3311.

Sun, Y., Wang, N., Shen, X. L., et al., "Location Information Disclosure in Location-Based Social Network Services: Privacy Calculus, Benefit Structure, and Gender Differences." *Computers in Human Behavior*, 2015, 52: 278-292.

Sun, Y., Zhang, Y., Shen, X. et al., "Understanding the Trust Building Mechanisms in Social Media." *Aslib Journal of Information Management*, 2018, 70 (5): 498-517.

Susanto, A., Lee, H., Zo, H., et al., "User Acceptance of Internet Banking in Indonesia: Initial Trust Formation." *Information Development*, 2013, 29 (4): 309-322.

Sutanto, J., Palme, E., Tan, C. H., et al., "Addressing the Personalization-Privacy Paradox: An Empirical Assessment from a Field Experiment on Smartphone Users." *MIS Quarterly*, 2013, 37 (4): 1141-1164.

Taddei, S., and Contena, B., "Privacy, Trust and Control: Which Relationships With Online Self-Disclosure?" *Computers in Human Behavior*, 2013, 29 (3): 821-826.

Tait, S. E., and Jeske, D., "Hello Stranger!: Trust and Self-Disclosure Effects on Online Information Sharing." *International Journal of Cyber Behavior, 2015, 5 (1): 41-54.

Tajvarpour, M. H. and Pujari, D., "Bigger from a Distance: The Moderating Role of Spatial Distance on the Importance of Traditional and Rhetorical Quality Signals for Transactions in Crowdfunding." *Decision Support Systems*, 2022, 156: 113742.

Tang, J., Akram, U., and Shi, W., "Why People Need Privacy? The Role of Privacy Fatigue in App Users' Intention to Disclose Privacy: Based on Personality Traits." *Journal of Enterprise Information Management*, 2021, 34 (4): 1097-1120.

Tan, J., Nguyen, K., Theodorides, M., et al., "The Effect of Developer-Specified Explanations for Permission Requests on Smartphone User Behavior." In Proceedings of the SIGCHI Conference on Human Factors in Computing Systems, Toronto, Ontario, Canada, Apr. 26 - May. 2014, 1, 91-100.

Taylor, S., and Todd, P. A., "Understanding Information Technology Usage: a Test of Competing Models." *Information Systems Research*, 1995, 6 (2): 144-176.

Thibaut, J. W., and Walker, L., "Procedural Justice: A Psychological Analysis." Mahwah, New Jersey: Lawrence Erlbaum Associates, 1975, 1289-1296.

Thompson, L. L., "Mind and Heart of the Negotiator." London: Pearson Education, 2014.

Thompson, N., Ahmad, A., and Maynard, S., "Do Privacy Concerns Determine Online Information Disclosure? The case of Internet Addiction." *Information & Computer Security*, 2021, 29 (3): 558-569.

Trang, S., and Weiger, W. H., "The Perils of Gamification: Does Engaging With Gamified Services Increase Users' Willingness to Disclose Personal Information?" Computers in Human Behavior, 2021, 116: 106644.

Treiblmaier, H. and Chong, S., "Trust and Perceived Risk of Personal Information as Antecedents of Online Information Disclosure." *Journal of*

Global Information Management, 2011, 19 (4): 76-94.

Tsai, J. Y., Kelley, P., Drielsma, P., et al. "Who's Viewed you?: The Impact of Feedback in a Mobile Location-Sharing Application." Proceedings of the SIGCHI Conference on Human Factors in Computing Systems, Boston, MA, USA, April, 2009, 4-9, 2003-2012.

Turel, O., Serenko, A., and Bontis, N., "User Acceptance of Wireless Short Messaging Services: Deconstructing Perceived Value." *Information & Management*, 2007, 44 (1): 63-73.

Turow, J., "Americans Online Privacy: The System is Broken." Annenberg Public Policy Center of the University of Pennsylvania, 2003, Annenberg Public Policy Center of the University of Pennsylvania, Philadelphia.

Urbonavicius, S., Degutis, M., Zimaitis, I. et al., "From Social Networking to Willingness to Disclose Personal Data When Shopping Online: Modelling in the Context of Social Exchange Theory." *Journal of Business Research*, 2021, 136: 76-85.

Venkatesh, V., and Davis, F. D., "A Theoretical Extension of the Technology Acceptance Model: Four Longitudinal Field Studies." *Management Science*, 2000, 46 (2): 186-204.

Wakefield, R., "The Influence of User Affect in Online Information Disclosure." *The Journal of Strategic Information Systems*, 2013, 22 (2): 157-174.

Wang, C., Mei, J., and Feng, J., "Exploring Influencing Factors of Offline Knowledge Service Transactions on an Online-To-Offline Knowledge-Sharing Economy Platform." *Journal of Knowledge Management*, 2020, 24 (8): 1777-1795.

Wang, L., Hu, H. H., Yan, J., et al., "Privacy Calculus or Heuristic Cues? The Dual Process of Privacy Decision Making on Chinese Social Media." *Journal of Enterprise Information Management*, 2020, 33 (2): 353-380.

Wang, L., Yan, J., Lin, J., et al., "Let the Users Tell the

Truth: Self-Disclosure Intention and Self-Disclosure Honesty in Mobile Social Networking." *International Journal of Information Management*, 2017, 37 (1): 1428-1440.

Wang, S. C., and Wu, J. H., "Proactive Privacy Practices in Transition: Toward Ubiquitous Services." *Information & Management*, 2014, 51 (1): 93-103.

Wang, T., Duong, T. D., and Chen, C. C., "Intention to Disclose Personal Information via Mobile Applications: A Privacy Calculus Perspective." *International Journal of Information Management*, 2016, 36 (4): 531-542.

Wang, X., Guo, J., Wu, Y., et al., "Emotion as Signal of Product Quality: Its Effect on Purchase Decision Based on Online Customer Reviews." *Internet Research*, 2020, 30 (2): 463-485.

Wang, Y., and Midha, V., "User Self-Disclosure on Health Social Networks: A Social Exchange Perspective." Thirty Third International Conference on Information Systems, Orlando, USA, Dec. 2012, 14-17.

Wang, Y., Leon, P. G., Scott, K., et al. "Privacy Nudges for Social Media: an Exploratory Facebook Study." Proceedings of the 22nd International Conference on World Wide Web, Rio de Janeiro, Brazil, May, 2013, 13-17, 763-770.

Wei, C. L., and Ho, C. T., "Exploring Signaling Roles of Service Providers' Reputation and Competence in Influencing Perceptions of Service Quality and Outsourcing Intentions." *Journal of Organizational and End User Computing* (JOEUC), 2019, 31 (1): 86-109.

Weihong, X. I. E. and Qian, Z., "The Online Website Privacy Disclosure Behavior of Users Based on Concerns-Outcomes Model." *Soft Computing*, 2022, 26: 11733-11747.

Werff, V. D., Lisa, and Buckley, F., "Getting to Know You: a Longitudinal Examination of Trust Cues and Trust Development During Socialization." *Journal of Management*, 2017, 43 (3): 742-770.

Westin, A. F., "Privacy and Freedom." *Washington and Lee Law Re-*

view, 1967, 25 (1): 166-170.

Wheeless, L. R., "Self-Disclosure and Interpersonal Solidarity: Measurement, Validation, and Relationships." *Human Communication Research*, 1976, 3 (1): 47-61.

Widjaja, A. E., Chen, J. V., Sukoco, B. M., et al., "Understanding Users' Willingness to Put Their Personal Information on the Personal Cloud-Based Storage Applications: an Empirical Study." *Computers in Human Behavior*, 2019, 91: 167-185.

Wijesekera, P., Baokar, A., Tsai, L., et al., "The Feasibility of Dynamically Granted Permissions: Aligning Mobile Privacy With user Preferences." Proceedings of the 2017 IEEE Symposium on Security and Privacy (Oakland' 17), *San Jose*, CA, USA, May, 2017, 22-26, 1077-1093.

Wirtz, J., and Lwin, M. O., "Regulatory Focus Theory, Trust, and Privacy Concern." *Journal of Service Research*, 2009, 12 (2): 190-207.

Woodruff, R. B., "Customer Value: The Next Source for Competitive Advantage." *Journal of the Academy of Marketing Science*, 1997, 25 (2): 139-153.

Wottrich, V. M., Reijmersdal, E. A., and Smit, E. G., "The Privacy Trade-off for Mobile App Downloads: The Roles of App Value, Intrusiveness, and Privacy Concerns." *Decision Support Systems*, 2018, 106: 44-52.

Wu, J. H., and Wang, S. C., "What Drives Mobile Commerce?: An Empirical Evaluation of the Revised Technology Acceptance Model." *Information & Management*, 2005, 42 (5): 719-729.

Wu, K. W., Huang, S. Y., Yen, D. C., et al., "The Effect of Online Privacy Policy on Consumer Privacy Concern and Trust." *Computers in Human Behavior*, 2012, 28 (3): 889-897.

Xie, E., Teo, H. H., and Wan, W., "Volunteering Personal Information on the Internet: Effects of Reputation, Privacy Notices, and Rewards on Online Consumer Behavior." *Marketing Letters*, 2006, 17:

61-74.

Xu, F., Michael, K., and Chen, X., "Factors Affecting Privacy Disclosure on Social Network Sites: an Integrated Model." *Electronic Commerce Research*, 2013, 13 (2): 151-168.

Xu, H., Crossler, R. E., and Bélanger, F., "A Value Sensitive Design Investigation of Privacy Enhancing Tools in Web Browsers." *Decision Support Systems*, 2012a, 54 (1): 424-433.

Xu, H., Dinev, T., Smith, J., et al., "Information Privacy Concerns: Linking Individual Perceptions With Institutional Privacy Assurances." *Journal of the Association for Information Systems*, 2011a, 12 (12): 798-824.

Xu, H., Gupta, S., Rosson, M. B., et al., "Measuring Mobile Users'Concerns for Information Privacy." Proceedings of Thirty Third International Conference on Information Systems, Orlando, USA, Dec. 2012b, 16-19, 2278-2293.

Xu, H., Luo, X., Carroll, J. M., et al., "The Personalization Privacy Paradox: an Exploratory Study of Decision Making Process for Location-Aware Marketing." *Decision Support Systems*, 2011b, 51 (1): 42-52.

Xu, H., Teo, H. H., Tan, B. C., et al., "Effects of Individual Self-Protection, Industry Self-Regulation, and Government Regulation on Privacy Concerns: A Study of Location-Based Services." *Information Systems Research*, 2012c, 23 (4): 1342-1363.

Xu, H., Teo, H. H., Tan, B. C., et al., "The Role of Push-Pull Technology in Privacy Calculus: the Case of Location-Based Services." *Journal of Management Information Systems*, 2009, 26 (3): 135-174.

Xu, H., Zhang, K. Z., and Zhao, S. J., "A Dual Systems Model of Online Impulse Buying." *Industrial Management & Data Systems*, 2020, 120 (5): 845-861.

Xu, Z., "An Interactive Procedure for Linguistic Multiple Attribute Decision Making With Incompletely Weight Information." *Fuzzy Optimization* and Decision Making, 2007, 6 (1): 17-27.

Yang, Q., Gong, X., Zhang, K. Z. K., et al., "Self-Disclosure in Mobile Payment Applications: Common and Differential Effects of Personal and Proxy Control Enhancing Mechanisms." International Journal of Information Management, 2020, 52: 102065.

Yang, Q., Pang, C., Liu, L., et al., "Exploring Consumer Perceived Risk and Trust for Online Payments: an Empirical Study in China's Younger Generation." Computers in Human Behavior, 2015, 50: 9-24.

Yang, S. and Wang, K., "The Influence of Information Sensitivity Compensation on Privacy Concern and Behavioral Intention." The Data Base for Advances in Information Systems, 2009, 40 (1): 38-51.

Yang, Z. and Peterson, R. T., "Customer Perceived Value, Satisfaction, and Loyalty: The Role of Switching Costs." Psychology & Marketing, 2010, 21 (10): 799-822.

Ye, H., Yang, X., Wang, X., et al., "Monetization of Digital Content: Drivers of Revenue on Q&A Platforms." Journal of Management Information Systems, 2021, 38 (2): 457-483.

Yi, M. Y., Yoon, J. J., Davis, J. M., et al., "Untangling the Antecedents of Initial Trust in Web-Based Health Information: the Roles of Argument Quality, Source Expertise, and User Perceptions of Information Quality and Risk." Decision Support Systems, 2013, 55 (1): 284-295.

Yoo, C., Kwon, S., Na, H., et al. "Factors Affecting the Adoption of Gamified Smart Tourism Applications: An Integrative Approach." Sustainability, 2017, 9 (12), 2162.

Youn, S. and Shin, W., "Adolescents' Responses to Social Media Newsfeed Advertising: the Interplay of Persuasion Knowledge, Benefit-Risk Assessment, and ad Scepticism in Explaining Information Disclosure." International Journal of Advertising, 2020, 39 (2): 213-231.

Youn, S., "Determinants of Online Privacy Concern and Its Influence on Privacy Protection Behaviors Among Young Adolescents." Journal of Consumer Affairs, 2010, 43 (3): 389-418.

Yousaf, A., Mishra, A., and Gupta, A., "'From Technology Adoption to Consumption': Effect of Pre-Adoption Expectations From Fitness Applications on Usage Satisfaction, Continual Usage, and Health Satisfaction." *Journal of Retailing and Consumer Services*, 2021, 62, 102655.

Yousafzai, S., Pallister, J., Foxall, G., "Multi-Dimensional Role of Trust in Internet Banking Adoption." *The Service Industries Journal*, 2009, 29 (5): 591-605.

Yuchao, W., Ying, Z., and Liao, Z., "Health Privacy Information Self-Disclosure in Online Health Community." *Front Public Health*, 2021, 8: 602792.

Zadeh, L. A., "The Concept of a Linguistic Variable and Its Application to Approximate Reasoning." *Information Sciences*, 1975, 8 (3): 199-249.

Zarouali, B., Brosius, A., Helberger, N., et al., "WhatsApp Marketing: a Study on WhatsApp Brand Communication and the Role of Trust in Self-Disclosure." *International Journal of Communication*, 2021, 15, 252-276.

Zeithaml, V. A., "Consumer Perceptions of Price, Quality, and Value: a Means-end Model and Synthesis of Evidence." *Journal of Marketing*, 1988, 52 (3): 2-22.

Zhang, B. and Xu, H., "Privacy Nudges for Mobile Applications: Effects on the Creepiness Emotion and Privacy Attitudes." In Proceedings of the 19th ACM Conference on Computer-Supported Cooperative Work & Social Computing, San Francisco, USA, Feb. 27-Mar. 2016, 2, 1676-1690.

Zhang, J., Li, H., Yan, R., et al., "Examining the Signaling Effect of E-tailers' Return Policies." *Journal of Computer Information Systems*, 2017, 57 (3): 191-200.

Zhang, M., Guo, X., and Wu, T., "Impact of Free Contributions on Private Benefits in Online Healthcare Communities." *International Journal of Electronic Commerce*, 2019, 23 (4): 492-523.

Zhang, X., Liu, S., Chen, X., et al., "Health Information Privacy

Concerns, Antecedents, and Information Disclosure Intention in Online Health Communities." *Information & Management*, 2017, 55 (4): 482-493.

Zhang, Y., Wang, T., and Hsu, C., "The Effects of Voluntary GDPR Adoption and the Readability of Privacy Statements on Customers' Information Disclosure Intention and Trust." *Journal of Intellectual Capital*, 2020, 21 (2): 145-163.

Zhao, L., Lu, Y, and Gupta, S., "Disclosure Intention of Location-Related Information in Location-Based Social Network Services." *International Journal of Electronic Commerce*, 2012, 16 (4): 53-90.

Zhou, C., Li, K., and Zhang, X., "Why do I Take Deviant Disclosure Behavior on Internet Platforms? An explanation Based on the Neutralization Theory." *Information Processing & Management*, 2022, 59 (1): 102785.

Zhou, T., "Examining Continuous Usage of Location-Based Services from the Perspective of Perceived Justice." *Information Systems Frontiers*, 2013, 15 (1): 141-150.

Zhou, T., "The Effect of Perceived Justice on LBS Users' Privacy Concern." *Information Development*, 2016, 32 (5): 1730-1740.

Zhu, J., Liu, S., and Wang, H., "Aggregation Approach of Two Kinds of Three-Point Interval Number Comparison Matrix in Group Decision Making." *Acta Automatica Sinica*, 2007, 33 (3): 297-301.

Zhu, M., Wu, C., Huang, S. et al., "Privacy Paradox in mHealth Applications: An Integrated Elaboration Likelihood Model Incorporating Privacy Calculus and Privacy Fatigue." *Telematics and Informatics*, 2021, 61: 101601.

Zhu, R., Srivastava, A., and Sutanto, J., "Privacy-Deprived E-commerce: the Efficacy of Consumer Privacy Policies on China's E-commerce Websites from a Legal Perspective." *Information Technology & People*, 2020, 33 (6): 1601-1626.

Zhu, Y. Q., and Kanjanamekanant, K., "No Trespassing: Exploring Privacy Boundaries in Personalized Advertisement and its Effects on ad

Attitude and Purchase Intentions on Social Media." *Information & Management*, 2021, 58 (2): 103314.

Zimmer, J. C., Arsal, R. E., Al-Marzouq, M. et al., "Investigating Online Information Disclosure: Effects of Information Relevance, Trust and Risk." *Information & Management*, 2010, 47 (2): 115-123.

Zimmer, J. C., Arsal, R. E., Al-Marzouq, M., et al., "Knowing Your Customers: Using a Reciprocal Relationship to Enhance Voluntary Information Disclosure." *Decision Support Systems*, 2010, 48 (2): 395-406.

Zlatolas, L. N., Welzer, T., Hölbl, M., et al., "A Model of Perception of Privacy, Trust, and Self-Disclosure on Online Social Networks", *Entropy*, 2019, 21 (8): 772.

致　　谢

在本书的写作过程中，研究生夏惠敏、雷晓芳、孙文静、董景丽、刘静、李洁、吴雪玉均参与了资料搜集和部分章节初稿的撰写，感谢他们的辛勤付出。感谢 Paul A. Pavlou 教授、Caroline Lancelot Miltgen 教授、程秀峰教授参与了本书部分章节的指导与撰写工作。

本书的完成也离不开华中师范大学的领导和同事给予的支持和帮助。为此，向所有提供帮助的良师益友，致以最诚挚的谢意！

感谢华中师范大学为本书出版提供的资金支持。

刘百灵

2024 年 10 月